「儒家文化与鲁班工匠精神传承与创新」
国家职业教育专业教学资源库配套教材

主 编 张春霞 赵仁平 巩华荣

ZHONGHUA WENMING LIYI SHIJIAN JIAOCHENG

中华文明礼仪实践教程

中国教育出版传媒集团

高等教育出版社·北京

内容提要

本书是"儒家文化与鲁班工匠精神传承与创新"国家职业教育专业教学资源库配套教材。

本书包括"知礼明仪、端身正仪、雅言雅行、爱国爱家、尊礼随俗"等5个项目,具体包括17个任务(实践)内容,详细讲述了中华文明礼仪的特点、仪式,介绍了相关典籍,体现了中华文明礼仪中注重个人修身的优秀内涵和注重家国情怀的高尚情操。为了利教便学,部分学习资源以二维码形式提供在相关内容旁,可扫描获取。此外,本书另配有教学课件、教案等教学资源,供教师教学使用。

本书适合作为高等职业院校公共基础课教材,也可作为中华优秀传统文化的普及读物。

图书在版编目(CIP)数据

中华文明礼仪实践教程/张春霞,赵仁平,巩华荣主编.—北京:高等教育出版社,2022.7
ISBN 978-7-04-058673-2

Ⅰ.①中⋯ Ⅱ.①张⋯ ②赵⋯ ③巩⋯ Ⅲ.①礼仪-中国-高等职业教育-教材 Ⅳ.①K892.26

中国版本图书馆CIP数据核字(2022)第098398号

策划编辑	李光亮　赵力杰	**责任编辑**	赵力杰	**封面设计**	张文豪	**责任印制**	高忠富

出版发行	高等教育出版社	网　址	http://www.hep.edu.cn
社　址	北京市西城区德外大街4号		http://www.hep.com.cn
邮政编码	100120	网上订购	http://www.hepmall.com.cn
印　刷	上海天地海设计印刷有限公司		http://www.hepmall.com
开　本	787 mm×1092 mm　1/16		http://www.hepmall.cn
印　张	15		
字　数	338千字	版　次	2022年7月第1版
购书热线	010-58581118	印　次	2022年7月第1次印刷
咨询电话	400-810-0598	定　价	32.00元

本书如有缺页、倒页、脱页等质量问题,请到所购图书销售部门联系调换
版权所有　侵权必究
物 料 号　58673-00

编写委员会

总主编：孙志春

主　审：杨朝明

顾　问：瞿振元　周建松

主　编：张春霞　赵仁平　巩华荣

副主编：解爱华　李　健　丛艺菲

参　编：（以姓氏笔画为序）

于　靓　王　旭　汤　玮

刘　琳　刘凤仪　朱秀艳

林泽慧　赵守红　郭　萌

序

　　中华文明源远流长，孕育了中华民族的宝贵精神品格和中国人民的崇高价值追求。习近平总书记指出："中国传统文化博大精深，学习和掌握其中的各种思想精华，对树立正确的世界观、人生观、价值观很有益处。"2019年10月，中共中央、国务院印发了《新时代公民道德建设实施纲要》，要求进一步弘扬中华优秀传统文化，传承中华传统美德，积极推动中华传统美德的创造性转化、创新性发展；要"充分发挥礼仪礼节的教化作用""制定继承中华优秀传统、适应现代文明要求的社会礼仪、服装服饰、文明用语规范，引导人们重礼节、讲礼貌"。这意味着全民学礼时代的到来和中国"礼仪之邦"正走向复兴。

　　坚持立德树人、修德精技的育人目标，将文化传承创新融入学校工作的各方面、全过程，教育青年学生重礼节、讲礼貌，养成适应现代文明要求的社会礼仪、服装服饰、文明用语规范，是我们教育工作者义不容辞的责任。本书比较系统地阐释了什么是中华优秀礼文化和如何将中华优秀礼文化融入育人全过程这两个根本性问题，具有相当强的实操性，对推动职业院校开展中华文明礼仪教育很有意义。我们要弘扬中华优秀美德，创新当代礼仪教育，激发学生心中向上、向善的力量，使学生遵守规矩，知礼明仪，举止文雅，提升文化自信和职业自信，为实现职业理想、人生出彩搭建广阔舞台。

　　希望当代青年学生，自觉肩负新时代的使命，从我做起、从现在做起、从小事做起，朝大目标前进；自觉讲文明、守规矩、遵礼仪，争当现代文明礼仪的践行者和传播者，在生动的礼仪实践中传承礼、体悟礼、升华礼，提升文明素养和精神气质，为更好地实现职业理想、推动社会文明发展、实现中华文明绵延传承贡献力量。同时也希望广大学生共同携手，薪火相传，代代守护，与时俱进，按照新时代的新要求，立足个人、家庭、岗位和社会，全面推进社会公德、职业道德、家庭和个人品德建设，不断提升公民道德素质，促进人的全面发展，推动中华文明创造性转化和创新性发展，让中华文明在世界文明的星空中永放光华！

国家教育咨询委员会委员

中国高等教育学会原会长

瞿振元

前　言

礼是文明民族的标志，任何一个进入文明时代的民族都有自己的礼仪。穿越千年的历史时空，凝聚着儒家思想的中华传统礼仪，至今依然给我们的心灵带来启迪和帮助。中华礼仪源远流长，博大精深，远远超出了待客之道、交际之法的范畴。它以传统道德为表里，是仁爱、友善的人文传统的展现；大到天人关系、国家典制，小到言谈举止、修身养性，无所不包。

孔子曰："不学礼，无以立。"朱熹认为学礼则"品节详明，而德性坚定，故能立"。《荀子·修身》中记载："容貌、态度、进退、趋行，由礼则雅，不由礼则夷固僻违、庸众而野。故人无礼则不生，事无礼则不成，国家无礼则不宁。"

中国古代的礼仪是以修身为基础的，礼是合乎理的言行举止，它是以内心的德为前提的。学习传统礼仪，可以涵养德性、提升气质，使我们的言谈举止温文尔雅，富于君子风范、淑女气质和独特的人格魅力。礼仪就在我们身边，发生于每时每刻。随着社会的发展，人际交往的密切，如今，人们越来越意识到礼仪的重要性。

重建当代日常礼仪，我们应该怎样做呢？

"敬、雅、净、静"，这四个字阐释了礼仪的最高境界。

"敬"是礼的核心精神。礼学精神最主要表现为"敬"，《礼记》开篇第一句话就是"勿不敬"，没有内心的敬，就没有心中的礼，更没有外在的仪。《论语》讲："礼之用，和为贵。"礼能促进个人身心的和谐、人际关系的和谐，最终达到社会的和谐。**"雅"**，**高雅、文雅**。礼，无论言语或行动，都一定是高雅的，是具有审美价值的，是悦人悦己的，是受人尊敬的。一个注重礼仪修养的人，说话、谈吐、待人、接物必然都很文雅，才有颜如春华气如兰的高雅，才有谦谦君子温润如玉的儒雅。**"净"**，**干净**。在中国传统礼仪中，往往是通过"净"来体现"敬"的。从经典中我们可以看到，小到穿衣戴帽、衣食住行，大到冠婚丧祭，古人都注重洁净，凡遇大事或节日必沐浴更衣，以表达尊敬。"言且慢，行且善"，更是净化身心言行方可达到的礼敬层面。**"静"**，**安静**。这是君子礼容中的声容。《礼记·玉藻》说："声容静。"有教养的人说话平静、从容。心中有分寸，言行能适度，是对他人的尊重，是平等与包容。人生的最高境界是心静，唯有心静，方能进入一种"闭门即是深山，读书随处净土"的妙境。

礼仪不是演出来的，不是说出来的，礼仪是从心中来、从爱中来、从眼中来、从笑中来、从言中来、从行中来的。这样一个知行合一、表里如一、无须提醒、恰到好处的过程，才是礼仪的独特意境所在。

在《国家职业教育改革实施方案》的大力推动下，在"三教"改革的时代背景下，在以立德树人为宗旨、以学生为中心育人理念的激励下，在坚定文化自信、全力推动中华美德进校园、继承并发展中华优秀传统文化的使命感召下，在培养德技并修、具备良好礼仪素养和职业核心能力的时代新工匠的责任担当下，我们通过积极思考和系统规划，编写了这本《中华文明礼仪实践教程》，旨在广泛推动中华文明礼仪教育发展，提升学生素质，以期使学生通过对本书的学习，能够"内化于心，外显于形，知礼明仪，知行合一"地传承与践行中华文明礼仪。

本书不同于以往传统的知识理论教材，其课程设计突出以下几个特点。

1. 纸数一体，优势互补

本书与国家教学资源库"中华文明礼仪"同步规划设计、同步建设使用、同步推动传播。通过在"纸"与"数"的交替学习中，实现教与学、学与做、做与思的优势互补。

2. 理实一体，激发兴趣

本书采用"理实一体"教学设计，落实"以学生为主体，以教师为主导，以任务（问题）处理为中心"的"双主"教学，旨在以能力和素质培养为本位，创新教学方法与手段，灵活运用教学媒体，通过对教学内容体系的重构，为师生提供一套完整的教学解决方案，实现"教、学、做"合一，力争让课堂有用、有趣、有效，全面调动学生学习的主动性、积极性和创造性，激发学生兴趣、潜力，全面提升学生的职业能力，养成良好的文明礼仪习惯。

3. 目标导向，注重创新

每个项目都精心设计了实践任务、学习目标（包含知识目标、能力目标、素质目标），注重激发学生对礼仪知识的学习与探究能力，培养其创新能力、合作交流、表达沟通、信息整合等职业核心能力，使其在日常行为中进一步固化文化内涵、文明素养和待人接物的礼仪修养。

4. 多元评价，利教乐学

采用"线上线下相结合""主观与客观相结合""教师与学生相结合"等多元评价方式，对学生的学习效果及时、全面地进行评价。本书根据教学内容设计任务，对应任务精心设计评价方案，使学生主观评价自身"能力"，从多个维度激励学生主动参与教学活动。积极营造学生乐学、教师乐教、教与学乐在其中的学习氛围。

让我们聆听远古礼乐的钟声，脚踏礼仪之邦的沃土，浸润古圣先贤的教诲，感悟博大精深的中华礼文化的智慧，满怀对中华礼仪的温情与敬意，共同走进中华文明礼仪的课堂，去探寻礼仪的智慧与奥秘，去追寻"敬、雅、净、静"的礼仪境界。我们要在实践礼的过程中，不断体悟道德真谛，弘扬礼仪精神，丰富人文生态，引领"美美与共，和合共生"的时代新风。让礼仪之光指引我们成为一名具有"心中有礼、眼中有敬、言中有雅、行中有仪"美德涵养，彰显"校园文明美、岗位规范美、创意作品美、职场形象美"的"四有四美"新时代君子淑女。

编　者

2022 年 6 月

目 录

资源导航

项目一
知礼明仪

[**学习指导**]

中华民族拥有着璀璨悠久、博大精深的传统文化，蕴含着古圣先贤及历代人民的智慧结晶。而"礼"文化又是中华传统文化的核心，彰显着典型的东方文化特质，饱含着深刻的人生哲学和处世之道。

礼仪在广袤的中华大地上萌芽兴起、发展演变，经历了漫长的历程，显现着不可替代的重要价值和深刻意义，大到国家层面的典章制度、风俗习惯、道德规范，小到生活中的仪容仪表、言谈举止、待人接物，礼仪无所不包。这么重要的礼仪是什么时候产生并发展起来的？在它的发展历程中又经历了哪些重要的时刻？让我们来共同探寻礼仪的发展历程，探寻中华文明礼仪的核心思想及现代意义。

知演变　明确礼仪内涵

中华文明礼
仪概述

[**学习目标**]

知识目标：

能解读中华文明礼仪中礼文化起源的不同观点和各个年代的时代特点。

能力目标：

1. 通过学习任务的完成能够提升对知识点的分析、整合能力。

2. 通过学习能够达到自学能力、协作能力、沟通能力的提升。

素质目标：

树立对中华文明礼仪正确的理解和认识，提升自身的礼仪素质和个人修养。

课前学习

[**知识链接**]

礼文化的起源

中国是人类文明的发祥地之一，礼是中国传统文化的重要特征之一。在由野蛮迈入文明的过程中，礼对中国人生活的规范化起着重要作用。相传周公旦曾经"制礼作乐"，而现存的《周礼》一书中保存了大量西周、春秋时期的礼仪规范。关于礼的起源，学术界有多种说法，具有代表性的观点如下：

（1）**礼是先王所作**——关于礼的起源，有一种说法是《荀子·礼论》中提出"先王制礼"。荀子认为礼是为了节制人欲，使欲不穷于物，使人各安其位。

"礼起于何也？曰：人生而有欲，欲而不得，则不能无求；求而无度量分界，则不能不争。争则乱，乱则穷。先王恶其乱也，故制礼义以分之。"

——出自《荀子·礼论》

译文：礼是从哪里产生的呢？答案是：人类生来就有欲望，欲望达不到不可能放弃追求；在追求没有限度和界限的时候，人就不可能没有争夺。互相争夺就会引起混乱，乱起来就没有出路。古代圣贤憎恶这种混乱局面，所以制定礼义来划定界限，用来适度满足人们的欲望和追求。使人的欲望不超过物质供应的限度，物质供应不是无限度地满足人的欲望，这两方面互相制约并有所增长，这就是礼产生的原因。

（2）**礼起源于祭祀**——在人类社会早期，由于生产力水平很低，知识水平有限，人类面对自然界日升月落、火山爆发、暴风骤雨等现象，无法从科学的角度来解释自然规律和生产中的矛盾与变化。面对自然灾害带来的威胁，人们认为"万物皆有灵"，这些变化莫测的现象都被至高无上的神鬼控制着，只能通过举行某种特殊的祭祀礼仪，来表达对天地鬼神的敬畏和祈求。

"礼，履也。所以事神致福也。"
　　　　　　　　　　　　　　　　　　　　　　　　——出自《说文解字》

译文：礼，履行。履行你向神要求赐福时的承诺。

（3）**礼起源于冠婚**——一些学者认为礼来源于冠婚。从人生历程的角度来看，冠礼是成人的重要标志，"已冠而字之，成人之道也"，加冠、取字，使人开始成为独立的享受权利和履行责任的个体，从此正式踏入社会。婚礼也是人生历程的重要组成部分，婚姻制度的建立与完善是野蛮人走向文明的重要标志，而成家意味着新家庭的建立，血脉的繁衍，家族的扩展，以及人类再生产的实现。冠礼、婚礼都是人生标志性的礼仪。

"夫礼始于冠，本于昏。"
　　　　　　　　　　　　　　　　　　　　　　　　——出自《礼记·昏义》

"礼，始于谨夫妇，为宫室，辨内外"。
　　　　　　　　　　　　　　　　　　　　　　　　——出自《礼记·内则》

（4）**礼起源于饮食**——人的生存必须依靠物质来维系，其中以饮食至为重要。原始部落以食物分配来体现等级差别，等级的划分逐渐导致了礼的形成。

"夫礼之初，始诸饮食。"
　　　　　　　　　　　　　　　　　　　　　　　　——出自《礼记·礼运》

（5）**礼起源于敬畏之情**——礼起源于人情。有学者认为，礼的来源，是人类的一种自然动作的表示，如叩头跪拜，打躬作揖，对神表示崇拜及对人表示敬意。这种观点认为礼源起于人的敬畏之情。

"先王本之情性，稽之度数，制之礼义。"
　　　　　　　　　　　　　　　　　　　　　　　　——出自《礼记·乐记》

关于礼的分类："五礼""六礼""九礼"。

据《周礼·大宗伯》记载，五礼为"吉、凶、宾、军、嘉"。

据《礼记·王制》记载，六礼为"冠、婚、丧、祭、乡饮酒、乡射"。

据《大戴礼记·本命》记载，九礼为"冠、昏、朝、聘、丧、祭、宾主、乡饮酒、军旅"。

课前习题

一、单项选择题

1.《荀子·礼论》中提出（　　　　）。荀子认为礼是为了节制人欲，使欲不穷于物，使人各安其位。

A. 知行合一　　　　　B. 先王制礼　　　　　C. 礼仪文化　　　　　D. 周公制礼

2."礼起于何也？曰：人生而有欲，欲而不得，则不能无求；求而无度量分界，则不能不争；争则乱，乱则穷。先王恶其乱也，故制礼义以分之。"出自（　　　　）。

A.《荀子·礼论》　　B.《礼记·乐记》　　C.《礼记·内则》　　D.《说文解字》

3. 在人类社会早期，面对自然灾害带来的威胁，人们认为"万物皆有灵"，这些变化莫测的现象都被至高无上的神鬼控制着，只能通过举行某种特殊的仪式，来表达对天地鬼神的敬畏和祈求，出自（　　　　）。

A. 祭祀　　　　B. 礼仪　　　　C. 祭祀礼仪　　　　D. 礼仪祭祀

4. "礼，履也。所以事神致福也。"出自（　　　　）。

A.《荀子·礼论》　　B.《礼记·乐记》　　C.《礼记·内则》　　D.《说文解字》

5. "夫礼始于冠，本于昏。"意思指礼起源于（　　　　）。

A. 祭祀冠婚　　　　B. 敬畏之情　　　　C. 祭祀　　　　D. 饮食

二、多项选择题

1. 礼仪起源中关于礼的分类有（　　　　）。

A. "五礼"　　　　B. "六礼"　　　　C. "八礼"　　　　D. "九礼"

2. 根据《礼记·王制》记载，六礼为（　　　　）、丧礼、乡射礼。

A. 冠礼　　　　B. 婚礼　　　　C. 乡饮酒礼　　　　D. 祭礼

三、判断题

1. "夫礼之初，始诸饮食。"出自《礼记·乐记》，是对礼起源于饮食的描述。（　　　）

2. 礼起源于冠婚，冠礼、婚礼都是人生标志性的礼仪。　　　　　　（　　　）

3. 根据《周礼·大宗伯》记载，五礼为"吉、凶、宾、军、嘉"。　　（　　　）

4. 中国古代的"礼"和"仪"，实际是两个不同的概念。　　　　　　（　　　）

评　价　与　分　析

课前任务评价表

评价项目	评价内容	应得分	实得分
课前自学	访问学习	10分	
	互　动	10分	
	视频学习	10分	
	讨　论	10分	
知识点解读	知识点解读准确	30分	
习题检测	完成测试题	30分	
总　　　计		100分	

课中学习

[实践任务]

山东省曲阜市每年9月会举办祭孔大典。假设你是活动的志愿者，你将负责向来宾介绍中华文明礼仪。为了更好地完成讲解任务，要做到以下两点：第一，制作中华文明礼仪发展的思维导图。第二，制作中华文明礼仪在主要发展时期的具体内容的思维导图。

[知识锦囊]

一、周公"制礼作乐"

中国素以礼仪之邦闻名于世界，"礼仪之邦"起源于周代的礼乐制度，西周周公专门建立和完善了一系列典章制度，后世将其称为"礼乐制度"。"礼"可以看作为维护国家统治者权威而制定的一系列准则与规范制度，也就是"宗法制"，后来逐步变成了封建等级制度的基本内容。"乐"是为了配合各贵族从事相关礼仪活动而特意制定的舞乐，其规模不得与贵族的级别待遇相违背。西周礼乐制度的建立，不仅标志着极具西周特色的礼乐文化与礼乐文明的建立，更对华夏文化产生了十分深远的影响。

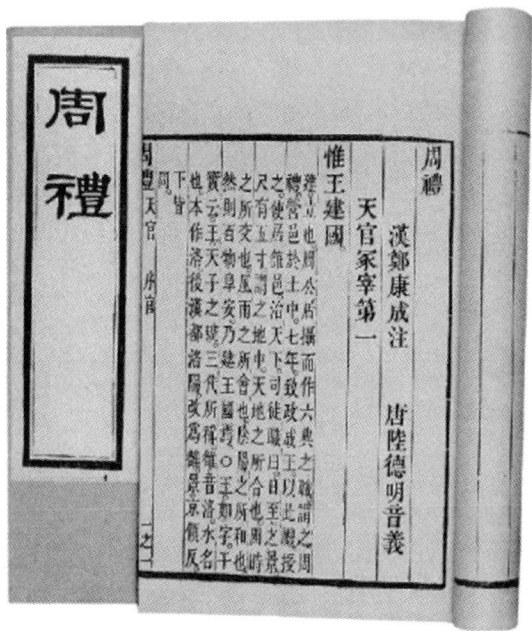

周礼

▌【礼仪故事1.1】

周公，姓姬名旦，是周文王的儿子，周武王的弟弟，中国历史上著名的政治家、思想家。史书记载，文王在世时，周公就显示出异于其他兄弟之处——孝顺父母，忠厚仁爱，深得文王信任。武王即位后，周公作为辅佐之臣，帮助武王处理了很多政务。在武王伐纣时，周公也追随武王上前线，最终一举灭商。然而，当人们还沉浸在胜利的喜悦中时，武王却由于日夜操劳国事而病倒了。周公见王兄性命危在旦夕，就祈求上天以自己代替武王受难。但天不遂人愿，武王最终还是撒手人寰，只留下年幼的成王和尚未展开的宏图伟业，待周公替他完成。武王去世后，幼子当国，整个国家人心惶惶。周公为了稳定人心，宣布暂时摄政，以辅佐成王。此后，周公"一年救乱，二年克殷，三年践奄，四年建侯卫，五年营成周，六年制礼作乐，七年致政成王"。他恩威并用，迅速稳定了国内局势，建立了政治秩序，最终将权力还给成王。可以看出，周公"制礼作乐"是在摄政期间最后进行的一项工作，其重要性不言而喻。而在这之前，周公则进行了漫长而又曲折的准备。

中华文明礼仪的发展

周公像

【文化寻根 1.1.1】

"故朝觐之礼，所以明君臣之义也；聘问之礼，所以使诸侯相尊敬也；丧祭之礼，所以明臣子之恩也；乡饮酒之礼，所以明长幼之序也；昏姻之礼，所以明男女之别也。夫礼，禁乱之所由生，犹坊止水之所自来也。" ——出自《礼记·经解》

译文：所以制定了朝觐之礼，是用来表明君臣之间的名分；制定了聘问之礼，是用来让诸侯互相尊敬；制定了丧祭之礼，是用来表明臣子不应忘记君亲之恩；制定了乡饮酒之礼，是用来表明尊老敬长的道理；制定了男婚女嫁之礼，是用来表明男女有所区别。礼，可以用来消除祸乱的根源，就好比防止河水泛滥那样。

解读：有诸侯朝觐天子之礼，有诸侯之间聘问之礼，有丧祭之礼，有饮酒之礼，有婚姻之礼；无论是天子与朝臣，或朝臣之间，或人与祖先，或长幼之间，姻亲之间，或男女之间，都是需要"礼"来规范的，礼制的制定和推行，便是为了"礼治"，是以礼为规范来规定人的"合礼"行为，制礼是"禁乱之所由生，犹坊止水之所自来也"。人与人之间，人与群体之间，人与神祇之间等，都需要有相应的礼仪规范，没有礼仪规范，便会发生混乱，而要避免混乱，就必须有礼制。人有礼有"貌"，国有礼方有"范"。无论是家庭、国家，皆是由礼来划定等级尊严的，有秩序才有稳定的社会生态，才能避免混乱。实周公制作礼乐，旨在让礼乐兴、秩序定。

二、春秋战国儒家礼仪

"国之大事，在祀与戎"。春秋战国时期，承袭自商周的祭祀仪式，成为人生产生活中重要的组成部分。春秋时期的祭祀仪式可分为：天神、地祇、人鬼的祭祀，战国时期基本保留了这一祭祀系统，在细节上出现一些变化。

春秋中后期，社会环境动荡，战争频仍，经济文化遭到严重的破坏。孔子为"礼崩乐坏"而痛心疾首，同时也将自己的毕生精力投入积极探索治理社会中，进一步提出了"克己复礼"的学说。孔子是儒家学派创始人。纵观孔子的整个学说体系，是基于古代文化的创新，经弟子及后世儒家的继承与发展。孔子认为，缺乏对礼的敬畏导致违礼，没有勇毅的担当精神使得守礼不笃。学礼、守礼与敬礼，并持之以恒地遵守秩序与规矩，这使得看似平凡的礼在日常交往中凸显出神圣性。孔子开创的礼仪之道，遵秩序、守规矩、重教养，既可以治国安邦，又可以经世济民。

孔子像

【文化寻根 1.1.2】

1. 子曰："不迁怒，不贰过。" ——出自《论语·雍也》

译文：孔子说："不要把自己的怒气发泄到别人身上，不要犯两次同样的错误。"

2. 子曰："不学礼，无以立。" ——出自《论语·季氏》

译文：孔子说："不学礼，无以立身。"

3. 子曰："非礼勿视，非礼勿听，非礼勿言，非礼勿动。"

——出自《论语·颜渊》

译文：孔子说："不符合礼制规定的，不能看、不能听、不能说、不能动。"

4. 子曰："恭而无礼则劳，慎而无礼则葸，勇而无礼则乱，直而无礼则绞。"

——出自《论语·泰伯》

译文：孔子说："只是恭敬而不以礼来指导，就会徒劳无功；只是谨慎而不以礼来指导，就会畏缩拘谨；只是勇猛而不以礼来指导，就会闯祸；只是率直而不以礼来指导，就会说话尖刻。"

5. 子曰："君子博学于文，约之于礼，亦可以弗畔矣夫！"

——出自《论语·颜渊》

译文：孔子说："君子广泛地学习文化知识，再用礼来加以约束，这样也就不会离经叛道了。"

6. 子曰："君子义以为质，礼以行之，孙以出之，信以成之。君子哉！"

——出自《论语·卫灵公》

译文：孔子说："君子以义作为根本，用礼加以推行，用谦逊的语言来表达，用忠诚的态度来完成，这就是君子了。"

7. 有子曰："礼之用，和为贵。先王之道，斯为美；小大由之。有所不行，知和而和，不以礼节之，亦不可行也。"

——出自《论语·学而》

译文：有子说："礼的作用在于使人的关系和谐这点很可贵。先王治国，就以这样为'美'，大小事情都这样。有行不通的时候，单纯地为和谐而去和谐，不用礼来节制，也是不可行的。"

8. 子曰："克己复礼为仁。一日克己复礼，天下归仁焉。为仁由己，而由人乎哉？"

——出自《论语·颜渊》

译文：孔子说："努力约束自己，使自己的行为符合礼的要求。如果能够真正做到这一点，就可以达到理想的境界了，这是要靠自己去努力的。"

9. 子曰："君子有九思：视思明，听思聪，色思温，貌思恭，言思忠，事思敬，疑思问，忿思难，见得思义。"

——出自《论语·季氏》

译文：孔子说："君子有九件要用心思虑的事，看要想到看明白没有、听要想到听清楚没有、神态要想到是否温和、容貌要想到是否恭敬、言谈要想到是否诚实、处事要想到是否谨慎、疑难要想到是否要求教、愤怒要想到是否有后患、见到有所得到要想到是否理所该得。"

三、秦汉时期的礼仪

秦始皇统一中国后，秦国出现了新的朝仪。汉初叔孙通以秦朝仪法为蓝本加以变通而制礼，召集儒生共订朝仪。作为封建特权的表现和产物，在朝仪上有"入朝不趋，剑履上殿，谒赞不名"等殊礼。婚礼是"众礼之首"，周代的婚礼到春秋战国时期发生了变革。秦汉时期确立的婚礼，在婚年、婚姻的决定权、择偶的标准、婚仪、离婚的原因及手续等

诸方面，都与周礼的内容有所区别。春秋战国以来，周代的乡饮酒礼日渐崩坏，在社会上有"老无所养"的危机，为缓和这一危机，汉代统治者推行了一套养老政策。虽然统治者倡导与"忠"互为表里的"孝"，但这不能真正解决"老无所养"问题，不能根除危机。在秦汉时期，人们依旧认为神统治着人的世界，对天上诸神、地上诸神和祖先的祭祀，是一项重要的礼仪，并呈现出与先秦不同的时代特征。

【礼仪故事1.2】

董仲舒（前179—前104），西汉广川（河北景县）人，思想家、政治家、教育家，唯心主义哲学家和今文经学大师。汉景帝时任博士，讲授《公羊春秋》。汉武帝元光元年，武帝下诏征求治国方略，董仲舒在著名的《举贤良对策》中系统地提出了"天人感应"和"大一统"学说，认为"诸不在六艺之科、孔子之术者，皆绝其道，勿使并进"。他的推明孔氏、罢黜百家的主张为武帝所采纳，使儒学成为中国社会的正统思想，影响长达两千多年。其学以儒家宗法思想为中心，杂以阴阳五行说，把神权、君权、父权、夫权贯穿在一起，形成帝制神学体系。他提出了天人感应、三纲（君为臣纲，父为子纲，夫为妻纲）、五常（仁、义、礼、智、信）等重要儒家理论。

董仲舒像

四、隋唐礼仪与法制

礼仪制度与封建法制互相作用、互相补充。隋文帝即位后就下诏书：祭天、祭祖时冕服必须依照《礼经》，又命礼部尚书修五礼（吉礼、凶礼、军礼、宾礼、嘉礼），并下诏执行。隋唐法律把对神的不敬、对皇帝的不忠、对父母的不孝等违背封建伦理的行为视为最大的犯罪，因为它"亏损名教，毁裂冠冕"，所以都列入"常赦所不原"的"十恶"大罪。在唐代的官僚机构中，有礼部，有太常寺，有殿院，这几个部门都是以掌管或监察礼仪为主要职责的，礼仪制度在唐代占有重要的位置。

【文化寻根1.1.3】

"为臣贵于尽忠，亏之者有罚；为子在于行孝，违之者必诛，大则肆诸市朝，小则终贻黜辱。"

——《全唐文·黜魏王泰诏》

译文：对神的不敬、对皇帝的不忠、对父母的不孝等违背封建伦理的行为视为最大的犯罪，犯罪严重的明刑正法，不严重的也要贬斥受辱。

五、宋代的礼思想

宋代，儒家纲常礼教并没有得到相应的恢复，面对混乱的道德秩序，宋代的儒家士人认为只有通过重建儒家的礼制，才能恢复道德秩序。宋代前，"礼"作为一种调节贵族之间相互关系、体现身份地位的礼仪制度，繁复的礼制要求和巨额的花费使得它只能通行于上层社会，对庶民百姓并未产生很大的影响。因此，《礼记》中有"礼不下庶人"的说法。但是，随着唐末五代时期频繁的战乱和宋代以降社会经济结构的变化，兴起于魏晋时期的门阀士族在战乱中彻底退出历史舞台，宋代之而起的因人朝为官或土地买卖而兴起的庶民宗族逐渐成为宋代民间社会的主要组织形式。在因血缘关系而聚集形成的宗族中，要想让族内的民众理顺关系，获得长久的发展，就必须制定和遵守相应的制度规范。因此以前只在门阀士族中实行的家规礼制规范，在被改造后深入民间社会，成为规范宗族成员日常生活方式的行为准则和道德观念，同时开启了儒家礼秩制度"礼下庶人"的发展路径。

【文化寻根 1.1.4】

父母有过，下气怡色，柔声以谏。谏若不入，起敬起孝，说则复谏；不说，与其得罪于乡、党、州、闾，宁孰谏。　　　　　　　　　　——出自《礼记·内则》

译文：父母亲有过错时，要和颜悦色，低声地劝解。如果父母听不进去，要更加恭敬孝顺，等他们高兴后再劝解。如果他们还不高兴，与其得罪邻居乡亲，还不如继续劝解。

六、明清时期礼文化

明太祖朱元璋兼用礼法建立全面专制。明王朝的创建人朱元璋着力建设一个皇帝专权的高度专制体制，他知道传统礼仪与这个目标是并行不悖的。在制定礼仪的同时，他也用了 30 余年的时间制定《大明律》和《大诰》。这位开国皇帝，兼用礼、法两手，从政治上、军事上、人身上和思想上严密控制着全体臣民，建立了中国历史上最完备的专制制度。

【文化寻根 1.1.5】

"明太祖初定天下，他务未遑，首开礼、乐二局，广征耆儒，分曹究讨。洪武元年命中书省暨翰林院、太常司，定拟祀典。"　　　　　　——出自《明史·礼志》

译文：明太祖开国之初，其他事务还没时间顾及，首先开礼、乐二局，征集天下德高望众的老儒、学识渊博的学者，分局研究探讨礼典、乐律。洪武元年，又命中书省和翰林院、太常司，拟定祭祀的仪礼。

曾国藩理学思想中的"礼"。曾国藩是晚清的大臣，是洋务运动的开拓者。礼是儒家思想的核心内容，但"礼"在理学中的地位并不突出。曾国藩的理学则是以"礼"合"理"，秉乎礼学，重视礼治。曾国藩礼学思想的形成与清代学风密切相关，清朝儒士治"礼"涉及国家制度、社会秩序、社会风气等各方面，并在理论上提出"以礼代理"的思想。"礼"在清代受到相当高的关注。曾国藩强调"礼"的内涵多指"经济之学""治世之术"。他明确表示，"古人无所云经济之学、治世之术，一衷于礼而已""古之学者，无所谓经世之术也，学礼焉而已"。

[**任务方案设计**]

1. 根据学习任务要求，研究讨论不同时期礼仪发展的内涵。
2. 进行资料的收集整理，小组交流讨论。

3. 进行资料的整合完善，完成思维导图的制作。

4. 根据制作的思维导图内容，进行现场讲述。

[任务展示]

1. 依次进行内容解说。

2. 对各组展示情况进行记录和分析。

3. 分组对展示的内容和效果进行总结评价。

评 价 与 分 析

设计任务方案讲解评价表

评价项目	评 价 内 容	应得分	实得分
不同时期礼仪发展的特点	1. 周公"制礼作乐"历史时期内涵把握准确	10分	
	2. 春秋战国时期的礼文化内涵把握准确	10分	
	3. 秦汉时期的礼仪内涵把握准确	10分	
	4. 隋唐礼仪与法制内涵把握准确	10分	
	5. 宋代的礼思想内涵把握准确	10分	
	6. 明清时期礼文化内涵把握准确	10分	
有声语言和表情	1. 讲解者声音响亮、表达清晰	10分	
	2. 态势语言自然，与听众有交流	10分	
创意设计	所用方法浅显易懂，形式新颖、活泼	10分	
整体效果	充分发挥组内成员优势，分工合作，整体效果好	10分	
总　　　计		100分	

任务展示评价表

评价项目	评 价 内 容	应得分	实得分
准备工作	1. 讲解展示顺序合理	10分	
	2. 准备过程全组协调良好	10分	
基本知识掌握	1. 讲解内容符合要求，框架准确	25分	
	2. 内容安排合理准确	25分	
观看讨论	1. 观看认真	5分	
	2. 讨论积极	5分	
任务总结	1. 按规定时间完成任务	5分	
	2. 任务分析总结正确	5分	
	3. 分享内容深入准确	5分	
	4. 能提出合理化建议和创新性见解	5分	
总　　　计		100分	

课后学习

关于"三礼"

一、《周礼》

部分学者认为,《周礼》是西周时期的著名政治家、思想家、文学家、军事家周公旦所著,所涉及之内容极为丰富,既有祭祀、朝觐、封国、巡狩、丧葬等国家大典,也有用鼎制度、乐悬制度、车骑制度、服饰制度、礼玉制度等具体规范,还有各种礼器的等级、组合、形制、度数的记载,堪称上古文化史之宝库,是一部通过官制来表达治国方案的著作,涉及社会生活的所有方面。

《周礼》亦名《周官》,有天官、地官、春官、夏官、秋官、冬官等六篇。天、地、春、夏、秋、冬即天地四方六合,就是古人所说的宇宙。《周礼》六官即六卿,每卿统领六十个官职。六卿统领的职官总数为三百六十,正是周天的度数。《周礼》提倡对官员、百姓采用儒法兼容、德主刑辅的治理方针,显示出相当成熟的政治思想。除此之外,《周礼》还有驾驭百官的管理技巧,管理府库财物的措施,严密细致,相互制约,体现了高超的运筹智慧。

二、《仪礼》

《仪礼》简称《礼》,系记载古代礼制的著作,共十七篇。汉人以其所讲为士所必习的礼节,称之为《士礼》;相对《礼记》而言,又叫《礼经》;晋人认为其所讲的并非礼的意义,而是具体的礼节形式,故称之为《仪礼》,与《礼记》《周礼》合称"三礼"。历朝礼典的制定,大多以《仪礼》为重要依据,对后世社会生活影响至深。

《仪礼》主要记载古代贵族(包括国君、诸侯、卿、大夫、士)从成人、结婚到丧葬的各种礼节,以及其交往、燕飨、朝聘、乡射、大射等各种政治和社会活动中的礼仪规范。

三、《礼记》

《礼记》又名《小戴礼记》《小戴记》,成书于汉代,相传为西汉礼学家戴圣所编。《礼记》是中国古代一部重要的典章制度选集,书中内容主要写先秦的礼制,体现了先秦儒家的哲学思想、教育思想、政治思想、美学思想,是研究先秦社会的重要资料,是一部儒家思想的资料汇编。

《礼记》章法谨严,文辞婉转,前后呼应,语言整饬而多变,是"三礼"之一、"五经"之一、"十三经"之一。自东汉郑玄作注后,《礼记》地位日升,至唐代时被尊为"经",宋代以后,位居"三礼"之首。《礼记》中记载的古代文化史知识及思想学说,对儒家文化传承、当代文化教育和德性教养，及社会主义和谐社会建设有重要影响。

课后训练

一、单项选择题

1. 描述关于冠、婚、丧、祭、乡、射、朝、聘等礼仪的著作是（　　）。

A.《仪礼》　　　B.《周礼》　　　C.《礼记》　　　D.《大学》

2. "礼崩乐坏"出现在我国的（　　）时期。

A. 夏　　　　　B. 商　　　　　C. 西周　　　　D. 春秋

3. 提出以"礼"合"理"、秉乎礼学、重视礼治的是（　　）。

A. 周公　　　　B. 曾国藩　　　C. 孔子　　　　D. 董仲舒

4. （　　）兼用礼法建立专制体制。

A. 周公　　　　B. 秦始皇　　　C. 明太祖　　　D. 唐太宗

5. "礼下庶人"的制度始于（　　）。

A. 西周　　　　B. 秦汉　　　　C. 宋朝　　　　D. 明清

6. 董仲舒提出的"五常"指（　　）。

A. 诗、书、礼、乐、御

B. 仁、义、礼、智、信

C. 温、良、恭、俭、让

D. 忠、孝、勇、恭、廉

7. 下列各项中对孔鲤过庭的理解，不正确的是（　　）。

A. 陈亢认为孔子有私心，因此他才会问伯鱼，孔子是怎么教他的

B. 陈亢通过与伯鱼交谈，知道孔子没有私心，不偏爱自己的儿子

C. 文中"不学礼，无以立"的意思是一个人如果不学礼，都不懂得站立的姿势

D. 文中"不学《诗》，无以言"的意思是不学《诗》，就不懂得怎么说话

二、多项选择题

1. 中国历史上三部重要礼仪著作是（　　）。

A.《周礼》　　　B.《仪礼》　　　C.《礼记》　　　D.《中庸》

2. 西汉时期的董仲舒将儒家的礼仪具体地概括为三纲五常，分别是指（　　）。

A. 君为臣纲　　B. 师为生纲　　C. 父为子纲　　D. 夫为妻纲

三、判断题

1. 春秋中后期，孔子为"礼崩乐坏"而痛心疾首，提出了"克己复礼"的学说。

（　　）

2. 秦汉朝礼分元会朝、日朝和月朝，作为封建特权的表现和产物，在朝礼上禁止"入朝不趋，剑履上殿，谒赞不名"等。 （　　）

3. 隋文帝即位后命礼部尚书修五礼：吉礼、凶礼、军礼、宾礼、嘉礼。 （　　）

四、写一篇 400 字以上的学习总结与反思。

评价与分析

课后任务评价表

评价项目	评价内容	应得分	实得分
课后拓展	访问学习	10分	
	互 动	10分	
	视频学习	10分	
	讨 论	10分	
习题检测	完成测试题	60分	
总　　计		100分	

综合评价表

阶段	项目	自我评价	组内评价	组间评价	教师评价	出勤	互动	访问	讨论	视频
课前（20%）	知识点解读				6%	2%	2%	2%	2%	
	习题检测	6%								
课中（60%）	设计任务方案	5%	5%	5%	5%	4%	4%	4%	4%	4%
	任务展示	5%	5%	5%	5%					
课后（20%）	课后检测	12%					2%	2%	2%	2%

明意义　掌握核心思想

[学习目标]

知识目标：

能说明中华文明礼仪的现代意义，阐述礼与乐、礼与仪、礼与俗的关系。

能力目标：

1. 能分辨出礼器中的食器、酒器、玉器。

2. 能够用准确的语言对礼器进行描述。

素质目标：

提升对中华文明礼仪的理解，完善自身文化素养。

课前学习

[知识链接]

一、礼与乐

在儒家的礼仪文化体系中，礼与乐相辅相成、密不可分，礼乐结合是天地万物秩序的体现。所谓"乐者，天地之和也；礼者，天地之序也。和，故百物皆化；序，故群物皆别"。从礼与乐所蕴涵的天地人合一精神境界看，乐所表现的是和、仁、爱，是自然天成之情；礼所表现的是序、节、制，是人为修养之理。在早期儒家的理想中，乐的境界应该高于礼的境界。对古人而言，乐与礼两者在精神品格、价值取向上大致相同，相辅相成，究其根源，在于礼与乐具有内在的统一性与互补性。

【文化寻根 1.2.1】

"人而不仁如礼何？人而不仁如乐何？"　　　　　　　　　　——《论语·八佾》

译文： 孔子说："一个人没有仁爱之心，遵守礼仪有什么用？一个人没有仁爱之心，奏乐有什么用？"

解读： 乐是表达人们思想情感的一种形式。在中国古代，乐也是礼的一部分。礼与乐是外在的表现，仁是人们内心的道德情感和要求，所以乐必须反映人们的仁德。孔子把礼、乐、仁联系起来，认为没有仁德的人，根本谈不上什么礼、乐的问题。

【文化寻根 1.2.2】

齐景公三十一年，孔子在齐闻《韶》乐，如痴如醉、感慨万千。孔子赞美《韶》乐"尽美矣，又尽善也。"孔子在欣赏完《武》乐后表示"尽美矣，未尽善也！"

解读：《韶》《武》是"六乐"中的两部乐舞，《韶》乐中歌颂了舜帝继承和发扬前辈的功德。乐舞表现的形式优美，表达的内容仁善，因而孔子认为尽善尽美。《武》乐描写的是武王伐纣，宣扬的是武力夺取天下，虽然表现形式是美的，但表达的内容却缺少了仁善，孔子认为有所缺憾。礼乐密不可分，"仁"是孔子评判礼乐的一项重要标准，"尽善尽美"也由此而来。

二、礼与仪

中国古代的"礼"和"仪"，实际是两个不同的概念。"礼"是制度、规则和一种社会意识观念；"仪"是"礼"的具体表现形式，它是依据"礼"的规定和内容，形成的一套系统而完整的程序。"礼仪"的含义很广，既表现为一般的行为规范，又涵盖政治法律制度。

【文化故事 1.2.1】

《左传》中记载，春秋时期，鲁昭公到晋国去访问。在晋国都城的郊外，晋平公派大臣去行"郊劳"之礼。春秋时期，国家之间的迎宾仪式从郊劳开始，步步为礼，极其复杂。但鲁昭公居然一点都没做错，晋平公和大臣们看了都佩服不已，连连称赞鲁昭公真是懂礼之人。这时，一位叫女叔齐的晋国大夫却对晋平公表达了不同的意见。女叔齐说："鲁昭公根本不懂什么叫礼！"晋平公感到奇怪："从到郊外的欢迎仪式，到相互答谢转赠礼物，鲁昭公一直表现非常得体，怎么能说他不懂礼呢？"

女叔齐回答："他做的这些不过是仪式罢了，不能算是真正的礼。礼是用来维护国家秩序，行使政策法规，让百姓凝聚在一起的。可鲁昭公没有做到这些。鲁国现在国内政治混乱，鲁昭公却不去任用贤臣，反倒让奸佞小人把持了朝政。他和大国结盟，却不守盟约破坏协定，他乘人之危，专门欺负弱小的国家。这样的一个国君，不去好好考虑治国的方针政策，却把精力放在这些琐碎的礼仪规范上，这样的人怎么能算是懂礼呢？"

三、礼与俗

《说文解字》说："俗，习也。"风俗是人们长期养成的生活习惯。东汉学者郑玄对此也做了进一步的解释："俗谓土地所生习也。""土地"是指人们的生存环境，包括地理、气候、人文等各种要素在内。人们在各自特定的环境中生活，久而久之，就形成了各自的习俗。中国古代的社会生活"礼不下庶人"，礼只通行于贵族之中。因为古代礼仪非常复杂，行礼需要许多时间和财力。庶人每天忙于劳作，一般没有精力去从事礼仪活动。如果庶民有条件行礼，那么可以比照士的礼仪实行。对大多数庶民而言，他们只有习俗，也就是人们常说的"风俗"或者"民俗"。但是，这并不等于说礼与俗是毫不相关的东西，恰恰相反，两者有密切的渊源关系，从某种意义上来说，礼是从某些风俗中发展来的。

课前习题

一、填空题

1. ＿＿ 所表现的是和、仁、爱，是自然天成之情；＿＿ 所表现的是序、节、制，是人为修养之理。

2. 中国古代的"礼"和"仪"，实际是两个不同的概念。＿＿ 是制度、规则和一种社会意识观念。

3.《左传》中记载，春秋时期鲁昭公到晋国去访问，在晋国都城的郊外，晋平公派大臣去行"郊劳"之礼的故事，体现的是礼与 ＿＿ 的区别。

二、判断题

1. 对古人而言，乐与礼两者在精神品格、价值取向上大致相同，相辅相成，究其根源，在于礼与乐具有内在的统一性与互补性。 （   ）

2. 礼与俗两者有密切的渊源关系，从某种意义上来说，礼是从某些风俗中发展来的。 （   ）

3. "礼仪"的含义既表现为一般的行为规范，又涵盖政治法律制度。 （   ）

◆ 评 价 与 分 析

课前任务评价

评价项目	评价内容	应得分	实得分
课前自学	访问学习	10分	
	互 动	10分	
	视频学习	10分	
	讨 论	10分	
习题检测	完成测试题	60分	
总　　　计		100分	

课中学习

[**实践任务**]

请根据学习任务的要求，分组讨论中华文明礼仪的核心思想是什么。编排故事情景展示中华文明礼仪的核心思想，小组成员参与情景编排并进行展示。

要求：1. 创编情景或借鉴历史故事，展现中华文明礼仪的核心思想。

2. 展示时间不超过 5 分钟。

3. 小组成员都要参与。

4. 展示后小组代表进行分析解说。

[**知识锦囊**]

一、礼与敬

中国是礼仪之邦，"礼"通行于社会各个层面。自古有"经礼三百，曲礼三千"。《礼记》开篇有"毋不敬"，朱熹认为，"毋不敬"三字可以看作全篇的总纲。唐代著名学者孔颖达解释说："行五礼。皆须敬也。"由此可见，礼的核心思想是敬，对人、对己、对家庭、对社会、对国家都要有一种恭敬心，这是立身的根基。

【文化寻根 1.2.3】

"礼者，敬而已矣。"
　　　　　　　　　　　　　　　　　　　　　　　　　——《孝经》

译文：所谓"礼"，不过是一个"敬"字罢了。

【礼仪故事 1.2.1】

《左传》有这样一个故事，晋国的下军佐白季经过冀邑时，看到一位叫冀缺的人在田间耕好，妻子正给他送食，荒郊野田之中，两人相待如宾。白季非常感动，把冀缺带到宫里，希望晋文公任用他。文公问理由，白季答曰："敬，德之聚也，能敬必有德，德以治民，君请用之！"意思是说：敬是诸种美德的萃聚，能恭敬待人者，必是有德之人，治民要有德，所以请您任用他！

二、关于"敬"的四重内涵

（一）**敬人**。敬的第一个层面是敬人。尊敬、尊重身边的每一个人，不论身份地位的高低，不论美丑，没有分别，对身边的每一个人报以平等的尊重。人们通常习惯向尊贵的人表达尊重和敬意，却往往忽视了一些弱势群体更需要别人的尊重。

（二）**敬己**。尊重自己，爱护自己，敬人往往很容易理解，敬己却往往被人所忽视。有人说："不懂得尊重自己的人，很难赢得别人的尊重，也很难真正能尊重别人。"尊重自己体现在注重自己的言行举止上，注重自身外在形象和内在修养的提高上，注重自身形象的塑造上，不做伤害自己身体、玷污自己心灵、有损个人形象的事情，这是爱自己的一种表现。

【文化寻根 1.2.4】

"五事：一曰貌，二曰言，三曰视，四曰听，五曰思。貌曰恭，言曰从，视曰明，听曰聪，思曰睿。恭作肃，从作乂，明作哲，聪作谋，睿作圣。"　　——《尚书·洪范》

译文：五事：一是容貌，二是言论，三是观察，四是听闻，五是思考。容貌要恭敬，言论要正当，观察要明白，听闻要广远，思考要通达。容貌恭敬就能严肃，言论正当就能治理，观察明白就能昭晰，听闻广远就能善谋，思考通达就能圣明。

（三）**敬天地**。在中华文明礼仪中很重要的一个部分就是祭祀天地。用礼来表达对天地的敬意和感恩。皇帝的封禅行为（封为"祭天"，禅为"祭地"），是指中国古代帝王在太平盛世或天降祥瑞之时的祭祀天地的大型典礼。远古时期已有封禅的传说，以此表达对天地的敬意。《道德经》中讲"人法天、天法地，地法道，道法自然"，《易经》开篇讲"天行健，君子当自强不息；地势坤，君子当厚德载物"，孔子说"天何言哉，四时行焉，百物生焉"，都启示我们天地间蕴含着许多人生的智慧值得我们去参悟，提示我们应该去寻求做人做事的大智慧，树立一种心中有天地的大情怀。

（四）**敬自然万物**。我们的衣食住行靠万物的给予和滋养，对万物心存敬意和感恩是一种高尚的情怀。"坚持人与自然和谐共生"。朱子家训中说道："一粥一饭当思来之不易，半丝半缕恒念物力维艰。"我们的古人很早就基于这种生态的宇宙观来俯察天地万物。

【文化寻根 1.2.5】

"五行：一曰水，二曰火，三曰木，四曰金，五曰土。水曰润下，火曰炎上，木曰曲直，金曰从革，土爰稼穑。润下作咸，炎上作苦，曲直作酸，从革作辛，稼穑作甘。"

——《尚书·洪范》

译文："五行：一是水，二是火，三是木，四是金，五是土。水向下润湿，火向上燃烧，木可以弯曲、伸直，金属可以顺从人意改变形状，土壤可以种植百谷。向下润湿的水产生咸味，向上燃烧的火产生苦味，可曲可直的木产生酸味，顺从人意而改变形状的金属产生辣味，种植的百谷产生甜味。"

三、中华文明礼仪的现实意义

2014年9月24日，习近平总书记在纪念孔子诞辰2565周年国际学术研讨会暨国际儒学联合会第五届会员大会开幕会上发表讲话指出："不忘历史才能开辟未来，善于继承才能善于创新。优秀传统文化是一个国家、一个民族传承和发展的根本，如果丢掉了，就割断了精神命脉。"

（一）**文明礼仪是一个人立足社会的根本**。所谓"诗以言志，礼以立身"。自古至今，为人处世之道向来是人生必修的一课。一个懂礼守礼、品行高尚的人往往更能够成为对社会的有用之才。无论在任何时代下，礼仪教育始终是人生的第一课。随着时代的发展和社会交往的扩大，学习诗书礼仪也应该与时俱进，秉持去芜存菁的原则，迎合社会发展的需要。

（二）**学习中华文明礼仪具有重要的社会教化功能**。对于个人，礼仪是一个人内在素质和外在形象的具体体现；对于家庭，礼仪是家庭和睦的重要基石；对于社会，礼仪是社会文明进步的象征。礼仪能对每个人的道德和行为加以规范，从而形成良好的社会风气，起到社会教化的作用。

【文化寻根 1.2.6】

"小子，何莫学夫《诗》？《诗》可以兴，可以观，可以群，可以怨。迩之事父，远之事君，多识于鸟兽草木之名。"

——《论语·阳货》

译文：学生们为什么不去学《诗经》呢?《诗经》可以激发心志，可以提高观察力，可以培养群体观念，可以学得讽刺方法。近则可以用其中的道理来侍奉父母，远可以用来侍奉君主，还可以多认识鸟兽草木的名称。

解读："兴、观、群、怨"，是孔子对《诗经》的社会作用的高度概括，是对《诗经》的美学作用和社会教育作用的深刻认识。

（三）弘扬中华文明礼仪有利于构建和谐社会，维护国家安定。礼仪是社会交往的润滑剂，使人与人、群体与群体之间可以相互敬重、相互理解、和谐共生。今天，我们坚持依法治国和以德治国相结合，并且大力弘扬社会主义核心价值观，体现出道德价值的重要意义。中国几千年的发展历史证明，在全社会中弘扬和践行道德价值，对于维护国家和社会稳定，促进人际关系的和谐，都会起到巨大的作用。

▌【文化寻根 1.2.7】

"道之以政，齐之以刑，民免而无耻；道之以德，齐之以礼，有耻且格。"

——《论语·为政》

译文：用政令来治理百姓，用刑法来整顿百姓，百姓只求能免于犯罪受惩罚，却没有廉耻之心；用道德引导百姓，用礼制去感化，百姓不仅会有羞耻之心，而且有归服之心。

解读：孔子强调的"以德治国"思想，是重视道德修养在构建和谐社会中的重要作用，这在我国政治发展史上有着重要价值。几千年来，中国历代君主虽然都采用"儒表里法"的治国手段，但始终没有忽略关于道德价值的宣讲。因此，当下我们将以德治国的思想与依法治国的理念相结合，二者相辅相成，也有利于发挥其效果。

［**任务方案设计**］

1. 请根据学习任务要求，分组讨论礼仪的核心思想是什么，用典型的故事情景分别展现出礼仪的核心思想。

2. 编写脚本，各组交流。

3. 进行脚本修改，确定最终方案。

［**任务展示**］

1. 小组成员分角色排演。

2. 展演并记录心得感受。

3. 进行任务总结和分享。

◇**评 价 与 分 析**

设计任务方案讲解评价表

评价项目	评 价 内 容	应得分	实得分
礼仪的核心思想及特点	1. 掌握礼仪的核心思想	20分	
	2. 用不同情景表达礼仪的核心思想	20分	
	3. 表达合理准确	20分	

评价项目	评价内容	应得分	实得分
有声语言和表情	1. 讲解者声音响亮、表达清晰	10分	
	2. 态势语自然,整体表达与听众有交流	10分	
创意设计	所用方法浅显易懂,形式新颖、活泼	10分	
整体效果	充分发挥组内人员优势,分工合作,整体效果好	10分	
总　　　计		100分	

任务展示评价表

评价项目	评价内容	应得分	实得分
准备工作	1. 不同情景内容定位准确,制定出场顺序	10分	
	2. 准备过程全组协调良好	10分	
基本知识掌握	1. 礼仪核心思想把握准确	25分	
	2. 情景排演准确	25分	
观看讨论	1. 观看认真	5分	
	2. 讨论积极	5分	
任务总结	1. 按规定时间完成任务	5分	
	2. 任务展示完整、准确	5分	
	3. 总结分享准确、深刻	5分	
	4. 能提出合理化建议和创新性见解	5分	
总　　　计		100分	

课后学习

[**知识拓展**]

藏礼于器

"藏礼于器"的思想是古代造物的根本法则,这与中国哲学对"礼"与"器"之间关系的理解密不可分。"礼"与"器"的主要联系体现在如下几个方面。

一、"器"是维持"礼"之运行的重要载体

在古代,几乎每一种"礼"都体现于有相应的"器"上。可以说,礼器的使用是形

成礼制的重要方式，也是礼义在用具意义上的物质化，更是礼仪活动得以组织的基础。

二、"器"之形制和数量规定是"礼"的重要组成部分

通常认为，"礼"包含三个要素：礼义、礼仪和礼器。其中，"礼义"是关于礼的总体观念、见解和看法，是礼仪活动、礼制设计和礼度变化的理论依据，也是对礼的内在规定性的表述；"礼仪"是礼的仪式，是礼义在天人、朝政和人伦等交往活动中的程序化体现；"礼器"是对器物形制和数量的规定，是礼义在物体层面的体现。三者的关系是：礼义概括礼的本质特性，是礼仪、礼制调整的内在规定。如果把"礼义"比作躯体，"礼仪"和"礼器"则为两翼，三者之间的关系是"一体两翼"之关系。由此可见，"器"之形制和数量规定是"礼"的重要组成部分。

三、"器"是物化形式的"礼"

作为"礼"的载体，"器"可以通过直观的形象表达"明劝戒，著升沉，助人伦"的伦理化主题，从而使既有的"礼"之观念在人们心中得以强化，因为"器"与"礼"一样，同样能够起到伦理教化的功能，"器"实际上成了伦理教化的工具和中介，是一种间接的教化。由于这种隐形的德育功能，"器"被视为一种"无言的教化者"。在此意义上，"器"可以视为"物化"形式的"礼"。

四、礼器中的食器

鼎，重要的礼器，在中国历史中有重要的地位。鼎起初并不是礼器而是食器，分为三足圆腹和四足方腹，其中最出名的是后母戊大方鼎，是迄今为止发现的最重的青铜器，鼎口两端有两耳。因为当时的冶炼技术并不发达，所以鼎是当时贵族才能使用的物件，后来的鼎也就成为了权力的象征。

后母戊大方鼎

簋，也是一种礼器，最早是用来盛放熟食的器皿，和鼎相互配合使用。敞口，束劲，鼓腹，双耳，这是对簋这种食器的形容。部分簋上还加装了盖。

簋

五、礼器中的酒器

古时用作礼器的器物十分庞杂，酒器，腹椭圆，上有提梁，底有圈足，兽头形盖，亦有整个酒器作兽形的，并附有小勺。比如觥和觚。

觥

觚

六、礼器中的玉器

我国历史上比较著名的玉礼器有玉琮、玉璧、玉圭、玉璋等。

（1）玉琮。其造型简单，单一，大多都是形似笔筒，内圆外方。在战国时期礼玉制度进一步和儒家宗法、伦理、道德观念结合起来。其用途也被纳入儒家的礼仪系统中，成为礼器或葬器。所以玉琮在当时的社会情况下除了是礼器外更是身份和财富的象征。

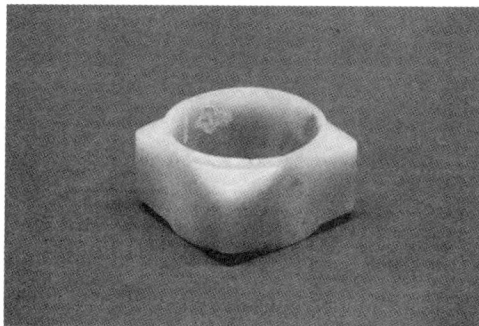

玉琮

（2）玉璧。"完璧归赵"的故事让人们赋予了玉璧神圣的含义，在当时社会玉璧既是祭器也是礼器，还可以当配饰，在古人心中玉器还有去邪的作用，所以玉璧在我国古代的用途非常广。

玉璧

（3）玉圭。在古代社会中玉圭是古代帝王、诸侯朝聘、祭祀、丧葬时所用的玉制礼器。

玉圭

（4）玉璋。在《周礼·考工记》中记载："大璋、中璋九寸，边璋七寸，射四寸……天子以巡守。"说明玉璋除了是礼器外还是天子巡狩的时候祭祀山川的器物。

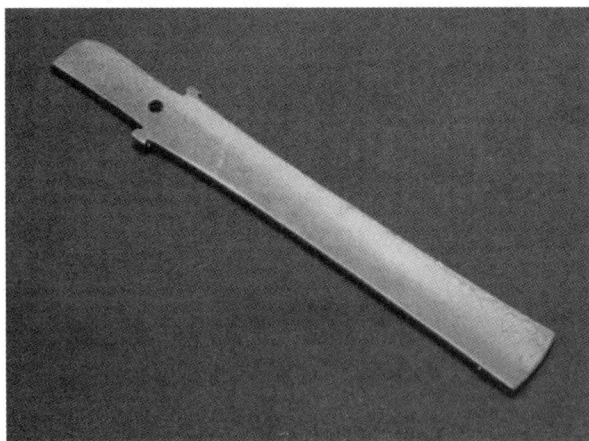

玉璋

课后训练

一、填空题

1. 中国是礼仪之邦，"_____"通行于社会各个层面。

2. 关于"敬"的四重内涵是 _____、_____、_____、_____。

3. 我国历史上比较著名的玉礼器有 _____、_____、_____、_____等。

二、单项选择题

1. 礼的核心思想是（　　）。

A. 雅　　　　　B. 敬　　　　　C. 仪　　　　　D. 仁

2. 在古代，几乎每一种"礼"都体现于有相应的（　　）。

A."仪"　　　　B."乐"　　　　C."器"　　　　D."俗"

三、多项选择题

1. 中华文明中礼的现实意义是（　　　　）。

A. 文明礼仪是一个人立足社会的根本

B. 学习中华文明礼仪具有重要的社会教化功能

C. 弘扬中华文明礼仪有利于构建和谐社会，维护国家安定

D. 中华文明礼仪是自我修养提升的重要形式

2."一日克己复礼，天下归仁焉"是用自我约束、自我克制来实现礼，成就仁爱之

心，其具体的做法是（　　　　　）。

A. 非礼勿视　　　B. 非礼勿听

C. 非礼勿言　　　D. 非礼勿动

3. 通常认为，"礼"包含的三个要素是（　　　　　）。

A. 礼义　　　　　B. 礼仪　　　　　C. 礼器　　　　　D. 礼乐

4. 礼器中的食器是（　　　　　）。

A. 鼎　　　　　　B. 簋　　　　　　C. 觥　　　　　　D. 瓠

5. 礼器中的酒器是（　　　　　）。

A. 鼎　　　　　　B. 簋　　　　　　C. 觥　　　　　　D. 瓠

四、判断题

1. "今人而无礼，虽能言，不亦禽兽之心乎?"的意思是人与禽兽的区别并非语言，而是"礼"。　　　　　　　　　　　　　　　　　　　　　　　（　　　）

2. 在中华文明礼仪中很重要的一个部分就是祭祀天地，人们用礼来表达对天地的敬意和感恩。　　　　　　　　　　　　　　　　　　　　　　　　（　　　）

五、写一篇 400 字以上的学习总结与反思。

评 价 与 分 析

课后任务评价表

评价项目	评价内容	应得分	实得分
课后拓展	访问学习	10 分	
	互　动	20 分	
	讨　论	10 分	
学习任务的完成	视频学习	30 分	
	完成测试题	30 分	
合　　　计		100 分	

综合评价表

阶段	项目	自我评价	组内评价	组间评价	教师评价	出勤	互动	访问	讨论	视频
课前（20%）	习题检测	6%			6%		2%	2%	2%	2%
课中（60%）	设计任务方案	5%	5%	5%	5%	4%	4%	4%	4%	4%
	任务展示	5%	5%	5%	5%					
课后（20%）	课后检测	6%			6%		2%	2%	2%	2%

项目二
端身正仪

[学习指导]

礼文化是中华传统文化的核心，是民族文明的标志。所谓"礼仪之始，在于正容体、齐颜色、顺辞令"，一个有良好修养的人，一定是体态端正、服饰整洁、表情庄敬、言辞得体的。"君子之德，见于仪表"，一个人的仪容仪表、体态、着装都能够反映其内在德行。在本项目中，我们遵循中华礼仪文化中"冠正衣洁""坐立得体""行止有节"等原则，采用情景训练的方式，模拟集会、会议、就餐、面试等情景，训练同学们在不同的场合下的穿戴、坐、立、行走等礼仪，将中华传统礼仪文化与现代礼仪相融合，展现文明修养。

衣冠整洁　妆饰得体

[**学习目标**]

知识目标：

理解"穿戴三紧""穿衣洁净""衣冠贵礼"的原则。

能力目标：

1. 能根据"洁净""懂礼""整齐"的要求对现代服饰进行适当的穿戴搭配。

2. 能根据现代穿戴礼仪，在不同场合下进行适当的穿戴搭配。

素质目标：

树立尊重他人的观念，培养优雅大方、自然得体的穿戴风格。

课前学习

[**知识链接**]

传统汉服礼仪知识

一、传统汉服的形制与组成

中国汉民族传统服饰制度最早成熟于商代，服饰形制为上衣下裳制，指上身衣与下身裙分开，中间以腰带相系。

传统汉服由四个部分组成，即头衣、上衣、下裳、足衣。

（1）头衣：类似于后世的帽子，冠是仪表整齐、内心崇敬的象征。古代女子十五岁成年，行笄礼后头戴发簪，而男子二十岁成年，行礼后需束发戴帽，不能再像孩童时期披散头发。

（2）上衣：传统汉服上衣多为交领，衣襟两片相交，呈"y"字形，左襟在上，盖住右襟，系于身体右侧。

（3）下裳：长裙，前三幅、后四幅围于腰间，以腰带相系，大腿两侧的开衩需用两片布遮盖，称为"衽"。

（4）足衣：包裹在脚外的袜子和鞋子。

上衣

头衣

下裳

足衣

衣裳

中华服饰
（下）

衣裳连属制：指上衣与下裳相连，相当于现代的连衣裙，交领右衽，衣襟左片搭右片，中间以腰带系于身体右侧。

课前习题

一、填空题

1. 我国传统汉民族服饰的形制有 _____ 和 _____ 。

2. 传统汉服由 _____ 、 _____ 、 _____ 、 _____ 四部分组成。

3. 下裳为 _____ 、 _____ 围于腰间。

4. 宋代女性在短衣外穿 _____ 。

二、选择题

1. 古代男子（　　　）岁行成年礼。

A. 15　　　　　　　B. 18　　　　　　　C. 20　　　　　　　D. 16

2. 传统汉服的服制特点为（　　　）。（多选）

A. 交领右衽　　　B. 交领左衽　　　C. 袖窄且长　　　D. 以腰带代替纽扣

评 价 与 分 析

课前任务评价表

评价项目	评价内容	应得分	实得分
课前自学	访问学习	10分	
	互　动	10分	
	视频学习	10分	
	讨　论	10分	
知识点解读	知识点解读准确	30分	
习题检测	完成测试题	30分	
总　　　计		100分	

赵宣子礼退杀手

春秋时期晋国有一个大臣叫赵盾，谥号赵宣子。那时候晋灵公在位，晋灵公年纪不大，不懂得好好爱护人民。赵宣子很忠诚，经常直言不讳劝谏晋灵公，晋灵公很不耐烦。有一天，他突然起了歹念，雇了一个杀手想把赵宣子杀掉。这个杀手叫锄麑，他天不亮的时候到了赵宣子的家里。这时赵宣子的寝室门已经开了，赵宣子穿好了朝服，端端正正地在那闭目养神，等着上早朝。锄麑见了这样的情形很惊讶，就退了出来，心想：他一个人家居时候，都毕恭毕敬，这一定是国家的栋梁，假如我杀了他，这是不忠，对不起国家，失信于天下百姓，假如我不杀他，又失信于君王，不忠不信，哪里能够在世上做人呢？最后锄麑就撞树自杀了。

思考： 赵宣子的威仪，感动了锄麑，他端庄的仪容，不但赢得了他人的尊敬，还避免了杀身之祸。仪表外貌是给别人的第一个印象，结合自己的实际情况思考，我们在仪容仪表的整理上是否有需要改进的地方？

[实践任务]

以小组为单位做上岗前的职业形象展示，并从发型（包括帽子）、妆容、饰品、制服等方面讲解现代职场对着装的要求和传统文化服饰礼仪的要求。

[知识锦囊]

服饰礼仪是我们中华民族礼仪文化之一，整齐的衣冠、端正的容貌能够直接反映一个人良好的内在修养和精神面貌。与他人会面前，遵循服饰穿戴礼仪、整理仪表着装，是对他人的友好和尊重。服饰礼仪是中华文明礼仪的基础，古人对穿衣有"洁净""整齐""遵礼"等要求，现代人的服饰礼仪在此基础上有了丰富和发展，形成了中华民族灿烂多彩、内涵深厚的服饰礼仪文化。

一、体貌贵洁

华夏之礼仪讲究内心的诚敬，凡大事必沐浴更衣，在祭祀等庄重的礼仪之前，需要先沐浴身体，换上干净的衣服，以洁净的体貌表达虔诚的礼敬之心。

（一）沐浴有礼俗

中国人讲究卫生，注重身体洁净，并且以律法的形式推广这种"礼"：古代的休假制度称作"休沐"，沐是洗头发，"休沐"的意思就是放假回家，休息洗头发。根据《汉律》记载，"吏员五日一休沐"。唐代定制，官吏每十天有一次休息，每月分为上浣、中浣、下浣，"浣"的意思是"洗"，即在每月的上旬、中旬、下旬的最后一天休息、沐浴，从此假日又有了"浣"的称谓。

关于中国人讲究身体洁净的礼仪，从汉字造字之丰富中可见一斑。以"沐浴洗澡"

四字为例："沐，濯发也；浴，洒身也；洗，洒足也；澡，洒手也。"古代"沐浴洗澡"分别指洗身体不同的位置，沐为洗头发，浴为洗身体，洗为洗脚，澡为洗手。

（二）体洁表心敬

身体的洁净，代表的是内心的庄敬。古人在举行重要的典礼时，或在进行高雅之事前必沐浴更衣。比如，人们认为弹琴、读书等都是高雅的事，因此，弹琴者在弹琴之前，常常先沐浴更衣，洁净自己的身体，换上干净的衣服，表示内心摒除了一切杂念，专心致志，心无旁骛；读书人在读书前先洗干净双手，擦拭净几案，以示恭敬之心，对圣人所作经典，更是先沐浴焚香而后阅读。

▌【文化寻根 2.1.1】

"晨兴，即当盥栉以饰容仪。凡盥面，必以巾帨遮护衣领、卷束两袖，勿令沾湿。栉发，必使光整，勿散乱，但须敦尚朴雅，不得为市井浮薄之态。"　　　——《童子礼》

译文：早晨起来，应当洗面梳头来修饰容貌仪表。洗脸，一定用毛巾遮护住衣领口，卷起来并绑好两个衣袖，不让（它们）有所浸湿。梳头发，一定要梳得光洁整齐，不能散乱，必须将头发聚拢，朴素雅致，不能有市井之气和浮躁轻薄的样子。

解读：每个人每日早起之后，第一件事就是要洁净容貌，束好头发，整理好自己的妆容、着装后才可出门与他人见面。礼是从端正容貌和服饰开始的，体态端正、服饰得体才能够得到他人的尊敬与信赖。

二、衣冠贵整

衣冠之礼并非指刻意追求服饰的华美，而是指要保持整洁。

（一）衣贵洁，不贵华

在任何情境场合下，服饰应该整洁，不能有污渍，更不能有破洞开线的地方，衣领和袖口处尤其要注重整洁，纽扣等配件需要齐全。民间有关于穿衣的俗语"笑脏不笑旧，笑破不笑补"，这反映了百姓朴素的人生思考：衣服脏了不洗，说明一个人懒惰；而旧衣服虽然看上去旧，但是干净整洁说明穿衣者有自尊自爱的态度，以及对美的追求；过去生产力水平低下，人们没有条件经常穿新衣服，能把破旧的衣服整齐地缝补好，避免"衣不蔽体"，正是对礼的遵守。

▌【文化寻根 2.1.2】

"凡着衣，常加爱护。饮食须照管，勿令点污；行路须看顾，勿令泥渍。遇服役，必去上服，只着短衣，以便作事。有垢、破，必洗浣、补缀，以求完洁。整衣欲直，结束欲紧，毋使偏斜宽缓。上自总髻，下及鞋履，加意修饰，令与礼容相称。其燕居及盛暑时，尤宜矜持，不得袒衣露体。"　　　——《童子礼》

译文：只要穿上衣服，需要经常多加爱护。吃饭时需要照看，不能玷污衣裳；走路时需要照看，不能让衣服上沾泥渍；如果要劳作，需要脱掉上身的外衣，只穿短衣，以方便做事。有污垢、破损，必须要洗干净、修补整齐，以保证完好整洁。穿衣时要使它平整，装束要收紧，不要让它看起来倾斜宽大。上到发髻，下到鞋袜，需要多加心思修饰，才能与"礼制容仪"相匹配。盛夏闲居时，尤其应当矜持，不能敞开衣服露出身体。

（二）冠必正，纽必结

《弟子规》要求："冠必正，纽必结。袜与履，俱紧切。"说的是戴帽子要正，扣子要系好，鞋袜要穿好。宋代理学家朱熹也提出"帽带要紧、腰带要紧、鞋带要紧"的"三紧"原则。

【文化寻根 2.1.3】

"冠毋免，劳毋袒，暑毋褰裳。"　　　　　　　　　　　　　　　——《礼记·曲礼上》

译文：帽子不可以不戴，在田间劳作时不能袒露身体，夏天再热也不能撩起裙子。

解读：我国古代礼仪有"衣不露体"的要求，虽然现代穿衣风格多元化，但在庄重的场合也要讲究衣帽整齐。

【礼仪故事 2.1.1】

据《论语》记载，孔子晚年生病了，鲁国国君来探视他，孔子便头朝东躺着，身上盖上朝服，上面拖着绅带。

解读：这个故事讲了孔子在病中见君主的礼节。因为病重，孔子无法衣冠整齐地拜见鲁君，但他依然将朝服盖在身上，将绅带放在衣服上，这充分反映出孔子对礼一丝不苟的态度。

三、穿戴遵礼

虽然穿衣戴帽各有所好，但还须遵守礼仪规范，穿衣戴帽须与身份、场合相适，不可逾矩。

（一）衣冠与身份相称

古人注重衣冠穿戴与身份相宜，认为这是社会有序的重要体现，不管是对衣冠的样式、材质，还是工艺、色彩，都有明确的礼仪规定。

【文化寻根 2.1.4】

"童子不裘不帛。"　　　　　　　　　　　　　　　　　　　　——《礼记·玉藻》

解读：童子不穿裘衣，不穿丝帛。因为裘帛温热，易伤其壮气。

每个人都会随着年龄的增长自然改变其身份，古代男子二十岁行冠礼，女子一般十五岁行笄礼，成礼之后身份不同了，作为成人，承担的社会责任不同了，表现在穿衣戴帽上也有不同礼仪要求。《礼记·冠义》："冠者，礼之始也。"华夏文化是讲究礼仪的文化，而冠礼就是华夏礼仪的起点。

总之，男子衣冠要符合气度风范，女子穿衣要表现婉约柔美，孩童衣装要天真烂漫，老人着衣则要符合成熟持重的特点。古人把着装与德行教育统一起来，把君子美德、做人准则隐含在服饰中，以表现着装者的个人修养。现在服饰文化得到空前繁荣，我们可以依个人的性格、年龄、职业、喜好、身材等要素进行服饰搭配，扬长避短，展现个人独特的魅力。

（二）衣冠与场合相宜

在不同场合要身穿不同类型的服饰，这是礼的要求。以古代的官服（官员所穿的服

装）为例，官服有朝服、公服、常服之分，供不同场合穿着。在清代，一般官服以顶戴花翎显示其不同的身份和地位，官服中的礼冠名目繁多，有朝冠、吉服冠、常服冠、行冠、雨冠等，在不同的礼仪场合，戴不同的礼冠。

今天，我们在日常普通的社交场合，身着日常服饰即可，居家不出时，可穿普通的家居服，但有客人拜访，需要马上换衣服，才可接待客人。在古代，对居家穿着要求更为严格，如晚辈拜见长辈，或是给他们问候请安时，即使是在家中，也必须穿戴整齐，身穿比较正式的衣服，以表示对家长或长辈的敬重。

【礼仪故事2.1.2】

季孙的母亲去世，哀公前来吊唁。不一会儿，曾子和子贡也前来吊唁。由于国君在这里，守门人认为他们衣装不整，不让他们进门。曾子和子贡到马圈里把仪容修饰了一番。子贡先走进去，守门人说："刚才已经通报了。"曾子随后进去，守门人让开了路。他们进入室中央，卿大夫们都离开了原位，鲁哀公也从台阶上走下一级，向他们拱手行礼。

君子们评论这件事说："尽力整肃仪容，这样可以畅通无阻啊！"

解读： 古人认为，端正容貌，穿上整洁的服饰才可以出门与人交往，衣冠穿戴需要和不同场合相适应。衣冠是一个人内心修养的外在表现，能够反映一个人是否知礼、懂礼、讲礼，衣冠得体符合要求，是尊重自我，也是尊重他人的体现。

【礼用今朝2.1.1】仪容、服饰礼仪要求

1. 仪容礼仪

面容：面容须干净清爽，早晚要及时清洁面部，清除眼角、鼻腔、耳朵内的分泌物；男士需及时刮胡须、剪短鼻毛；女士可化淡妆，妆容以增加面部轮廓感和调整气色为主，避免使用味道刺鼻的化妆品。

发型：男士的发型要体现大方简洁，前发不超过额头的一半，侧面不遮住耳朵，后面不长于后发际线，鬓角不长过耳朵中部；女士应根据自身年龄、职业特点、个人风格以及出席场合的不同，梳理得当的发型，正式职业场合着正装，不得散发披发，发型应束起或盘发，露出眉毛，减少随意和散漫的感觉。

2. 着装礼仪

在正式场合中，要特别注重着装礼仪，通常正式场合的着装样式：男士穿中山装、西装；女士穿套装、旗袍、端庄的裙装等。

旗袍礼仪

（1）正式场合男士着西装。

① 衬衫：长袖衬衫，颜色以白、淡蓝色为宜；领子要挺括，系好领扣和袖扣，衬衣领口和袖口长于西服上装领口和袖口1厘米～2厘米；下摆塞在西装裤腰内；如果西装外套有条纹，则搭配纯色衬衫，若西装外套为纯色，则可搭配简单图案的衬衫。

② 西装外套：大小合体，衣长在臀围线以上1.5厘米处，肩宽以探出肩角2厘米为宜，袖长到手掌的虎口位置，系上纽扣后，衣服与腹部之间可以塞下一个拳头；双排扣西装需要全部系上，单排两粒扣西装须系第一粒扣子，第二粒扣子不系；三粒扣西装须系上面两粒，最下面一粒纽扣不系，或系中间一粒；入座时，可以把纽扣解开，站起

时立即系上纽扣。

③ 领带：领带图案以纯色或是简单的几何图案为宜。系领带时领结要饱满，与衬衫领口吻合要紧；领带长度以系好后大箭头位于皮带扣上端处为宜，领带夹一般在衬衣第三粒和第四粒扣子中间，西装系好纽扣后，不能使领带夹外露。

④ 西裤：裤线笔直清晰，裤脚前面盖住鞋面中央，裤脚后面至皮鞋跟中央。

⑤ 腰带：以皮质为宜，皮带扣的样式和图案不宜夸张，大小应适中。

⑥ 皮鞋：应选择简单大方、鞋面光滑亮泽的样式，搭配黑色或深蓝色的西装，可以选择黑色皮鞋，若选择咖啡色系西装，可穿棕色皮鞋；穿着西装不可搭配凉鞋，注重鞋面洁净。

⑦ 袜子：选择深色袜子，切忌黑皮鞋配白袜子，袜口适当高些，应以坐下跷起腿后不露出皮肤为准。

（2）正式场合女性着套装。

① 职业套装：服装质地不易褶皱，颜色不宜过于鲜艳，注重简洁、舒适、大方得体，不宜穿着过紧或过于宽松的服饰，以西服套裙最为合适，裙子材质挺括垂顺，西装面料最佳，裙长在膝盖上下不超过 10 厘米，不能过短，穿裙装应穿丝袜。

② 鞋子：以深色浅口细跟高跟鞋为宜，尽量避免鞋面上有装饰，鞋跟高度不宜过高，5 厘米左右最佳，避免穿露脚趾或露脚跟的鞋子。

③ 手袋：色彩不宜过多，应注意与季节、场合、服饰、鞋子相统一。

④ 配饰：以精简为宜，佩戴首饰不宜超过三种，并且要注意材质颜色一致。

［任务方案设计］

1. 请根据学习任务要求，全组讨论设定工作环境，针对不同的职业岗位，确定正确得体的着装搭配。组内成员要编写详细的脚本方案。
2. 请对编写的脚本进行讲解。
3. 进行脚本修改，确定脚本方案。

［任务展示］

1. 根据脚本情景进行角色分工，道具自备。
2. 模拟训练，组内成员角色互换练习。
3. 抽签排序，分组进行展示，一组模拟时，其他组观看并记录问题。
4. 进行任务总结。

评价与分析

课前任务评价表

评价项目	评价内容	应得分	实得分
知识点解读	知识点解读准确	50 分	
习题检测	完成测试题	50 分	
总　　计		100 分	

设计任务方案讲解评价表

评价项目	评价内容	应得分	实得分
穿戴礼仪要求	1. 岗位对服饰穿戴的要求	20分	
	2. 服饰搭配需要注重"洁净""懂礼""整齐"	20分	
	3. 不同职业岗位中男性和女性的服饰搭配要点	20分	
有声语言和表情	1. 讲解者声音响亮、表达清晰	10分	
	2. 态势语自然，整体表达与听众有交流	10分	
创意设计	所用方法浅显易懂，形式新颖、活泼	10分	
整体效果	充分发挥组内人员优势，分工合作，整体效果好	10分	
总　　计		100分	

任务展示评价表

评价项目	评价内容	应得分	实得分
准备工作	1. 不同职业岗位的角色定位准确，模拟出场顺序	10分	
	2. 实训过程全组协调良好	10分	
基本知识掌握	1. 不同角色的服饰搭配准确得体	25分	
	2. 情景安排准确	25分	
观看讨论	1. 观看认真	5分	
	2. 讨论积极	5分	
任务总结	1. 按规定时间上交	5分	
	2. 填写规范、内容详尽完整	5分	
	3. 任务分析总结正确	5分	
	4. 能提出合理化建议和创新性见解	5分	
总　　计		100分	

综合评价表

阶　段	项　目	自我评价	组内评价	组间评价	教师评价	专家评价
课前（20%）	知识点解读				10%	
	习题检测	10%				
课中（60%）	设计任务方案	5%	5%	5%	5%	10%
	任务展示	5%	5%	5%	5%	10%
课后（20%）	拓展作业	10%			10%	

课后学习

[知识拓展]

社交场合服饰搭配方法

（1）男性半正式社交场合：一般性访问、上班、午宴等场合，可穿浅色或深色西服，搭配文雅素净并与西装外套颜色相协调的衬衣，搭配素雅的单色领带或简单花纹的领带。

（2）男性非正式社交场合：访友或旅游等场合，可选择色调明快的西服、夹克衫、运动服，搭配衬衣不限颜色和花纹，也可穿有领子的 T 恤衫。

（3）女性半正式社交场合礼服：可分为三种。第一种为常礼服，上衣和裙子的质地、颜色相同，可戴帽子和手套；第二种为小礼服，是露背、长到脚并且拖地的单色连衣裙式服装；第三种为大礼服，是一种袒胸露背的单色拖地式或者不拖地式的连衣裙式服装，可以搭配帽子、手套以及首饰。在我国，女士在半正式场合可选择旗袍，美观雅致、朴素自然，穿着旗袍时，鞋子、配饰要配套，应佩戴金、银、珍珠及玛瑙等精致的项链、胸花、耳饰；搭配与旗袍颜色相同或相近的高跟皮鞋；毛呢大衣、短小西服、开襟毛衣和各种方形披肩可与旗袍配套穿着。

（4）女性非正式社交场合：可穿着休闲服或连衣裙，款式简洁、舒适大方，穿前要熨烫平整。

（5）三色原则：全身上下的穿着，应保持在三种色彩以内。例如，西装与衬衫、领带的搭配技巧：

① 黑色西装可与以白色为主色调的衬衣或浅色衬衣搭配；

② 灰色西装可与白色为主的浅色衬衫搭配；

③ 藏蓝色西装可与白色、浅蓝色衬衫搭配；

④ 褐色西装可与白色、灰色、银色和浅褐色衬衫搭配。

（6）三一定律：穿西服套装时，鞋子、腰带、公文包应为同一颜色。

课后训练

一、单项选择题

1. 男士衬衫领口和袖口要长于西装上装领口和袖口的（　　　）厘米。

A. 2～3　　　　　B. 1～2　　　　　C. 1～1.5　　　　　D. 2.5～3

2. 古代"沐浴洗澡"中的"浴"指的是洗（　　　）。

A. 头发　　　　　B. 身体　　　　　C. 脚　　　　　D. 手

3. 明代命妇的礼服由（　　　）、（　　　）、大袖衫、褙子组成，常服以袄、裙为主。

A. 半臂、凤冠　　B. 半臂、帔帛　　C. 凤冠、霞帔　　D. 间色裙、帔帛

4. 女士在现代社交场合，佩戴配饰以精简为宜，首饰不宜超过（　　　），并且要注意材质颜色一致。

A. 两种　　　　　B. 三种　　　　　C. 四种　　　　　D. 一种

5. 男士在现代社交场合，佩戴领带要注意长度以系好后大箭头到（　　　）处为宜。

A. 皮带扣下端　　B. 皮带扣中端　　C. 皮带扣上端　　D. 都可以

二、多项选择题

1. 三一定律是指穿西服套装时，（　　　）应为同一颜色。

A. 公文包　　　　B. 领带　　　　　C. 鞋子　　　　　D. 腰带

2. TPO 原则指的是（　　　）。

A. 地点　　　　　B. 出席人员　　　C. 时间　　　　　D. 目的

3. 男士的一套完整的西装包括（　　　）。

A. 西装上衣、西裤　　　　　　　　B. 领带、衬衫

C. 腰带、袜子、皮鞋　　　　　　　D. 腰带、皮鞋、公文包

三、填空题

1. 宋代理学家朱熹提出，穿衣应该注意 _____、_____、_____ 的原则。

2. 深衣有 _____、_____、_____、_____、_____ 五种法度。

3. 传统汉服服饰形制有 _____、_____ 两种。

4. 在社交场合，男士留头发的标准是 _____、_____、_____。

5. 女性穿着职业套装时，裙子长度以 _____ 为宜。

四、判断题

1. 正式场合不穿拖鞋。不穿睡衣进入公共场所。　　　　　　　　　（　　　）

2. 压花、拼色、蛇皮、鳄鱼皮和异形皮鞋，可以搭配正式西装。　（　　　）

3. 女性正式场合搭配首饰可以出现多种材质和颜色。　　　　　　　（　　　）

4. 依个人的性格、年龄、职业、喜好、身材等要素进行服饰搭配，扬长避短，展现个人独特的魅力。　　　　　　　　　　　　　　　　　　　　　　　　（　　　）

5. 三色原则为上身的穿着，应保持在三种色彩以内。　　　　　　　（　　　）

五、写一篇 400 字以上的学习总结与反思。

评 价 与 分 析

课后任务评价表

评价项目	评价内容	应得分	实得分
课后拓展	访问学习	10 分	
	互　动	10 分	
	视频学习	10 分	
	讨　论	10 分	
习题检测	完成测试题	60 分	
总　　计		100 分	

阶段	项目	自我评价	组内评价	组间评价	教师评价	出勤	互动	访问	讨论	视频
课前（20%）	习题检测	6%			6%		2%	2%	2%	2%
课中（60%）	设计任务方案	5%	5%	5%	5%	4%	4%	4%	4%	4%
	任务展示	5%	5%	5%	5%					
课后（20%）	课后检测	6%			6%		2%	2%	2%	2%

任务二

坐容端庄　目光端正

[学习目标]

知识目标：

明确"正襟危坐""经坐""恭坐""肃坐""卑坐"等中国古代的坐姿礼仪，掌握现代坐姿礼仪的要领。

能力目标：

1. 能够运用所学知识，自觉纠正不恰当的坐姿。

2. 能够在社交场合中，恰当地运用坐姿礼仪。

素质目标：

能够严格约束自己的行为举止，使之符合坐姿礼仪的要求。

课前学习

[知识链接]

恭坐

古代"坐"礼知识

（1）经坐——上身挺直了坐下，小腿不要伸得一长一短，脚掌不要着地，两眼平视。

出自汉代贾谊《新书·容经》："坐以经立之容，胻不差而足不跌，视平衡曰经坐。"

（2）恭坐——身体挺直了坐下，头微低，目光注视对面尊者的膝盖。

《新书·容经》："微俯视尊者之膝曰共坐。"

（3）肃坐——身体挺直了坐下，低头，目光不超出身边数尺远。

《新书·容经》："俯首视不出寻常之内曰肃坐。"

（4）卑坐——身体挺直了坐下，头完全低下来，手肘都下垂。

《新书·容经》："废首低肘曰卑坐。"

（5）箕踞——随意张开两腿坐着，形似簸箕。踞，蹲。这种坐姿为双足着地，"下其脽（shuí，臀部），而立其膝"，即臀部着地、双脚立地的动作。这是一种不拘礼节、傲慢不敬的坐法。

（6）坐如尸——坐着就要像祭祀中装扮的受祭人那样坐得端正。"尸"，指活着的晚辈扮作逝去的先祖的样子，代表祖先进行祭祀的人。

出自《礼记·曲礼》："若夫坐如尸，立如齐。礼从宜，使从俗。"齐：通"斋"，有斋戒之意。

课前习题

一、判断题

1. "正坐"，指正襟危坐。襟：衣襟；危坐：端正地坐着。意为"正一正衣襟，端正地坐着"。形容严肃或拘谨的样子。　　　　　　（　　）
2. "箕踞"，是古人一种优雅的坐姿。　　　　　　　　　　　　　　（　　）
3. "卑坐"，是头微低，表示谦卑的坐姿。　　　　　　　　　　　　（　　）
4. "坐如尸"，坐着就要像祭祀中装扮的受祭人那样坐得端正。　　　（　　）
5. "恭坐"，身体挺直了坐下，头微低，目光注视对面尊者的膝盖。　（　　）

评 价 与 分 析

课前任务评价表

评价项目	评价内容	应得分	实得分
课前自学	访问学习	10分	
	互　动	10分	
	视频学习	10分	
	讨　论	10分	
知识点解读	知识点解读准确	30分	
习题检测	完成测试题	30分	
总　　　计		100分	

课中学习

孟子欲休妻

孟子的妻子独自一人在屋里，伸开两腿坐着（箕踞）。孟子进屋看见妻子这个样子，对母亲说："我的妻子不讲礼仪，请允许我休了她。"孟母问原因，孟子说："她伸开两腿坐着。"孟母问："你怎么知道的？"孟子说："我亲眼看见的。"孟母说："这就是你没礼貌，不是妇人没礼貌。《礼记》上不是说了吗／将要进屋的时候，先问屋中有谁在里面；将要进入厅堂的时候，必须先高声说话（让里面的人知道）；将进屋的时候，必须眼往下看，这为的是不让人没准备。现在你到妻子闲居休息的地方，进屋没有声响，因而让你看到了她两腿伸开坐着的样子。这是你没礼貌，并非你妻子没礼貌！"孟子认识到自己错了，不敢再提休妻。（故事来自《韩诗外传》）

思考：（1）儒家代表人物"亚圣"孟子对于妻子不雅的坐姿，采取了零容忍的态度。请检视一下自己在公共场合有没有不良的坐姿表现。

（2）孟母批评孟子失礼在先，未做到"将进屋的时候，眼睛往下看"，此礼仪要求出自《礼记》"将入户，视必下"，提醒大家在人际交往过程中要做好目光的管理。请检视一下自己是否能做到目光端正，非礼勿视。

[实践任务]

以小组为单位，选取学习、生活、工作中的三种场合下的不同坐姿进行情景展示，并解释采取这种坐姿的依据。

[知识锦囊]

坐是人们日常工作、生活中最常用到的基本仪态之一，坐姿优雅与否影响着个人形象，代表着个人素质，进而会影响到单位的形象，影响到人际关系，因此坐姿礼仪历来是中华文明礼仪规范中的重要内容，在许多礼仪典籍中都可以找到相关礼仪的要求。

一、坐有坐相

人们常说"坐有坐相"，从古至今，坐姿尽管发生了一些变化，但"坐姿要规范"的礼仪要求没有变，人们在与人交际的场合里要遵守坐姿的礼仪要求，否则便会失礼于人前。

（一）正坐

秦汉以前，人们席地而坐，坐时在地上铺上席。古人坐于席上，规范的坐姿是两膝着地（或

正坐

席），两脚的脚背朝下，臀部压在脚后跟上。敛膝危坐，即两膝相并而坐，即古文献中所说的正坐，是古代最合礼仪、恭敬待人的坐姿，成为帝王乃至卿大夫、士阶层在饮食及居处的标准坐姿，这种坐俗一直延续到宋代。唐末五代时椅子出现，到宋代椅子盛行，人们垂足而坐才日渐普遍。

【礼仪故事 2.2.1】

管宁，字幼安，东汉末年人，操守严肃，因常正坐在一个木榻上，五十年后，榻上膝盖所触之处都出现了洞孔。

解读：由管宁榻上膝盖所触的地方都成了洞孔可见其对自己坐姿的严格要求，而规范严谨的坐姿也是一个人严格自我约束的表现。

（二）跪与跽

跪、跽是与"坐"既有联系又有区别的仪态。跪、跽都是两膝着席，上体耸直的坐法。两者都是在"正坐"的基础上耸体或使自膝盖以上的身体保持直立的坐法。《说文解字》中解释："跪，拜也；跽，长跪也。"两者都是表示尊敬的姿势。

【文化寻根 2.2.1】

主人跪正席，客跪抚席而辞。客彻重席，主人固辞。客践席，乃坐。

——《礼记·曲礼》

译文：主人以跪姿调整坐席，客人也以跪姿按着席子辞谢。客人提出要撤去重叠的席子时，主人要一再地表示辞让阻止。客人就席落座后，主人才能坐下。

解读：主人与客人相见，双方在席前以跪姿表示相互敬重和谦让，然后待客人践席坐下后，主人方才坐下。

【礼用今朝 2.2.1】坐姿礼仪要求

（1）**坐姿优雅**。落座时，要轻缓，尽量保持上身正直，身体重心垂直向下；腰部挺起，脊柱向上伸直，胸部向前挺，双肩放松平放，躯干与颈、髋、腿、脚正对前方。双腿平行，与地面垂直呈90度；将手自然放在双膝上。

（2）**位置恰当**。落座后，应该坐到椅子的三分之二，一般不要把椅子坐满，也不可坐在椅子边沿上。

（3）**表情自然**。入座后，双目平视，表情自然，与人交流过程中目光专注，不左顾右盼。

（4）**注意禁忌**。坐时切不可前俯后仰，摇腿跷脚；忌半躺半坐；不可将脚跨在椅子或沙发扶手上，或架在茶几上。

二、目光端正

身体语言是一个整体，与端庄的"坐容"和谐一致的是端正的目光。眼睛是心灵的窗户，社交活动中，能有效地传递信息和表情达意。不管是坐着听讲，还是与人座谈，适当地注视对方能表达对对方的尊重与肯定。眼神的运用要符合一定的礼仪规范，如果运用不当，往往被人视为无礼，给人留下不好的印象。

"目容端。"

——《礼记·玉藻》

解读： 看向他人的时候，目光要正视，不能左右飘忽。

需要注意的是，场合不同，视线注视的部位和目光停留的时间也不一样，具体可分为公务场合、社交场合和私人场合。

在严肃的洽谈、磋商等公务活动场合，目光应该注视对方双眼与额头之间的三角区域，目光注视对方的时间，应为整个交谈时间的30%～60%，这样能够友好地表达自己对对方的尊重；在社交场合，眼睛看向对方眼睛到嘴巴的"三角区"，注视时间一般为交谈时间的30%～60%；在亲人之间、恋人之间、家庭成员等亲近人员交流的过程中，目光的注视较为自由，长时间的凝视有时更能表达情感。

三、坐分场合

在不同场合对坐姿的要求不尽相同，在会议、学习、工作等严肃、正式的场合，要保持端正的坐姿，加强对体态动作的自我约束，呈现良好的精神面貌；在休闲娱乐的时候，则可以适当放松身体，但在尊者、长者面前也不可太随意，不能以箕踞、半坐半躺的仪态对人。

"凡坐，须定身端坐，敛足拱手。不得偃仰倾斜，倚靠几席。如与人同坐，尤当敛身庄肃，毋得横臂，致有妨碍。"

——《童子礼》

译文： 凡是坐，一定要安定身体，端正坐好，收敛双脚，双手互握，神态恭敬。不得向后仰倒或左右倾斜，不得倚靠几案。与他人并排着坐在桌案旁，尤其要注意收敛身体，端庄严谨，胳膊不要横放，以免影响妨碍他人。

坐姿在不同的沟通对象面前也有不同的要求。在与人交谈的过程中，在保持正常坐姿的前提下，上身应该微微向交谈对象倾斜，以显示专注、认真。在上司或客人面前，忌双手抱在胸前；不可跷起二郎腿。

四、坐显态度

坐容显示的不仅是仪态，更能传递个人的修养、态度、价值观。刘向在《荆轲刺秦王》中记载：荆轲刺杀秦王，当自己知道事情不能成功了，靠着柱子笑着，对着秦王"箕踞以骂"，表现了他慨然赴死的壮士情怀。

西汉时，有一个叫司马季主的人，通天文地理，见识极高，他游学长安，以卖卜为生。有一天，大夫宋忠和博士贾谊在一起谈论先王圣人之道术，想了解卜者中是否还有能人。于是，他们二人便来到市井卜肆，拜见了司马季主。司马季主请他们坐下之后，便滔滔不绝地讲了起来，言谈中无不顺应天理。宋忠和贾谊深为司马季主的博闻强记和表达才能所折服，二人正襟危坐，以更加恭敬严肃的态度与司马季主交流。(《史记·日者列传》)

解读： "正襟危坐"即正其衣襟，端端正正地坐着，形容恭敬严肃的样子。我们现在经常用"正襟危坐"来说明对人对事的态度。

"席不正，不坐。"

——《论语·乡党》

译文：席子放得不端正，不坐。

解读：席不正，是指席有移动偏斜。临坐之时先正席，然后坐，这也是礼的要求，能培养人们严谨、端正的做事态度。

𝕂【礼仪故事2.2.3】

刘邦刚开始起兵反秦的时候，有一天路过高阳，欲招贤纳士，正好有一个纵横家郦食其前来求见，刘邦坐在床边伸出腿，让两个侍女洗脚。郦食其见刘邦这样的仪态，便不予跪拜，只拱手行礼，并且对刘邦说："如果您一定要诛灭没有德政的暴秦，就不应该坐着接见长者。"刘邦急忙穿戴整齐后，又把郦食其请到上座，向他道歉后，询问灭秦策略。郦食其这才献出谋天下的计策。(《史记·高祖本纪》)

解读：刘邦的故事启示我们，坐姿不仅会影响个人形象，甚至会影响到事情的走向、事业的发展。

有人认为仪表仪态是小节，做大事可不必拘于小节；也有人认为不应该注重外在的东西，我们应该更注重内在美。这些思想认识是片面的，人的言谈举止受思想、修养、情感、态度的支配，所谓"有诸内者，必形诸外"，说的就是这个道理，只有内外兼修，才能成为高素质的人才。

[**任务方案设计**]

1. 请根据学习任务要求，小组讨论坐姿礼仪知识点，编排不同场合下的坐姿情景展示，编写详细的脚本方案。

2. 请对编写的脚本进行讲解。

3. 进行脚本修改，确定脚本方案。

[**任务展示**]

1. 根据脚本情景进行角色分工，道具自备。

2. 模拟训练，组内成员角色互换练习。

3. 抽签排序，一组一组地进行展示。一组模拟时，其他组观看并记录问题。

4. 进行任务总结。

◆ 评 价 与 分 析

任务方案设计讲解评价表

评价项目	评 价 内 容	应得分	实得分
坐姿礼仪知识	1. 古代坐姿礼仪知识点准确	30分	
	2. 现代坐姿知识点准确	30分	
有声语言和表情	1. 讲解者声音响亮，表达清晰	10分	
	2. 态势语自然，能与听众互动	10分	
创意设计	所用方法浅显易懂，形式新颖、活泼	10分	
整体效果	充分发挥组内人员优势，分工合作，整体效果好	10分	
总　　　　计		100分	

任务展示评价表

评价项目	评价内容	应得分	实得分
准备工作	1. 场景选择恰当，角色定位准确	5分	
	2. 在实训过程中全组协调良好	5分	
基本知识掌握	坐姿礼仪知识掌握准确	10分	
情景展示	1. 妆容、服饰与情景相匹配	15分	
	2. 坐姿礼仪与情境相称	15分	
	3. 对坐姿礼仪的依据讲解准确，有深度	20分	
观看讨论	1. 观看认真	5分	
	2. 讨论积极	5分	
任务总结	1. 按规定时间完成	5分	
	2. 填写规范，内容详尽完整	5分	
	3. 任务分析总结正确	5分	
	4. 能提出合理化建议和创新性见解	5分	
总　　计		100分	

课后学习

[**知识拓展**]

面试中的坐姿礼仪

一、克服紧张，坐姿安定

面试者面对考官，多少都会存在紧张心理，会忍不住用多余的小动作来掩饰紧张情绪。有些人因为紧张，会无意识地用手摸头发、耳朵，甚至捂嘴说话，以致给面试官留下不够稳重大方的印象。因此，面试过程中，一定要克服这些问题。入座时要轻而缓，不要因为慌张碰撞桌椅发出嘈杂的声音；身体不要不安地扭动；双手安放，不要有多余的动作；双腿不可抖动。

二、神态自然，落落大方

在沟通中保持自信，要面带笑容，目光注视面试官双眼与额头之间的三角区域，适当地进行目光交流。在交谈过程中，身体不要太僵硬，可以向前微微倾斜，切忌向后仰。

三、男女有别，注重细节

性别不同，坐姿礼仪的要求也有细节上的差别。

男士与女士坐姿不同之处在于男士双腿可以稍微分开一些，双腿间距在两拳宽度左右，但不应超出肩膀的宽度，双脚平放于地面，双手平放在两侧大腿上；女性入座时，双腿和两膝要并拢，双手交叠放在大腿上。

课后训练

一、单项选择题

1. "坐勿箕"的意思是（　　　）。

A. 坐着不要歪倒　　　　B. 坐时不能随意张开两腿坐着　　　　C. 坐着不能弯腰

2. "坐如尸"的意思是（　　　）。

A. 坐着就要像祭祀中装扮的受祭人那样坐得端正。

B. 坐着像尸体一样僵直

二、多项选择题

1. 跪坐又分三种变化（　　　）。

A. 两膝并紧着席，臀部落在脚跟处。

B. 两膝保持不变，臀部离开脚跟，上身挺直。

C. 半跪半蹲，右膝跪地，左足蹲。

2. 哪些做法是符合坐姿礼仪要求的（　　　）。

A. 长者立，幼勿坐　　　　　　　　B. 长者坐，命乃坐

C. 勿践阈，勿跛倚　　　　　　　　D. 勿箕踞，勿摇髀

◆ 评 价 与 分 析 ◆

课后任务评价表

评价项目	评价内容	应得分	实得分
课后拓展	访问学习	10分	
	互　动	10分	
	视频学习	10分	
	讨　论	10分	
习题检测	完成测试题	60分	
总　　　计		100分	

任务二　坐容端庄　目光端正

综合评价表

阶段	项目	自我评价	组内评价	组间评价	教师评价	出勤	互动	访问	讨论	视频
课前（20%）	习题检测	6%			6%		2%	2%	2%	2%
课中（60%）	设计任务方案	5%	5%	5%	5%	4%	4%	4%	4%	4%
	任务展示	5%	5%	5%	5%					
课后（20%）	课后检测	6%			6%		2%	2%	2%	2%

站姿合礼 立容显德

[**学习目标**]

知识目标:

明确"经立""恭立""肃立""卑立"的概念,掌握现代站姿礼仪的要领。

能力目标:

1. 能够运用所学知识,自觉纠正不恰当的站姿。

2. 能够在社交场合中,恰当地运用站姿礼仪。

素质目标:

能够严格约束自己的行为举止,使之符合礼仪要求。

课前学习

[**知识链接**]

古代典籍中对于站姿礼仪规范的要求

贾谊在其著作《新书》中将站姿分为四类,分别为经立、共(恭)立、肃立和卑立。《新书·容经》:"固颐正视,平肩正背,臂如抱鼓。足间二寸,端面摄缨。端股整足,体不摇肘曰经立,因以微磐曰共立,因以磐折曰肃立,因以垂佩曰卑立。"

(1)经立——端正下巴,视线端平,肩膀放平,挺直后背,双臂端起怀中如抱着一个圆鼓。两脚之间距离为4厘米至5厘米。端正面容整理帽带,调整腿部,站正不摇晃胳膊,这种站姿为经立。

(2)恭立——向前微微倾身30度,腰部向下,后背、脖子、头保持一条线,称为恭立。和朋友相见互相行礼时使用恭立。

(3)肃立——指折腰而立,恭敬的样子。向前微微倾身45度,称为肃立。向老师行礼时使用肃立。

(4)卑立——向前倾身90度,腰部佩戴的玉佩垂直于地面,称为卑立,表示极谦恭的一种站立姿态。

经立 恭立

课前习题

一、填空题

1. 足间二寸，_____。

2. 固颐正视，_____ 臂如抱鼓。

3. 两臂环抱，自然下垂，_____。

二、判断题

1. "经立"，指端正下巴，视线端平，肩膀放平，挺直后背，双臂端起怀中如抱着一个圆鼓。两脚之间距离为 4 厘米至 5 厘米。端正面容整理帽带，调整腿部，站正不摇晃胳膊。　　　　　　　　　　　　　　　　　　　　　　　　　　（　　）

2. "恭立"，指向前微微倾身 30 度，腰部向下，后背、脖子、头保持一条线。
　　　　　　　　　　　　　　　　　　　　　　　　　　　　　（　　）

3. "立不中门"，指不要在大门外。　　　　　　　　　　　　　（　　）

4. "卑立"，指向前倾身 60 度，腰部佩戴的玉佩垂直于地面。　（　　）

课前任务评价

评价项目	评价内容	应得分	实得分
课前自学	访问学习	10分	
	互 动	10分	
	视频学习	10分	
	讨 论	10分	
知识点解读	知识点解读准确	30分	
习题检测	完成测试题	30分	
总 计		100分	

课中学习

[案例导入]

杨时尊师，程门立雪

《宋史·杨时传》："至是，又见程颐于洛，时盖年四十矣。一日见颐，颐偶瞑坐，时与游酢侍立不去。颐既觉，则门外雪深一尺矣。"

杨时到洛阳去拜见程颐，杨时当时有四十岁了。一天他去求见程颐，程颐坐着小睡，杨时与游酢站在外面等待而不离开，程颐发现以后，门外的雪有一尺深了。

思考：大家能否体会到杨时内心中对老师的尊敬？大家在与老师交流时，应该保持什么样的站姿？

[实践任务]

以小组为单位，从学习、生活、工作中选取两种场景进行站姿情景展示，并说明这样做的依据。

[知识锦囊]

站姿能展现出一个人的风度和气质。无论是在社交场合，还是在日常交往中，站姿都是一种最基本的举止。站立是静止的姿态，是优美仪态的起点。站姿礼仪历来是中华文明礼仪规范中的重要内容，在许多礼仪典籍中都可以找到相关礼仪要求。

一、站有站相

在我们成长的过程中，常听到长辈们叮咛我们"站有站相"。但大部分同学并不会

特别注意，学校里也没有"站姿课"，我们究竟应该如何"站"？俗话说"站如松"，人站着就应该像松柏一样挺拔。古代站姿要求"立如斋""立必方正""立毋跛"，站立要像祭祀前斋戒时那样端庄持敬，挺直端正，要体现出谦恭有礼，明辨尊卑上下。现代站姿，要求男子稳健儒雅，要求女子优美婉约。

站姿礼仪演绎成了身体的艺术，谨慎庄重颇具美感。站姿由外而内强化着"诚敬"的道德理念，是一种身心互动的身体修行。

（一）立

立的甲骨文

立，象形。甲骨文像一人正面立地之形。本义：笔直地站立。《说文解字》："立，住也。从大，立一之上。"

身体直立，双手置于大腿外侧，双腿自然并拢，脚跟靠紧，脚掌分开呈"V"字形或身体直立，双手置于腹部。女性将右手搭握在左手四指，两脚成"V"字形；男性右手握住左手腕，两脚可平行分开，略窄于肩宽。

【文化寻根 2.3.1】

"凡立，须拱手正身，双足相并。必须所立方位，不得歪斜。若身与墙壁相近，虽困倦，不得倚靠。"
　　　　　　　　　　　　　　　　　　　　　　　　　　　　——《童子礼》

译文：站立一定要拱手作揖、上身正直、两脚并拢。站立时，身体不能歪斜。困倦时，即便身体与墙壁离得近，也不能倚靠。

解读：古人非常重视从小就培养孩子的文明礼貌。

【文化寻根 2.3.2】

"君子之容舒迟，见所尊者齐遫，足容重，手容恭，目容端，口容止，声容静，头容直，气容肃，立容德，色容庄。"
　　　　　　　　　　　　　　　　　　　　　　　　　　——《礼记·玉藻》

译文：君子在日常中神态要从容淡定，见到了所尊敬的人就要显得恭敬收敛。脚步要稳健，手不会胡乱指画，目不斜视，口不妄动，不乱咳嗽，在庄重的场合要屏气敛息，站立时应是俨然有德的气象，面色要庄重。

解读：在日常的站立中要保持端正，从站立的姿势中传达一种态度和敬意。

【礼仪故事 2.3.1】

古代有一位河南人叫长孙俭，他年少时就为人端正，品德高尚，神情严肃，虽然在自己家里，仍能整天保持端庄稳重，周文帝非常敬重他，赐他改名为俭，以表扬他仪态的端正。

后来长孙俭当上了尚书，曾和群臣一起坐在皇帝身旁陪侍，周文帝对左右人说："这位尊公举止沉静文雅，站姿犹如青松，我每次和他说话，总会肃然起敬，生怕有所失态。"

解读：长孙俭能够赢得皇帝的尊重和欣赏，最初竟然是从大方的仪态开始的。

【礼用今朝 2.3.1】站姿礼仪要求

（1）**站姿优雅**。双肩放松，稍向下沉，身体有向上的感觉，呼吸自然。躯干挺直，收腹，挺胸，立腰。双臂放松，自然下垂于体侧，手指自然弯曲。双腿并拢立直，两脚跟靠紧，脚尖分开呈 60 度，男子站立时，双脚可分开，但不能超过肩宽。

（2）**表情自然**。抬头，头顶平，双目向前平视，嘴唇微闭，下颌微收，面带微笑，动作平和自然。

（3）**手位适合**。如果双手位于体前，则右手搭在左手上，五指并拢弯曲贴在腹部。也可双手垂于体侧。

（4）**注意禁忌**。站立时，不要东倒西歪、无精打采、懒散地倚靠在墙上或桌子上；不要低着头、歪着脖子、含胸、端肩、驼背；不要将身体的重心明显地移到一侧，只用一条腿支撑着身体；不要下意识地做小动作，如腿部不由自主地抖动，用手摆弄头发、手帕、笔。在正式场合，不要将手插在裤袋里面，切忌双手交叉抱在胸前，或是双手叉腰。

二、立容显德

站立不仅仅是一个人的体态姿势，更是一个人内涵修养的外在显现。

（一）站位

在社会交往中，如果需要将人们分为左右而进行并排排列时，依照惯例，应"以右为尊"。即以右为上，以左为下；以右为尊，以左为卑；以右为客，以左为主。这种站位排列的先后次序被称为礼宾次序。为使社会交往顺利进行，必须讲究礼宾次序。

【文化寻根 2.3.3】

"立不中门，行不履阈。"　　　　　　　　　　　　　　　——《论语·乡党》

译文：站，不站在门的中间；走，不踩门槛。

解读：这是一人站立的习惯，也体现了一个人的教养。

（二）站姿

我们在平时要保持良好的站立姿势，这是大家内涵素质的体现。特别是聆听尊长教诲时，我们的身体呈"恭立"，身体微微前倾，双手交握在体前，体现出虚心听教的姿态。

【文化寻根 2.3.4】

"立必正方，不倾听。"　　　　　　　　　　　　　　　——《礼记·曲礼上》

译文：端正身体正立时，身体要正向一方，不歪身扭头探听左右。

解读：古人站立时身体正直，也是自身德行的体现。

【文化寻根 2.3.5】

"立毋跛。"　　　　　　　　　　　　　　　　　　　　——《礼记·曲礼上》

译文：站立的时候，不能一只脚踏地，另一脚虚点地，不能身体倾斜。

解读：古人对站姿的严格要求，也是内心恭敬态度的体现。

【文化寻根 2.3.6】

"路遇长，疾趋揖，长无言，退恭立。"　　　　　　　　　　——《弟子规》

译文：凡在道路上遇见长者（地位或辈分、年龄比自己高），应该赶紧上前去行礼问候，这是对尊长的恭敬。行礼之后，如长者没有问话、没有事了，退到一边，恭敬站立着，等长者走过去，自己再走，这便是恭敬。这里的"路"可引申为家里、学校、公司、机关单位，都是如此，长辈或客户进来都应赶紧行礼问候。

解读：路遇师长，恭敬站立体现了对师长的尊敬，也是自身守礼的表现。现在多用于对长辈和对位高者的尊重。

【礼仪故事 2.3.2】

曾子是孔子的弟子，有一次，他在孔子身边侍坐，孔子就问他："以前的圣贤之王有至高无上的德行，精要奥妙的理论，用来教导天下之人，人们就能和睦相处，君王和臣下之间也没有不满，你知道它们是什么吗？"曾子听了，明白老师孔子是要指点他最深刻的道理，于是立刻从坐着的席子上站起来，走到席子外面，恭恭敬敬地回答道："我不够聪明，哪里能知道，还请老师把这些道理教给我。"

解读：这个故事出自《孝经》，在这里，"避席"是一种非常礼貌的行为，当曾子听到老师要向他传授知识学问时，他站起身来，走到席子外向老师请教，是为了表示他对老师的尊重。曾子懂礼貌的故事被后人传颂，很多人都向他学习。

三、立容与第一印象

站姿是衡量一个人外表乃至精神的重要标准。"站得直"通常会给人自信的感觉。从一个人的站姿，人们能够看出其精神状态、品质和修养及健康状况。古人甚至从一个人站得是否笔直来判断其人品是否正直。比如：

背脊挺直、胸部挺起、双目平视地站立：说明有充分的自信，给人以气宇轩昂、积极乐观的印象，属开放型。

弯腰曲背、略现佝偻状的站立：属封闭型，表现出自我防卫、闭锁、消沉的倾向，同时，也表明精神上处于劣势，有惶惑不安或自我抑制的心情。

两手叉腰而立：是具有自信心和精神上优势的表现，属于开放型动作。对面临的困难没有充分心理准备时一般不会采用这个动作的。

别腿交叉而立：表示一种保留态度或轻微拒绝的意思，也是感到拘束和缺乏自信心的表现。

将双手插入口袋而立：具有不坦露心思、暗中策划、盘算的倾向；若同时配合有弯腰曲背的姿势，则是心情沮丧或苦恼的反映。

靠墙壁而站立：有这种习惯者多是失意者，容易接纳别人。

背手站立者：多半是自信力很强的人，喜欢把握局势，控制一切。一个人若采用这种姿势处于人面前，说明这个人怀有居高临下的心理。

[**任务方案设计**]

1. 请根据学习任务要求，小组讨论站姿礼仪知识点，编排不同场合下的站姿情景展示，编写详细的脚本方案。

2. 请对编写的脚本进行讲解。

3. 进行脚本修改，确定脚本方案。

[**任务展示**]

1. 根据脚本情景进行角色分工，道具自备。

2. 模拟训练，组内成员角色互换练习。

3. 抽签排序，一组一直地进行展示，一组模拟时，其他组观看并记录问题。

4. 进行任务总结。

◆ 评 价 与 分 析

任务方案设计讲解评价表

评价项目	评价内容	应得分	实得分
站姿礼仪知识	1. 古代站姿礼仪知识点准确	30分	
	2. 现代站姿知识点准确	30分	
有声语言和表情	1. 讲解者声音响亮、表达清晰	10分	
	2. 态势语自然，与听众有互动	10分	
创意设计	所用方法浅显易懂，形式新颖、活泼	10分	
整体效果	充分发挥组内人员优势，分工合作，整体效果好	10分	
总　　　　计		100分	

任务展示评价表

评价项目	评 价 内 容	应得分	实得分
准备工作	1. 角色定位准确，模拟出场顺序	5分	
	2. 实训过程中全组协调良好	5分	
基本知识掌握	座次安排基本原则	10分	
接待礼仪	1. 迎宾站姿礼仪	20分	
	2. 出入电梯礼仪	15分	
	3. 引导嘉宾的正确手势	15分	
观看讨论	1. 观看认真	5分	
	2. 讨论积极	5分	
任务总结	1. 按规定时间上交	5分	
	2. 填写规范、内容详尽完整	5分	
	3. 任务分析总结正确	5分	
	4. 能提出合理化建议和创新性见解	5分	
总　　　　计		100分	

课后学习

[知识拓展]

演讲中常用的站姿

（1）**前进式**：这种姿势是演讲者用得最多，使用最灵活的一种站姿。右脚在前，左脚在后，前脚脚尖指向正前方或稍向外侧斜，两脚延长线的夹角成45度左右，脚跟距离在15厘米左右。这种姿势重心不固定，可以随着上身前倾与后移的变化而分别定在前脚跟与后脚上。另外，前进式站姿由于上身可前可后、可左可右，能保证手做出不同的姿势，表达出不同的感情。

（2）**稍息式**：一脚自然站立，另一只脚向前迈出半步，两脚跟之间相距约12厘米，两脚之间形成75度夹角。运用这种姿势，形象比较单一，重心总是落在后脚上。一般适应于在长时间站着演讲中的姿势更换，使身体在短时间里松弛，得到休息，一般不长时间单独使用，因为它给人一种不严肃之感。

（3）**自然式**：两脚自然分开，平行相距与肩同宽，约20厘米为宜，站姿相对随意。

课后训练

一、单项选择题

1. "经立"的意思是（　　　）。

A. 指折腰而立，恭敬的样子，向前微微倾身45度

B. 端正面容整理帽带，调整腿部，站正不摇晃胳膊

C. 向前倾身90度

2. "卑立"的意思是（　　　）。

A. 向前倾身90度，腰部佩戴的玉佩垂直于地面

B. 站立微微倾身30度

C. 指折腰而立，恭敬的样子。向前微微倾身45度

二、多项选择题

1. 以下做法属于遵守站姿礼仪的是（　　　）。

A. 立不中门　　　　　　　　B. 立必方正　　　　　　　　C. 立勿跛

2. 以下项目表示尊敬师长的有（　　　）。

A. 路遇长，疾趋揖，长无言，退恭立　　　B. 杨时尊师　　　C. 正尔容，听必恭

3. 出自贾谊《新书·容经》的有（　　　　）。

A. 经立　　B. 立必方正　　C. 立勿跛　　D. 肃立　　E. 卑立

课后任务评价表

评价项目	评价内容	应得分	实得分
课后拓展	访问学习	10分	
	互　动	10分	
	视频学习	10分	
	讨　论	10分	
习题检测	完成测试题	60分	
总　　　计		100分	

综合评价表

	项目	自我评价	组内评价	组间评价	教师评价	出勤	互动	访问	讨论	视频
课前（20%）	习题检测	6%			6%		2%	2%	2%	2%
课中（60%）	设计任务方案	5%	5%	5%	5%	4%	4%	4%	4%	4%
	任务展示	5%	5%	5%	5%					
课后（20%）	课后检测	6%			6%		2%	2%	2%	2%

行守仪规　步履从容

知识目标：

能说明古代以及现代不同场合行走礼仪的规则要求。

能力目标：

1. 能根据古代行走规则准确区别不同场合下的步态与步法。

2. 能根据现代行走礼仪的要求准确展现行走礼仪规范。

素质目标：

培养文明有礼的行走习惯，培养以礼待人的观念，树立良好形象。

课前学习

［知识链接］

古代典籍中对于行走礼仪规范的要求

（1）行不中道——行不要行在路的正中。即走路要走在道路的一侧，不要占据道路的正中。在古代，道路分为左中右，中道一般由尊者、长者行走，表示对尊长的敬重，也体现出晚辈的谦逊。（出自《礼记·曲礼》："行不中道。"）

（2）行不履阈——阈是指门槛。进门不能踩踏门槛。中国传统建筑中，大门入口都设有门槛，古人认为门槛可以阻挡外界不利因素进入屋内，并且可以防止家中财气外漏，而进门时踩门槛是对屋主的大不敬，因此，踩门槛是大忌。（出自《论语·乡党》："行不履阈。"）

（3）安步徐趋——"安步"是指缓步徐行，是古人日常的行走姿态。"趋"是以谦恭的态度和小而快的步伐向前，表示内心的对于尊者和长者等的敬意。"徐趋"则是以一种快走的样子慢慢地小步向前行，是一种特殊的致敬姿态。（出自《战国策·赵策》："左师触龙言愿见太后。太后盛气而揖之。入而徐趋。"）

（4）拾级聚足——指逐级登阶，古人登台阶时左脚上一层台阶，右脚接着跟上，连步上行。（出自《礼记·曲礼上》："拾级聚足，连步以上。"）

课前习题

一、填空题

1.《释名·释姿容》："两脚进曰 _____ ，徐行曰 _____ ，疾行曰 _____ ，疾趋曰 _____ 。"

2.《礼记·曲礼上》："_____ ，连步以上。"

二、判断题

1. "行不中道"解释为：不要在路的左侧行走。 （　　）

2. 古代所谓的"徐行"，是指大步向前快行，即我们今天所说的"走"。 （　　）

3. "拾级聚足"是指一步一个台阶，连步上行。 （　　）

◆ 评 价 与 分 析 ◆

课前任务评价

评价项目	评价内容	应得分	实得分
课前自学	访问学习	10分	
	互　动	10分	
	视频学习	10分	
	讨　论	10分	
知识点解读	知识点解读准确	30分	
习题检测	完成测试题	30分	
总　　　计		100分	

课中学习

行走礼仪

[案例导入]

邯郸学步

《庄子·秋水》："子往矣！且子独不闻夫寿陵余子之学行于邯郸与？未得国能，又失其故行矣，直匍匐而归耳。今子不去，将忘子之故，失子之业。"

相传在两千年以前燕国有一位少年，觉得自己走路的姿势不美，他说邯郸人走路姿

势很美，于是瞒着家人跑到遥远的邯郸学走路去了。小孩走路活泼，他学；老人走路沉稳，他学；妇女走路婀娜多姿，他也学。不到半个月的光景，他竟然连自己原来怎么走路都不会了，只好爬着回去了。

解读： 这个故事从一个侧面也反映出古人对于步态的重视。一个人行走的动作仪态是他内在精神面貌的体现，需要持之以恒的训练，非一朝一夕之功。步态礼仪在人际交往中的重要作用也是不可估量的。

思考： 邯郸学步的青年人错在哪里？你认为走路时需要注意的礼仪有哪些？步态礼仪在人际交往中有什么重要性？

孔鲤趋而过庭

陈亢问于伯鱼曰："子亦有异闻乎？"对曰："未也。尝独立，鲤趋而过庭，曰：'学诗乎？'对曰：'未也。''不学诗，无以言。'鲤退而学诗。他日，又独立，鲤趋而过庭。曰：'学礼乎？'对曰：'未也。''不学礼，无以立。'鲤退而学礼。闻斯二者。"陈亢退而喜曰："问一得三，闻诗，闻礼，又闻君子之远其子也。"

解读： 孔鲤因敬畏父亲孔子，快步经过孔子所在的厅堂，受到孔子学诗、学礼的教诲。后人遂以"鲤庭"指尊长或老师施教之所；以"过庭训、庭训、鲤对、过庭闻礼"等指尊长或老师的培育，多指父教；以"趋庭、过庭、过庭鲤、鲤庭趋"等指子妇或学生受教，亦指对尊长敬哺之礼；以"趋庭恋"写省亲；以"过庭交分"指与人同学。

思考： 联系实际，这个故事给我们什么启发？与老师、长者在同一个空间时，你是否注意了了行走礼仪？

[**实践任务**]

日常行走礼仪实践活动展示：以小组为单位，编排情景短剧《古为今用的行走礼仪》。

要求：（1）请根据学习任务要求，全组讨论行走礼仪的知识点，编写详细的脚本方案。

（2）请模拟在学校的不同场合，展示正确的行走礼仪。

（3）通过模拟情景，体会古人通过行走礼仪表现出内心的诚敬和对自我行为严格要求的态度。

[**知识锦囊**]

泱泱中华，礼仪之邦；温文尔雅，谦恭礼让。古人的行走礼仪也是对于内心谦卑诚敬的体现。古代行走礼仪纷繁复杂、精细入微，"堂上接武，堂下布武""室中不翔""行不中道""行不履阈""安步徐趋"等都是古人对不同场合行走步态的要求。古代所讲的行走步态名称与现代有很大的差异，在什么场合下，走路的速度、姿势有什么样的讲究，哪些内容对于现代社会仍然适用，这些都需要我们了解和掌握。行走仪态、规范不仅仅是个人有礼貌、行为得体的体现，更是对中华礼仪文明的尊重与传承。

一、行走仪态要求

所谓"足容重"是指步子要非常得稳重。体现了谨慎恭敬、谦逊有礼的气质与修养。古人比较重视步和行，无论是对走路的速度，还是对步形、体态，都有较明确的规定和区分。步行须遵制合礼是古代礼法的一个重要内容。

行：指的是两脚在地上迈动、前进，统称为"行"，好比人们如今所说的"走"。

步：徐行曰"步"，即慢行，形容徐徐前进，走得比较缓慢，人们把慢慢地走叫作"步"。

趋：疾行曰"趋"，指身体前倾，快速挪动碎步，比"步"的频率快，比"走"迈步小，约近于碎步小跑。这在古代是见尊者及行朝拜礼时表达敬意的一种行走姿态。虽然趋是一种礼敬，但也不是随时随处都可"趋"，也是要根据不同场合来判断是否使用这种姿态。

走：如今说的"跑"，古人叫作"走"。构字本义为"疾趋"，即身体前倾并大步快速向前迈进，比"趋"步子大，但不到"奔"的程度。

奔：身体前倾，大步快跑，比"走"急速。

二、行止礼仪规范

（一）行止有节

古人对行走速度和行走姿态都有讲究。堂上走路要用小碎步，堂下走路可以用大步。行走时，除了体现出从容的气质与修养外，还应当做到有礼有节，符合礼仪规范的要求。因此，一个人的德行教养，从行走姿态中就能体现出来，不同场合采取不同行走姿态才能不失礼。

【文化寻根 2.4.1】

"室中谓之时，堂上谓之行，堂下谓之步，门外谓之趋，中庭谓之走，大路谓之奔。"

——《尔雅》

译文：室内走动如徘徊一般慢，堂上走动步子也不可以太急，要缓缓而行，到了门处，就可以快走了，在庭院里走步要更快些，而上大道，速度可快如奔跑一般。

解读：在不同的场合中，对步态也有明确的规定和要求。

【文化寻根 2.4.2】

"室中不翔。"

——《礼记·曲礼》

译文："翔"指像鸟儿一样舒展翅膀，是说在屋子里不要张开双臂快步行走。

解读：古代衣服衣袖宽大，长度与宽度几乎相等，大体呈正方形，叫"端衣"。但因为室内的地方狭小，不是可以"翔"的地方。在现代，也要求在室内走路不可张开两臂大摇大摆。

礼是要表达内心情感的，在通常情况下，趋表示敬意，如遇师长或者朋友召唤，一定要"趋"，快步向前，如果旁若无人、散步一般地走过去，就是没有教养了。孔鲤两次"趋而过庭"用的就是"趋"这种行走仪态。

【文化寻根 2.4.3】

"从于先生，不越路而与人言。遭先生于道，趋而进，正立拱手。先生与之言则对，不与之言则趋而退。"

——《礼记·曲礼》

译文：跟随先生走路的时候，不应跨过路的另外一边和别人说话。在路上碰见先生，要快步上前，正立拱手。先生和自己讲话，就回答；先生不与自己讲话，就快步退下。

　　解读：古代礼仪，以碎步疾行表示敬意为"趋"，"趋"字的本义是疾走，即跑。后来由"快速向前"扩展到"奔赴、追求、趋附"之义，由"身体前倾"转指一般的"向、趋向"，这就有了如今"趋向、趋势"的常用义。"趋而退"是说退下时不能慢慢腾腾地退下，应该加快步子，这种速度的变化，是内心尊师的自然流露。如果慢条斯理地走上前去，又晃晃悠悠地退下，那就近乎傲慢了。

　　但也不是任何情况下都要"趋"，要视具体情况而定。《礼记》上讲有几种情况不要"趋"。上堂之前不要"趋"，还在庭院里走，离要见的人还比较远，这时不必"趋"；离要见的人太近也不要"趋"，因为彼此距离很近，再"趋"会撞到对方；还没到人家门口也不要"趋"，因为如果手上有礼物或者其他物件容易掉落；离要见的人也很遥远，所以也不要"趋"。

◤ **【文化寻根 2.4.4】**

　　"帷薄之外不趋，堂上不趋，执玉不趋。堂上接武，堂下布武。"——《礼记·曲礼》

　　译文：经过有帷帷垂着的门口不要快步走，手中拿着重要的器物如玉器时不要快步走，厅堂内走路时，一只脚应该紧跟向前迈的另一只脚处落地，脚印相接。在室外行走时，可以迈开大步。

　　解读：之所以"帷薄之外不趋"，是因为既设帷（布幔）、薄（帘子）、屏风，则已和尊长者隔开，所以"行自由，不为容也"。手中拿着重要的器物，如玉器之类，特别贵重，而且容易破碎，所以要特别小心不能"趋"。武指足迹，之所以"堂上不趋"，室内地方狭小，走路时需小步幅向前。布是散步、分布的意思，布武就是脚印分散，彼此之间不相连接，是通常的走路步伐。由此可见，古礼中的"趋"礼，是一种刻意表示谦恭、尊重的礼仪。

　　（二）行止从容

　　步行在中国古代极受重视，一个人的德行教养，从行走姿态中就能体现出来，行步从容表现在行走的步态、步幅和步速上，不急不慢，在适当的场合用适宜的步伐，泰然自若，从容不迫，要求仪态庄重合乎礼仪。

◤ **【文化寻根 2.4.5】**

　　"行不举足，车轮曳踵。"　　　　　　　　　　　　　　　——《礼记》

　　译文：两脚如车轮一样不离开，慢慢小步往前，以至于旁人看不到鞋底。

　　解读：慢慢往前，形容走路非常稳重。这是古代表达敬意的一种步法。

　　古人十分讲究步行美，并以此体现人的性格情趣和风度教养，先秦君子步行鸣佩玉，既喻示着君子言行举止要符合德行的要求，而佩玉之声伴随着步行的节奏，又显示出一种庄重和谐的美。

◤ **【文化寻根 2.4.6】**

　　"趋进，翼如也。"　　　　　　　　　　　　　　　　——《论语·乡党》

　　译文：孔子迎接外宾时，小快步前进，袖子自然飘起，就像舒展双翅的飞鸟一样优美而得体，表达出对客人的恭敬。

解读： 朋友相见或者迎接客人时，应当小步快走向对方，以示热情欢迎和尊敬，如果是大步快跑，则会显得慌乱，而昂首阔步则是傲慢无礼的表现。

行止从容还要求做到"行步中规"，顾名思义即是行走的时候要中规中矩，方向不能随意变动，身体姿势要端正协调，仪表端庄严肃，从容有礼。古人认为，行走的时候应尽量走直线，不要东张西望、左顾右盼，手臂、肩膀也不能随意摆动，这是人不稳重、不成熟的表现。

【文化寻根 2.4.7】

"行以微磬之容，臂不摇掉，肩不上下，身似不则，从容而任。"——《新书·容经》

译文： 行走时，身体应微微前倾，注意不要甩动大臂，肩膀也不宜忽上忽下，行走时，身体尽量不偏不斜，从容而行。

解读： 古人重视行走仪态，认为一个人行走时的姿势往往能体现其性格品行。如疾行显得躁动，躁动之人难有长久之志。因此，走路要从容、规范，不要手舞足蹈，更不宜慌慌张张，而要稳稳当当地走。

（三）行守仪规

1. 仪制令

早在宋代人们就制定了专门的交通规则，叫作"仪制令"。"仪制令"兴起于唐代，不过唐代只是出现于文书中，宋代的仪制令初期是刻在木板上，竖立于大街要道，以引导行人与车辇。同当前社会一样，仪制令不仅是当时的交通规则，也是解决交通冲突的依据。

这块宋代"仪制令"石刻高约 60 厘米、宽约 40 厘米，刻有"贱避贵、少避长、轻避重、去避来"等字。这正是用于规范当时行人与马车通行的礼仪规定，它也体现了尊敬老人、为他人着想的行走理念。

仪制令

2. 拾级聚足，连步以上

【文化寻根 2.4.8】

"主人与客让登，主人先登，客从之，拾级聚足，连步以上。上于东阶则先右足，上于西阶则先左足。"

——《礼记·曲礼》

译文： 主客互相谦让谁先登阶。谦让的结果主人先登，客人跟着，主人登上一阶，客人跟着登上一阶，每阶都是先举一足，而后举另一足与前足并拢，如此这般地一步接着一步地上去。上东阶的主人应先举右足，上西阶的客人应先举左足。

解读： 这是讲古代常见的登阶方式。

3. 连步、厉阶、越阶

第一种叫"连步"，《礼记》说，主人迎接宾客进门，来到堂前，主人先登上堂，客人跟着上堂，一级一级地走到堂上，"连步"是古代最为常见的登阶方式。

第二种叫"厉阶"，也叫"栗阶"，简单说就是登台阶不聚足，前足踩第一阶，后足踩上第二阶，连续向上。在古代除非有要事的时候才会厉阶而上，现如今人们上台阶，一般都是如此。

第三种叫"越阶"，顾名思义就是前足与后足相越而上，如前足踩上第一阶，后足紧接跨上第三阶，这种情况在古代比较少见，除非是有特别紧急的事情才会如此。

三、现代行走礼仪要求

（一）行走姿态要端正

行走姿态是一个人内心品行和修养的直接反映。除此之外走路得体大方，步态平稳协调，步幅适中，步速均匀，这样的行走姿态也能展现出一个人的动态之美。

行走时，身体要正对前方，两眼向前平视，微收下颌，面带微笑。双肩平稳，收腹挺胸，腰背挺直，不能弯腰驼背，两臂自然摆动，摆幅在 30～35 度为宜。腿部伸直，行走时两脚内侧落与同一条直线上，步幅适中，一般为前脚脚跟与后脚脚尖相距一脚的长度。这样行走可以体现出端正严肃的气质。我们可以根据服装、场合等因素适当调整行走姿态，但行走时切忌扭腰摆臀，切忌鞋底蹭地，发出声响，给人拖沓之感。

（二）行走准则要遵守

独自行走时，保持适当速度靠右行走，将左侧留给急行的人，不挡道；多人行走遵循两人成行、三人成列的原则，不能三人以上并排行走。两人并行的时候，右者为尊；两人前后行的时候，前者为尊；三人并行，中者为尊，右边次之，左边更次之；三人前后行的时候，前者就是最为尊贵的。在行路时，遇到不同的人有不同的礼仪要求。与兄长同行，应并排行走并且稍微靠后，按照年龄次序依次行走，即使是同辈朋友，行走时也要注意礼让，不可争先。路遇与自己父亲年龄相仿的长者，应当礼让，请对方先走；路遇老师则要快步上前，与老师打招呼问好，不得散漫随意、吊儿郎当，只有这样才能显得庄重、恭敬。

（三）行走也要有风度

行走时，除了体现从容的气质与修养之外，还应当谦逊有礼，不可倨傲，做到有礼有节。男女同行的时候，男士应该主动走在靠近街心的一边，让女士靠自己的右侧行走。恋人同行，不要勾肩搭背、搂搂抱抱，女士只能轻挽住男士手臂。街上行走时，随带物品最好提在右手上，靠右行，不影响其他行进的路人。若与同龄男士同行，物品可由男士代劳拿着。

（四）约束不良行为

行走时不要吃食物，不随地吐痰，不要吸烟。不要在路上久驻攀谈或是围观看热闹，更不能成群结队在街上喧哗打闹。在校园或者街道行走，路线应尽量成直线。如果不是寻找失物，就不要在行进中左顾右盼、东张西望，路过民住房时，不可东张西望，窥视私宅。更不要随意或突然变换方向，不仅有失体态，更是危及安全。走路要走大路，不能贪图省时省力抄小路，步行要走人行道，行人靠右，并且让出盲道。过马路宁停三分，不抢一秒，走人行横道、天桥或地下通道，切忌图快捷翻越绿化带、隔离栏，以免发生交通事故。

[任务方案设计]

1. 请根据学习任务要求，小组讨论行走礼仪知识点，编排情景短剧《古为今用的行走礼仪》，编写详细的脚本方案。

2. 请对编写的脚本进行讲解。

3. 进行脚本修改，确定脚本方案。

[任务展示]

1. 根据脚本情景进行角色分工，道具自备。

2. 模拟训练，组内成员角色互换练习。

3. 抽签排序，一组一组地进行展示，一组模拟时，其他组观看并记录问题。

4. 进行任务总结。

评价与分析

设计任务方案讲解评价表

评价项目	评价内容	应得分	实得分
行走礼仪知识	1. 行走仪态符合规范	20分	
	2. 行走礼仪原则准确	20分	
	3. 行走礼仪细节表现准确	20分	
有声语言和表情	1. 讲解者声音响亮、表达清晰	10分	
	2. 态势语自然，整体表达与听众有交流	10分	
创意设计	所用方法浅显易懂，形式新颖、活泼	10分	
整体效果	充分发挥组内人员优势，分工合作，整体效果好	10分	
总　　计		100分	

任务展示评价表

评价项目	评价内容	应得分	实得分
准备工作	1. 角色定位准确，模拟出场顺序	5分	
	2. 实训过程全组协调良好	5分	
基本知识掌握	行走礼仪基本原则	10分	
行走礼仪	1. 正确使用行走礼仪中恭敬的语言和行为	15分	
	2. 行走礼仪知识点运用合理、编排恰当准确	15分	
	3. 表演内容符合现实生活	20分	
观看讨论	1. 观看认真	5分	
	2. 讨论积极	5分	
任务总结	1. 按规定时间上交	5分	
	2. 填写规范、内容详尽完整	5分	
	3. 任务分析总结正确	5分	
	4. 能提出合理化建议和创新性见解	5分	
总　　计		100分	

课后学习

[知识拓展]

（1）出入公共场所，应请长者、女士、来宾先进入房门，若率先走出房门，应主动替对方开门或关门；出入房间时，正巧他人与自己方向相反出入，应该侧身礼让，房内之人先出，房外之人后入；对方是老者、女士、来宾时，可让对方先行。

（2）排队等待时，应适当保持间距，尤其是在银行窗口、取款机、机场安检等涉及个人隐私的场合，应在黄线外等候；若无黄线，前后间距应适当增大。

（3）勿从正在交谈或者拍照的两人（或多人）中间穿行；在窄小的楼道要超越他人时，应先致歉，然后再快速超过。

（4）路遇尊长，应快步上前问候。听到父母长辈呼唤，应该尽快答应，快步上前。

（5）上下楼梯时，接待人员应该注意客人的安全。当引导客人上楼时，应让客人走在前面，接待人员走在后面；若是下楼时，应侧身走在前面，客人走在后面。

（6）乘坐公交车或地铁等交通工具时，遵循先下后上的原则，互相礼让、互相体谅。尤其要关照老、弱、病、残等群体。上车后尽量往车厢中部靠拢，为其他乘客留出上车空间；不要将大件物品堆放在车门处，避免影响其他乘客上下车。

（7）乘坐私家车或出租车，上车时，让年长者或女士先上；下车时，年轻者或男士先下。

（8）在引导客人乘坐有人值守的厢式电梯时，应后入先出；同行有客人、老人和妇女、小孩时应让他们先进入。

（9）在公共场所上下台阶时，应注意一步一阶，不可并排而行挡住后人；雨天地面潮湿，台阶容易湿滑，上下台阶不可推搡前面的行人或硬行抢道。

课后训练

一、单项选择题

1. 三人并行，以（　　）为尊。

A. 左　　　B. 中　　　C. 右　　　D. 都可以

2.《尔雅》："堂上谓之行，堂下谓之步，门外谓之（　　　）。"

A. 趋　　　B. 跑　　　C. 走　　　D. 奔

3. （　　）也叫作"栗阶"，简单说就是登台阶不聚足，前足踩第一阶，后足踩上第二阶，连续向上。

    A. 越阶　　　　　　B. 连步　　　　　　C. 厉阶　　　　　　D. 跨阶

4. （　　）相当于人们如今所说的散步，古代原指"散布"，即脚印散布在各处。

    A. 步　　　　　　　B. 趋　　　　　　　C. 行　　　　　　　D. 走

5. 当引导客人上楼时，应让客人走在（　　）面，接待人员在（　　）面；若是下楼时，接待人员应侧身走在（　　）面，让客人走在（　　）面。

    A. 前后　后前　　B. 前后　前后　　C. 后前　后前　　D. 后前　前后

二、填空题

1. _____ 指逐级登阶，古人登台阶时左脚上一层台阶，右脚接着跟上，连步上行。

2. 古代很早就有专门的交通规则，叫作 _____，是刻碑立于道路旁的交通法规。

3. "行不举足，车轮曳踵"是古代表示特别 _____ 的一种步法。

4. _____、_____ 是指行路不走正中、不踩门槛。

5. _____ 顾名思义就是前足与后足相越而上，如前足踩上第一阶，后足紧接跨上第三阶，这种情况在古代比较少见，除非是有特别紧急的事情才会如此登阶。

三、判断题

1. "徐行"是形容步子非常小，以至于旁人看不到鞋底的一种行走方式。　　（　　）

2. 出入公共场所，应请长者、男士、来宾先进入房门，若率先走出房门，应主动替对方开门或关门。　　（　　）

3. 两脚进曰"行"，徐行曰"步"，疾行曰"趋"，疾趋曰"奔"。　　（　　）

4. 排队等待时，应适当保持间距，尤其是在银行窗口、取款机、机场安检等涉及个人隐私的场合，应在黄线外等候；若无黄线，则不需要保持距离。　　（　　）

5. 乘坐私家车或出租车，上车时，年长者或女士先上；下车时，年轻者或男士先下。　　（　　）

四、写一篇300字以上的学习总结与反思。

评价与分析

课后任务评价表

评价项目	评价内容	应得分	实得分
课后拓展	访问学习	10分	
	互动	10分	
	视频学习	10分	
	讨论	10分	
发现身边美好的行走姿势和行走礼仪	手机拍摄分享活动照片	30分	
习题检测	完成测试题	30分	
总　　　计		100分	

任务四　行守仪规　步履从容

综合评价表

阶段	项目	自我评价	组内评价	组间评价	教师评价	出勤	互动	访问	讨论	视频
课前（20%）	知识点解读				6%	2%	2%	2%	2%	
	习题检测	6%								
课中（60%）	设计任务方案	5%	5%	5%	5%	4%	4%	4%	4%	4%
	任务展示	5%	5%	5%	5%					
课后（20%）	拍摄实践活动				6%	2%	2%	2%	2%	
	课后检测	6%								

项目三
雅言雅行

[学习指导]

礼仪文化是我们华夏民族传统文化的一部分，优雅得体的言行是一个人内在礼仪修养的外在表现，雅言雅行有利于创建良好的人际关系，营造和谐有序的社会氛围。在本项目中，我们遵循中华礼仪"尊重为先""自卑尊人""礼尚往来"等原则，通过学习方位礼仪、餐饮礼仪、沟通礼仪、拜访礼仪等内容，采用情景模拟的方式，在诸如会议、交通、饮食、电话、书信、访客等真实情景下进行礼仪训练，逐步将中华民族的礼仪文化融会贯通，内化于心，外显于形，用雅言雅行彰显文明风范。

明方辨位　自卑尊人

知识目标：

明确"方"与"位"的概念，掌握方位礼仪的基本原则。

能力目标：

1. 与他人一同乘车时能安排合适的座次。

2. 能运用方位礼仪解释与会人员座次安排。

素质目标：

树立尊重他人、以礼待人的观念。

课前学习

[**知识链接**]

说说那些沿用至今的与方位有关的词语

与方位有关
的词语

（1）面南称尊——指称王称帝。

古代帝王、诸侯见群臣，皆面南而坐，以坐北朝南为尊位，故用以指居帝王、诸侯之位。另外，也泛指居尊位或官位：如"南面称师""和他比肩而南面共治"。

（2）面北称臣——古代君主面南而背北，臣子拜见君主则面北，指臣服于人。

《史记·郦生陆贾列传》："君主宜郊迎，北面称臣。"

（3）虚左以待——空着尊位恭候别人。

《史记·魏公子列传》："魏有隐士曰侯赢，年七十，家贫，为大梁夷门监者。公子闻之，往请，欲厚遗之。不肯受，曰：'臣修身洁行数十年，终不以监门困故而受公子财。'公子于是乃置酒大会宾客。坐定，公子从车骑，虚左，自迎夷门侯生。"

译文：魏国有个隐士叫侯赢，已经七十岁了，家境贫寒，是大梁城东门的看门人。公子听说了这个人，就派人去拜见，并想送给他一份厚礼。但是侯赢不肯接受，说："我几十年来修养品德，坚持操守，终究不能因我看门贫困的缘故而接受公子的财礼。"公子于是就大摆酒席，宴饮宾客。大家来齐坐定之后，公子就带着车马以及随从人员，空出车子上的左位，亲自到东城门去迎接侯先生。

（4）无出其右——意思是没有能超过他的。

《史记·田叔列传》："上尽召见，与语，汉廷臣毋能出其右者。"

译文：皇上（刘邦）全部召见了他们，跟他们谈话，认为大汉朝廷里的大臣没有能超过他们的。

课前习题

一、选择题

1. 以下表达对人敬意的词语有（　　　）。

A. 面南而居　　　　B. 虚左以待　　　　C. 文左武右　　　　D. 山北为阴

2. 对"无出其右"理解正确的有（　　　）。

A. 表示对对方极为赞赏　　　　B. 意思是没有能超过他的

C. 表示讽刺　　　　　　　　　D. 这里指以右为尊

3. 对"南面称尊"理解正确的有（　　　）。

A. 指称王称帝　　　　　　　　B. 天子都是面南而坐

C. 跟我国古代的建筑方位有关系　　D. 这里的"南面"是最尊贵的位置

二、判断题

1. "虚左以待"语出《礼记》，指空着尊位恭候别人。（　　　）

2. 面北称臣是因为古代君主面南而背北。（　　　）

3. 在汉代，尊者职位高于他人，可以说"尊者位于某人之右"。（　　　）

评 价 与 分 析

课前任务评价

评价项目	评价内容	应得分	实得分
课前自学	访问学习	10分	
	互　动	10分	
	视频学习	10分	
	讨　论	10分	
知识点解读	知识点解读准确	30分	
习题检测	完成测试题	30分	
总　　　计		100分	

课中学习

汉明帝请老师坐西席

《称谓录》卷八记载："汉明帝尊桓荣以师礼，上幸太常府，令荣坐东面，设几。故师曰西席。"汉明帝当太子时就拜桓荣为老师，登上皇位后，对桓荣仍十分尊敬。他常常到桓荣住的太常府内，请桓荣坐于面东的位子，并替桓荣摆好桌案和手杖，亲自手执经书听桓荣讲解经文。因此，人们就尊称受业之师为"西席"。

汉代室内的座次是以靠西而坐，即面向东方为最尊，"西席"，就是"坐西面东"的位次，明帝这样安排是表示对老师的尊敬。先秦和汉代的礼仪中客人居西而面东，所以官僚们的幕客，都称为"西宾"，又称"西席"，主人称为"东家"。

思考：这个故事启发我们与他人同处一个空间时，要考虑尊卑位次关系，联系实际，你所了解的不同场合的位次礼仪有哪些？

你作为助手参与一次礼仪专题讲座的会务工作，你要做的工作包括：（1）与老师一起坐由专职司机驾驶的轿车到机场接主讲嘉宾张教授；（2）将张教授引领至休息区请他稍做休息；（3）请提前摆放好主持会议的领导和张教授两人的席位牌，引领张教授至讲座会场。

一、明方辨位，尊卑有别

有空间的地方就有方向，有人群的地方就有不同的位置，我们最常用的方位词有"东西南北""上下左右"等。"方位"一词包括"方"和"位"两个方面。"方"，是指面朝哪个方向；"位"，是指坐在何处。在礼仪文化中，人们所处的"方位"与人们之间的尊卑位次有关。

【文化寻根 3.1.1】

"为人子者，居不主奥，坐不中席，行不中道，立不中门。"   ——《礼记·曲礼》

译文：做儿子的，家居不可占据室内的西南隅，不可坐在席的中间位置，不可走在路的当中，不可立在门的中间。

解读：古代建筑，外堂内室，主人家中的许多活动在西面的室内进行。室的西南角落叫"奥"，从外面走进室内，这是最深的地方，也是设卧席之处，是室中最尊之处，故尊者居之；中间的席位是尊位也是尊者坐的，路的当中是尊者行走的位置，中门位置同样是尊者之位，而"为人子"说明家中有比自己位尊的长辈，所以"为人子者"不能处在尊位上。

【礼仪故事 3.1.1】

据《史记·廉颇蔺相如列传》记载，蔺相如原来只是赵国宦官头领缪贤的门客，在

赵国危难时刻出使秦国，从强势的秦昭王手中保全了和氏璧，上演了著名的"完璧归赵"；后来，蔺相如又陪同赵王与秦王在黄河以西的渑池相会，直到酒宴完毕，始终没有让秦王占到上风。蔺相如因为这两次出使，立了大功，赵惠文王因此十分信任他，"以相如功大，拜为上卿，位在廉颇之右"。

解读： "位在廉颇之右"这里的方位词"右"是"上"的意思，因为蔺相如功劳大，拜为上聊，地位在大将廉颇之上。需要说明的是写《史记》的司马迁是汉代人，汉代以右为尊。

二、在朝序爵，在野序齿

"礼者，敬人也"，礼仪的施行，是为了对别人表示尊敬。孟子说："仁者爱人，有礼者敬人，爱人者，人恒爱之；敬人者，人恒敬之。"（《孟子·离娄下》）意思是：仁慈的人爱人，有礼貌的人尊敬人。爱别人的人，别人也爱他；尊敬别人的人，别人也尊敬他。

中国人在位次排序时一直把握这样的原则，在朝序爵，在野序齿。即在朝廷上、在公务场合按职务高低排序，而在民间活动等非公务场合就按照年龄大小排序。中国人有敬老的传统，有长辈、老人的场合一般要请长者居尊位。另外，中国人有好客的传统，讲究"自卑而尊人"，同样的身份、地位，以客为尊，把客人让到尊位。

【礼仪故事3.1.2】

相传宋代大文豪苏轼有一次外出游玩，来到一座庙中小憩，庙里的住持见他衣着简朴，相貌平常，对他非常冷淡，于是就命小沙弥奉上一杯苦茶，并且对苏东坡说道："坐，茶。"待苏东坡坐下交谈后，住持方觉得客人才学过人，来历不凡，又把东坡引至客堂中，客气地说道："请坐。"并对小沙弥说："敬茶。"二人经过深入交谈，住持才知道来客是著名的大诗人苏东坡，顿时肃然起敬，连忙作揖说道："请上座。"并吩咐小沙弥："敬香茶。"苏东坡欲告别离去。住持请苏东坡题写对联留念，苏轼沉思之后写下了一副让人拍手称绝的对联，上联是：坐、请坐、请上座；下联是：茶、敬茶、敬香茶。

解读： 苏东坡这副对联通过记录住持待客过程中三次不同的让座、上茶安排，写出了寺庙住持对苏东坡三种不同的态度，体现出住持待人接物前倨后恭的转变。

三、依据情境，遵循原则

方位礼仪发展到今天，更加丰富和完善，在不同的场合有不同的原则，归纳起来主要有以下几点：居中为上；以远为上；以前为上；面门为上；观景为上；以高为上，等等。人们在不同的场合、不同的情境中，应遵循相应的礼仪原则。

（一）行进中的位次礼仪

1. 常规情况

多人并行时，中央高于两侧，内侧高于外侧，一般让尊者、客人走在中央或内侧；单行行进时，前方高于后方，如没有特殊情况，应当请尊者、客人在前面走。

2. 特殊情境

（1）引导客人。引领者走在客人左前两三步的位置；示意方向时，头部和上身侧转

130度左右向着客人，用左手指示；要配合客人的行走速度；保持亲切的微笑和认真倾听的姿态；如客人带有物品，可以礼貌地为其服务；途中注意引导提醒，如在拐弯或有楼梯台阶的地方应使用手势，并提醒客人"这边请""注意楼梯""有台阶，请注意"等。

（2）上下楼梯。一般而言，上下楼梯要靠右侧单行行进。引导客人上楼梯时，客人走前面，陪同者跟在后面；下楼梯时，陪同者走前面。楼梯中间的位置是上位，但若有栏杆，就应让客人扶着栏杆走；如果是螺旋梯，则应该让客人走内侧。上下楼梯时，要提醒客人"请小心"。

（3）出入电梯。陪同者在客人之前进入电梯，一手按住"开"的按钮，另一只手示意客人进入电梯；进入电梯后，按下客人要去的楼层数按钮，侧身面对客人；到达目的地时，按住"开"的按钮，请客人先下。

（4）出入房门。若无特殊原因，位高者先出入房门；若有特殊情况，如室内无灯昏暗或者是室内仍需要引导时，陪同者宜先进入；出去时，也是陪同者先出，为客人拉门引导。

（二）乘车位次礼仪

上下车的先后顺序通常为：尊长、来宾先上后下，秘书或其他陪同人员后上先下。即请尊长、来宾从右侧车门先上，秘书再从车后绕到左侧车门上车。下车时，秘书人员应先下，并协助尊长、来宾开启车门。

一般来说，轿车座次安排通常有以下几种情况。

1. 双排、三排座（中排为折叠座，后同）的小型轿车

如果由主人亲自驾驶，一般前排为上，后排为下。

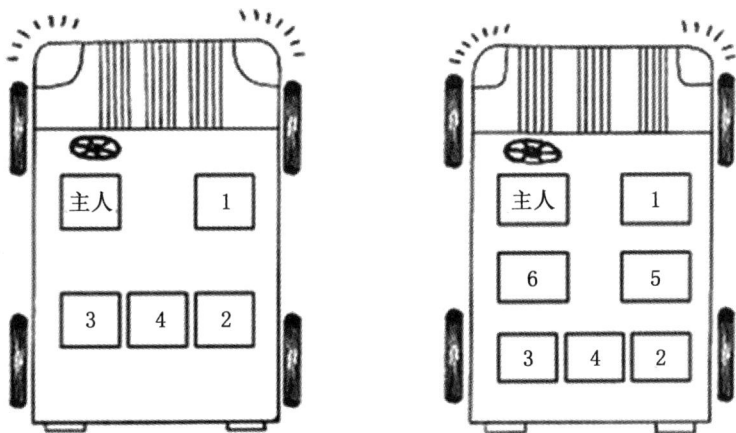

双排、三排座的小型轿车主人驾车时的乘车位次

如果由专职司机驾驶，通常后排为上，前排为下；以右为"尊"，以左为"卑"。

2. 多排座的中型轿车

无论由何人驾驶，均以前排为上，后排为下；右"尊"左"卑"。

3. 轻型越野车

无论由谁驾驶，其座次由"尊"到"卑"依次为：副驾驶座，后排右座，后排左座。

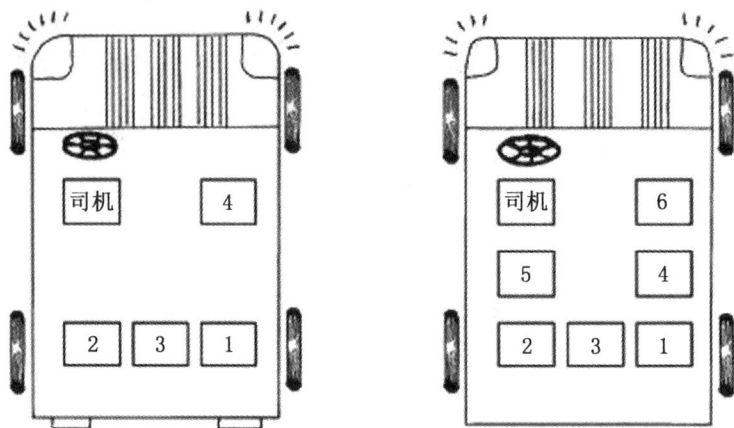

双排、三排座的小型轿车专职司机驾车时的乘车位次

（三）小型会议位次礼仪

小型会议一般指参加人数少、规模不大的会议。全体与会者都应排座，不设立专用的主席台。目前主要有三种具体形式：面门为上、居中为上、依景设座、自由择座。

1. 面门为上

一般以面对会议室正门之位为尊位。其他的与会者在其两侧（政务会议尊左，国际贯例尊右）依次而坐。

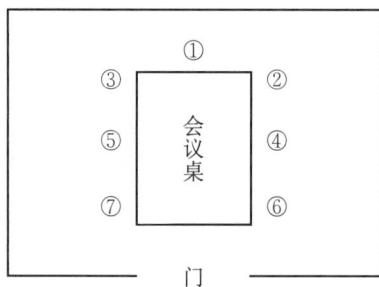

面门为上示意图

2. 居中为上

居于中央的座位，排序高于两侧的座位。

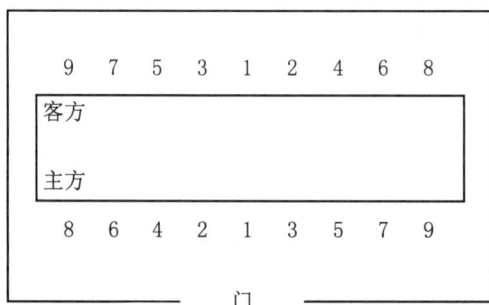

居中为上示意图

3. 依景设座

所谓依景设座，是指尊位的具体位置，不必是面对会议室正门的位置，而应当是背依会议室之内的主要景致（如字画、讲台）之所在。

（四）大型会议位次礼仪

大型会议，一般指与会者众多，规模较大的会议。它最大的特点是会场上应分设主席台与群众席，前者必须认真排座，后者的座次则可排可不排。

1. 主席台排座

大型会场的主席台，一般应面对会场主入口，面对观众席。主席台排座，具体又可分作主席团排座、主持人座席、发言者席位三种。

（1）主席团排座。主席团是指在主席台上正式就座的全体人员。按照国际惯例，主席团位次以右为尊，凡是有商务活动的场合，我们都要遵循以右为尊的原则。另外，前排尊于后排，中央尊于两侧，也是常见的。

（2）主持人座席。会议主持人的具体位置有三种方式可供选择：一是居于前排正中央；二是居于前排的两侧；三是按其具体身份排座，但不宜就座于后排。

（3）发言者席位。发言者席位，又叫发言席。在正式会议上，发言者发言时不宜就座于原处发言。发言席的常规位置有两种：一是主席团的正前方；二是主席台的右前方。

2. 群众席排座

在大型会议上，主席台之下的一切座席均称为群众席。群众席的具体排座方式有自由式择座和按单位就座两种。自由式择座不进行统一安排，而由大家各自择位而坐；按单位就座是与会者在群众席上按单位、部门或者行业就座。按单位就座的具体依据，既可以是与会单位、部门名称的汉字笔画数的多少、汉语拼音字母的前后，也可以是其平时约定俗成的序列。

[**任务方案设计**]

1. 请根据学习任务要求，小组讨论位次礼仪要求及注意事项，编写工作任务的详细位次礼仪脚本方案：①与老师一起坐由专职司机驾驶的轿车到机场接主讲嘉宾张教授；②将张教授引领至休息区请他稍做休息；③引领张教授至讲座会场，请提前摆放好主持会议的领导和张教授的席位牌。

2. 请对编写的脚本进行讲解。

3. 进行脚本修改，确定脚本方案。

[**任务展示**]

1. 根据脚本情景进行角色分工，道具自备。

2. 模拟训练，组内成员角色互换练习。

3. 抽签排序，一组一组地进行展示，一组模拟时，其他组观看并记录问题。

4. 进行任务总结。

任务方案设计讲解评价表

评价项目	评 价 内 容	应得分	实得分
位次礼仪知识	1. 乘车位次符合礼仪	20分	
	2. 行走引导位次礼仪准确	20分	
	3. 会议位次安排准确	20分	
有声语言和表情	1. 讲解者声音响亮、表达清晰	10分	
	2. 态势语自然，与听众有互动	10分	
创意设计	所用方法浅显易懂，形式新颖、活泼	10分	
整体效果	充分发挥组内人员优势，分工合作，整体效果好	10分	
总　　　计		100分	

任务展示评价表

评价项目	评 价 内 容	应得分	实得分
准备工作	1. 角色定位准确，模拟出场顺序	5分	
	2. 实训过程全组协调良好	5分	
基本知识掌握	座次安排基本原则	10分	
位次安排礼仪	1. 乘车位次符合礼仪	15分	
	2. 行走引导位次礼仪准确	15分	
	3. 会议位次安排准确	20分	
观看讨论	1. 观看认真	5分	
	2. 讨论积极	5分	
任务总结	1. 按规定时间上交	5分	
	2. 填写规范、内容详尽完整	5分	
	3. 任务分析总结正确	5分	
	4. 能提出合理化建议和创新性见解	5分	
总　　　计		100分	

商务活动位次礼仪

一、商务谈判中的位次礼仪
（一）双边谈判
举行双边谈判时，应使用长桌或椭圆形桌子，宾主应分坐于桌子两侧。如果谈判桌横放，则面对正门的一方为上，应属于客方；背对正门的一方为下，应属于主方。如果谈判桌竖放，则应以进门的方向为准，右侧为上，属于客方；左侧为下，属于主方。

（二）多边谈判
多边谈判的座次排列有两种常规情况。

一种是自由式，参加谈判的各方可自由选择座位；另一种是主席式，即面对房间正门设一个主位，有需要发言者，就到主位上发言，发言后须下台就座，其他人面对主位，背门而坐。

二、签字仪式的位次礼仪
（一）双边签字仪式
双边签字仪式的位次排列礼仪要求是：签字桌横放；双方签字者面门而坐，客方居右，主方居左；双方仪式参加者列队站于签字者之后，中央高于两侧，右侧高于左侧。

（二）多边签字仪式
多边签字仪式的位次排列礼仪要求是：签字桌横放；签字座席面门而设，仅为一张，不固定就座者。举行仪式时，所有各方人员，包括签字人在内，皆应背对正门、面向签字席就座。签字时，各方签字人应以规定的先后顺序依次走上签字席就座签字，然后退回原处就座。

课后训练

一、单项选择题
1. 主与客的方位，包括"方"与"位"两个方面，"方"是指 _____，"位"是指 _____。（   ）

A. 面朝哪个方向；坐在何处   B. 坐在哪里；位次

C. 面朝哪个方向；位次   D. 地方；位置

2. 在古代餐饮四面坐时，室内最尊的座次是 _____，其次是 _____，再次是 _____，最卑是 _____。（　　　　）

    A. 坐北向南；坐西面东；坐南面北；坐东面西

    B. 坐南面北；坐西面东；坐北向南；坐东面西

    C. 坐东面西；坐西面东；坐北向南；坐南面北

    D. 坐西面东；坐北向南；坐南面北；坐东面西

3. 上下车的先后顺序通常是尊长、来宾先上后下，秘书或其他陪同人员（　　　　）。

A. 后上先下   B. 后上先下   C. 后下先下   D. 随意上下

4. 在正式会议上，发言者发言时不宜就座于原处发言。发言席的常规位置有两种：一是主席团的 _____；二是主席台的 _____。（　　　　）

    A. 正前方；右前方   B. 正前方；左前方

    C. 后前方；右前方   D. 后前方；左前方

5. 举行双边谈判时如果谈判桌竖放，以进门的方向为准，_____ 为上，属于客方；_____ 为下，属于主方。（　　　　）

    A. 右侧、左侧   B. 右侧、左侧

    C. 右侧、右侧   D. 左侧、左侧

二、多项选择题

1. 对"为人子者，居不主奥"理解正确的是（　　　　）。

A. 做儿子的人，居住不能住在西南角

B. 告诫人们为人处世，不要高调张扬，要谨慎低调，恭敬而诚实

C. 做儿子的不要居住在东南角

2. 表示对客人尊敬的做法有（　　　　）。

A. "虚左以待"   B. "杖者出，斯出矣"

C. 客坐西面东   D. 主人坐东面西

3. "在野序齿"的原则可以用的场合有（　　　　）。

A. 在公务场合   B. 同学之间的聚会

C. 朋友之间聚会   D. 邻里间私人聚会

4. 关于"西席"的说法正确的是（　　　　）。

A. 先秦和汉代的礼仪中客人居西而面东，所以官僚们的幕客，都称为"西席"

B. 又称"西宾"

C. "西席"从座次上看不如东家尊贵

D. "西席"也是对教师的尊称

5. 小型会议座次排序的原则有（　　　　）。

A. 面门为上   B. 居中为上

C. 依景设座   D. 靠窗为上

6. 按照国际惯例排定主席团位次，（   ）。

A. 前排高于后排   B. 中央高于两侧

C. 左侧高于右侧   D. 右侧高于左侧

7. 双边签字仪式的位次排列礼仪有（   ）。

A. 签字桌横放   B. 宾右主左

C. 双方签字者面门而坐   D. 宾左主右

三、写一篇 400 字以上的学习总结与反思。

评 价 与 分 析

课后任务评价表

评价项目	评价内容	应得分	实得分
课后拓展	访问学习	10 分	
	互动	10 分	
	视频学习	10 分	
	讨论	10 分	
会谈、签字仪式的位次安排	完成绘制图	30 分	
习题检测	完成测试题	30 分	
总　　　　计		100 分	

综合评价表

阶段	项目	自我评价	组内评价	组间评价	教师评价	出勤	互动	访问	讨论	视频
课前 （20%）	知识点解读				6%		2%	2%	2%	2%
	习题检测	6%								
课中 （60%）	设计任务方案	5%	5%	5%	5%	4%	4%	4%	4%	4%
	任务展示	5%	5%	5%	5%					
课后 （20%）	绘制安排图				6%		2%	2%	2%	2%
	课后检测	6%								

任务二

进餐有序 饮食有德

[学习目标]

知识目标：

理解《礼记·曲礼》《弟子规》《童子礼》中关于餐饮礼仪的要求。

能力目标：

1. 能根据中餐宴会的位次情况确定就餐座次。

2. 在就餐过程中展现文明优雅的就餐仪态。

素质目标：

培养就餐中敬奉长辈、照顾幼小的品德。

课前学习

[知识链接]

《礼记》中的餐饮礼仪

《礼记·曲礼上》提出"毋抟饭，毋放饭，毋流歠，毋咤食，毋啮骨，毋反鱼肉，毋投与狗骨，毋固获，毋扬饭，饭黍毋以箸，毋嚃羹，毋絮羹，毋刺齿，毋歠醢"等餐饮时必须戒绝的动作。

"毋抟饭"： 从食器中取饭的时候，不要把饭抟成团。先秦时期人们吃米饭是用手抓着吃的，吃一口、抓一口，由于很多人聚餐，食器中的饭有限，有些人不顾别人，为了多吃而把饭握成大团，这是自私的行为，应禁止。

"毋放饭"： 不要把手里的饭再放回食器中。

"毋流歠"： 喝汤时不要张着嘴不停地往里灌。

"毋咤食"： 吃菜时不要吃得满嘴带响。

"毋啮骨"： 吃带骨的肉食，不要啃嚼骨头。

"毋反鱼肉"： 不要把已经咬过的鱼肉放回食器中。

"毋投与狗骨"： 不要把肉骨头扔给狗，那样有贱看主人食物之嫌。

"毋固获"：不要只吃一个菜。

"毋扬饭"：饭刚蒸好，很热，可以稍微等待片刻，不要抖动手中的热饭来降温。

"饭黍毋以箸"：吃黄米饭不要用筷子。

"毋嚃羹"：羹是有菜的浓汤，吃羹时不要连羹中的菜嚼都不嚼就吞下去。

"毋絮羹"：不要当场加佐料重新调和菜汤，那样有嫌主人做得味道不好之意。

"毋刺齿"：不要当着别人面剔牙齿，那样不雅观。

"毋歠醢"：不要像喝汤那样地喝肉酱。

课前习题

一、填空题

1. 毋 _____ 鱼肉。

2. 毋投与 _____ 骨。

二、判断题

1. "毋抟饭"，就是要在就餐时顾及别人，不能把饭都自己吃掉。 （　　）

2. "毋固获"，是说不要只吃一个菜。 （　　）

◆ 评 价 与 分 析

课前任务评价

评价项目	评价内容	应得分	实得分
课前自学	访问学习	10 分	
	互　动	10 分	
	视频学习	10 分	
	讨　论	10 分	
知识点解读	知识点解读准确	30 分	
习题检测	完成测试题	30 分	
总　　　计		100 分	

课中学习

黄庭坚食时"观德"

北宋文学家兼书法家黄庭坚，曾写过一篇《食时五观》的短文，表达了自己对饮食所持的态度。

他认为士君子饮食时首先应该"计功多少，量彼来处"，就是"一粥一饭当思来之不易"，一餐饭食要经过耕种、收获、舂、碾、洗、煮等许多劳动，一人饮食，需十人劳作。因此，对来之不易的食物和提供饮食的人，都要心存敬意和感激。

君子饮食时还要"忖己德行，全缺应供"，就是要检讨自己德行的高下，想想自己的德行是否受得起如此供养。有德行具体表现在对亲人的孝顺、对国家的忠贞、对自己修养的提升，如果这三方面都尽到了努力，那就可以对所用的饮食受之无愧；如果有所欠缺，则应感到羞耻。

思考： 每天就餐时，面对食物和提供饮食的人你是否怀有敬意和感激？如何体现这种敬意和感激？就餐时有亲朋在座，应当如何体现孝悌与友善？

［实践任务］

家里的一位长辈过八十大寿，亲朋好友前来祝贺，席开三桌，请给自己和过寿老人安排就餐位置，并在开宴前给参加宴会的弟弟妹妹们普及一下中餐家宴上的礼仪。

［知识锦囊］

民以食为天，一日三餐是我们的基本生活状态，就餐过程也体现着人们最基本的礼仪修养。"夫礼之初始诸饮食"。早在周代，我国就有严格的餐饮礼仪规范，座次的安排、饭菜的食用规格、菜品的摆放秩序、就餐时的次序和仪态都有明确而严格的规定。随着文明的进步、社会的发展，餐饮文化越来越丰富，餐饮礼仪越来越普及。

一、宴席位次

在古代，宴席的各种礼制中座次礼节最能表现宴饮者的高下尊卑，席置、坐法、席层等无不受到严格的礼制限定，人们根据各自的社会地位、身份及宗族关系等就席，宴饮进程因此井然有序。在古代，宴席座制具有构建一个长幼有序、君臣有别、孝亲尊老、层层隶属、等级森严的社会体系的功能。而今天，虽然座次礼仪的尊卑位次规则有所变化，但"以尊者为先""尊者居尊位"的大原则没有变化，并且座次礼仪依然发挥着调整人际关系的重要作用。

【文化寻根 3.2.1】

《明史》中提到明太祖朱元璋曾两度下令，申明餐桌上的尊卑座次的排列礼仪。

洪武五年（1372 年）令："凡乡党序齿，民间士农工商人等平居相见及岁时宴会谒拜之礼，幼者先施。座次之列，长者居上。"

洪武十二年（1379 年）令："内外官致仕居乡，唯于宗族及外祖妻家序尊卑，如家人礼。若筵宴，则设别席，不许坐于无官者之下。与同致仕官会，则序爵，爵同序齿。"

解读：宴会之礼以长者为先，座次安排，长者居上；官员居乡里，只有在宗族及外祖妻家按照家人之礼序尊卑；如果参加宴饮，则另设别席，不许坐在无官者的下位。与官员聚会，则按照官位高低排序，如果官级相同就按照年龄排序。此规定细化了"在朝序爵，在野序齿"的礼仪原则。

【礼仪故事 3.2.1】

楚汉相争的时候，项羽为刘邦设了一个鸿门宴。

次位（北）
范增

尊位（西）
项羽、项伯

最卑位（东）
张良

刘邦
再次位（南）

鸿门宴的座位示意图

按当时的室内四面座次排序，项王、项伯东向座，居首席，最尊（项伯是项羽的叔父，项羽不能让叔父坐在低于自己的位置上）；亚父范增南向座，居第二位；沛公刘邦北向座，排第三位次；而刘邦的谋士张良西向座，属于侍坐。

解读：此宴设于项羽军中帐内，刘邦为宾，按照中国人以客为尊的礼仪，应坐在尊位上，而项羽却安排他坐了第三位次，从座位安排上即可看出，项羽目中无人、自高自大的性格。

凡是宴饮的场合都有主客和尊卑的区别，席次的安排有严格的规定，不能随意错动。我国现今的宴饮位次礼仪以右为尊。

（一）多桌排序原则

宴请的人数如果很多，分成很多桌，就一定要设主桌，以便突出参加宴会的中心人物以及宴会的主题。排列桌次的原则主要有三点：以右为上、以远为上、居中为上。

1. 以右为上

室内面对门，排桌时以右为上，以左为下。

2. 以远为上

当餐桌距离餐厅正门有远近之分时，通常以距门远者为上。

3. 居中为上

当多张餐桌并排列开时，一般居中央者为上，主桌居中，其他桌次地位的高低以距主桌距离的远近而定，右高、左低，近高、远低。

（二）同桌位次礼仪

中餐宴请时，每张餐桌上的具体位次也有主次尊卑的分别。

1. 面门为上

面对正门者是上座，背对正门者是下座。主人一般应面对正门而坐，并坐在主桌；举行多桌宴请时，每桌都要有一位主桌主人的代表在座，位置一般和主桌主人同向。

2. 以右为上

主人坐定后，主宾在其右侧就座，第二主宾在其左侧就座，其他与宴者依次按从右至左、从上向下排列，距离主人越近位次越高。如果有两位主人坐在同一张桌上，那么第一主人面门坐主位，第二主人背门坐在主人对面，第一、第二主宾分别在第一主人右侧、左侧就座；第三、第四主宾分别在第二主人右侧、左侧就座。

3. 观景为上

如果室内外有优美的景致或高雅的演出供用餐者欣赏，这种情况下，观赏角度最好的座位是上座。

便餐位次的
排列原则

二、进餐次序

尊卑之礼，历来是餐饮礼仪的一个重要内容，子女对父母，下属对上司，晚辈对尊长，要表现出尊重和恭敬。除了位次的安排体现尊敬，在就餐的先后顺序上也体现了尊者为先、为优。

（一）尊者为先

宴饮过程中，进餐的顺序是主宾先食，主菜上桌后，先放在主宾面前，主宾不动筷，其他宾客不可先行品尝。主宾的确定虽然原则上是"在朝序爵，在野序齿"，但如果餐桌上有年长的老人，则要以老人为中心，其他人分坐在老人的两侧，即使是有官职者，也应该把主宾的席位让给老人，以表示尊老。

【文化寻根 3.2.2】

"或饮食，或坐走，长者先，幼者后。"
————《弟子规》

译文：在吃饭的时候，应当让年长者先用；入座的时候，应当请年长者先坐下；在走路的时候，让年长者走在前面。

（二）长者优食

中国有敬老的传统，在饮食方面表现为长者优食，即对长者给予诸多照顾，把营养高的、易于消化吸收的、长者喜欢的食物优先提供给长者。

古代许多家庭，以食礼作为家训，教导子孙谨守。明代屠羲英总结《礼记》相关内容，作《童子礼》，对食礼提出明确要求："凡进馔于尊长，先将几案拂拭，然后双手捧食器置于其上。器具必干洁，肴蔬必序列。视尊长所嗜好而频食者，移近其前。"告诫后辈侍奉长者进食时要干净卫生，态度恭敬，菜品摆放有序，还要将长者喜好的食物摆在长者近前，方便其食用。

【文化寻根 3.2.3】

"五十异粮，六十宿肉，七十贰膳，八十常珍，九十饮食不离寝。"

————《礼记·王制》

译文：五十岁的人要为他提供比较容易消化的食物；六十岁的人可以两天吃一次

肉；七十岁的人，要再加一道美膳；八十岁的人，要经常吃珍奇饮食；九十岁的人饮食无时，要在居室内备有各种膳食，以备不时之需。

三、餐饮仪态

对于如何"吃"的问题，许多礼仪典籍都有明确规范，《礼记·曲礼》里就提出了细致的要求，从多个方面强调了餐饮的仪态规范。

【文化寻根 3.2.4】

"对饮食，勿拣择，食适可，勿过则；年方少，勿饮酒，饮酒醉，最为丑。"

——《弟子规》

译文：不要挑食，也不要偏食，吃东西也要适可而止，不要过量；年轻的时候，千万不要喝酒，因为一旦喝醉了，就会因丑态百出而丢脸。

正式的宴饮场合，对饮食仪态的要求更为严格，需要每个人自觉规范自己的餐饮行为。

（一）文雅入座

（1）抵达宴会场所后，要留意观察餐桌的摆置方式和桌次席位的安排，避免在宴会厅内来回找寻。

（2）从左侧入座。入座时最好一次性调整好椅子位置，如果需要再次调整，要注意避免发出大的声响影响他人。

（3）入座后，坐姿端正，不要将双肘支在桌上，以免妨碍他人。

（二）文明进餐

（1）如果桌上有餐巾，通常应等待餐厅服务员帮你把它打开、铺好，或者等主人招呼大家开始用餐时，再跟随主人把餐巾打开铺好。

（2）夹取菜肴时，应夹取自己面前的菜品，不可起身夹取离得较远的菜肴；一道菜上来后，应该让主宾先尝，或者等主人请让之后再夹取品尝。

（3）在劝酒或交谈时语言文明、音量适中，不可大声吆喝、喧闹。

（4）就餐时不要一直手持餐具。

（三）和谐互动

（1）有人在席间致祝酒词时，或暂停用餐同自己说话时，要停止吃喝，认真倾听，适当回应。

（2）席间如果不慎出了小差错，如碰洒了饮料或碰掉了餐具，不要慌张失措，可以大方地请服务员收拾好并另换一套餐具。

【礼用今朝 3.2.1】用筷礼仪

筷子，古时又称为"箸"，是中国人在饮食文化方面的发明，如何正确使用筷子是餐饮礼仪中重要的一环。

1. 筷子正确的使用方法

（1）筷子的两端要对齐，拇指、食指和中指的末节捏在筷子的中间偏上的位置，夹持住筷子，使其自由开合，来夹取食物。

（2）用餐前，两只筷子要整齐地平放在饭碗的右侧，切不可把筷子分置餐具左右，也不可交叉摆置；用餐的过程中，在暂时不需要用筷子的时候，将筷子整齐地平放在桌上，最好放在筷架上或搁在自己的碟、盘边上；用餐后，则一定要整齐地竖向摆放在饭碗口的正中。

2. 用筷禁忌

（1）夹菜之前，不能举着筷子在菜碗之间游移，应该选好吃哪样菜再举筷。

（2）夹菜时，不要用筷子在菜碗中翻来翻去地挑拣，这样既显得没有教养，也不卫生。

（3）将饭菜送入口中时，不能舔或者咬筷子。

（4）筷子与汤匙一般不要同时并用，一手举筷子、一手举汤匙，会给人贪吃的印象。

（5）不能将筷子当牙签剔牙。

（6）不正确的拿筷方法——"仙人指路"（是指用大拇指和中指、无名指、小指捏住筷子，而食指伸出的拿筷子方法）。

（7）不文雅的用筷声音——"品箸留声"（是指把筷子的一端含在嘴里，用嘴来回去嘬，并发出"咝咝"声响）和"击盏敲盅"（是指在用餐时用筷子敲击盘碗）。

（8）不卫生的用筷方法——"泪箸遗珠"（是指用筷子往自己盘子里夹菜时，手里不利落，将菜汤流落到其他菜上或桌子上）和"颠倒乾坤"（是指用餐时将筷子颠倒使用）。

（9）不文明的用筷动作——"定海神针"（是指在用餐时用一只筷子去插盘子里的菜品）和"当众上香"（是指帮别人盛饭时，为了方便省事把一副筷子插在饭中递给对方）。

四、饮食德行

在饮食过程中表现出的言行举止能反映一个人的修养与品德，因此，有经验的人会通过一个人的饮食行为来评价其德行。

【礼仪故事 3.2.2】

张衡"食饼"失官

唐代有一个四品官员叫张衡，当时他已经进入了国家的三品官员候选名录，很快就可以升官了。

有一天，张衡退朝回来，因为上朝前没来得及吃早饭，经过都城的商业区时，就买了一个蒸饼，一边骑着马，一边狼吞虎咽地吃起来。没想到他的这一举动被御史知道了，于是御史上书弹劾他，说这种不懂礼法、有失身份和风度的行为大损朝官的形象。当时的皇帝武则天很生气，在批示中说他是"流外的小吏出身，不许升任三品"。

解读：古代城邑被划分为若干区，政府区、居民区和商业区是严格分开的，唐朝初期以前，市民不能涉足政府办公场所，官员也不能随便进入市场。张衡退朝后，不仅从市场边经过，而且不顾身份和地位，亲自在小摊子上买了块蒸饼，然后骑在马上无所顾忌地吃起来，首先就餐的"位置"是不合"礼"的，吃相更不文雅，所以被弹劾也在所

餐饮仪态

难免。

宴饮往往是多人相聚在一起，所以饮食不仅仅是个人行为，也是人际交往的一部分，在餐饮过程中，要做到以下几点。

（一）礼让他人

就餐过程中要照顾到其他人的感受，不仅对尊长要谦恭礼让，对平辈也要谦让，遇到大家都喜爱的食物，不可抢食、多食；另外，对同餐桌上的孩童也要多加照顾。

作为晚辈不能坐着向长辈或客人敬酒，尤其不能隔着桌子敬酒，要起身走到尊长面前行礼并且致祝词；碰杯之后，不能与长者面对面地干杯，而应该微微侧转身体，表示不敢与尊长抗礼，然后再饮酒。

【文化寻根 3.2.5】

"八年，出入门户及即席饮食，必后长者，始教之让。"　　　　——《礼记》

译文：在小孩子八岁的时候，要教会他们在进出门和饮食宴会的时候，要在长者的后面，教会他们谦让的道理。

（二）珍惜饭食

"谁知盘中餐，粒粒皆辛苦"，一粥一饭都来之不易，应当珍惜。杜绝餐桌上的浪费是中国传统文化的礼仪要求，更是文明礼仪新时尚，是检验一个人的品德修养的标尺。

在参加宴饮时，对于主人提供的饮食要心怀感恩，认真品尝，并且适当赞美；但要注意，面对再美味的佳肴也不可多吃、多占，更不能因为不满意自己餐盘中食物的口味而将其扔掉，造成浪费；对于自己不了解味道的食物可以少取一点先品尝，如果适合自己，再行取食。

（三）敬谢主人

宴会主人为招待宾客费心费力，因此作为客人一定要尊重主人的劳动，感谢主人的盛情款待，在整个宴会的过程中，客人应该适时向主人表示谢意和敬意，主要表现在以下几个方面。

1. 让后再食

客人只有在主人请让后才能开始用餐，不可在主人发出邀请前先行吃喝。每当主人亲自布菜之时，客人不能安坐不动、泰然受之，应该起立之后"拜而食"。古代是拜谢之后再吃，今人可以致谢之后再吃。

2. 适时赞美

虽然未必每一样菜都合客人的口味，但主人尽心竭力地准备餐食，作为客人要有体谅和包容之心，肯定主人的付出和努力，并且对味道好的饭菜要不吝惜赞美之辞，这是对主人劳动的尊重；即使有不合乎口味的饭菜也要多少吃一点，切不能当着主人的面说哪样菜的味道不好，这样是非常失礼的。

3. 少添麻烦

《礼记·曲礼》里讲到在进食时要尽量坐得靠前一些，靠近摆放馔品的食案，以免不慎掉落的食物弄脏了坐席给主人增添清扫的工作量。不给主人增加负担这一原则，在今天依然适用。进餐中做到有序、有礼，约束自己的行为，尽量不给主人增加麻烦，是宴饮过程中主宾尽欢的基础。

"食至起，上客起。" 　　　　　　　　　　　　　　　　——《礼记·曲礼》

译文：馔品端上来时，客人要起立；在有贵客到来时，其他客人都要起立，以示恭敬。

［任务方案设计］

1. 请根据学习任务要求，绘制出家宴祝寿席开三桌的就餐位置图和中餐礼仪思维导图。

2. 对绘制的就餐位置图、中餐礼仪思维导图进行讲解。

［任务展示］

1. 进行中餐座次图、中餐礼仪思维导图讲解。

2. 抽签排序，一组一组地进行展示。一组展示时，其他组观看并记录问题。

评价与分析

任务方案设计讲解评价表

评价项目	评价内容	应得分	实得分
中餐礼仪知识	1. 中餐宴会座次知识点准确	30分	
	2. 中餐用餐知识点准确	30分	
有声语言和表情	1. 讲解者声音响亮、表达清晰	10分	
	2. 态势语自然，与听众有互动	10分	
创意设计	所用方法浅显易懂，形式新颖、活泼	10分	
整体效果	充分发挥组内人员优势，分工合作，整体效果好	10分	
总　　　计		100分	

3.2.3　任务展示评价表

评价项目	评价内容	应得分	实得分
准备工作	1. 角色定位准确，模拟出场顺序	5分	
	2. 实训过程全组协调良好	5分	
基本知识掌握	中餐宴会安排基本原则	10分	
中餐礼仪	1. 中餐座次礼仪	25分	
	2. 中餐就餐礼仪	25分	
观看讨论	1. 观看认真	5分	
	2. 讨论积极	5分	
任务总结	1. 按规定时间上交	5分	
	2. 填写规范、内容详尽完整	5分	
	3. 任务分析总结正确	5分	
	4. 能提出合理化建议和创新性见解	5分	
总　　　计		100分	

课后学习

[知识拓展]

乡饮酒礼中尊老的礼仪

乡饮酒礼，是乡人以时会聚饮酒之礼。在这种庆祝会上，最受尊敬的是长者。《礼记·乡饮酒义》："六十者坐，五十者立侍以听政役，所以明尊长也。六十者三豆，七十者四豆，八十者五豆，九十者六豆，所以明养老也。"

解读：《礼记·射义》说："乡饮酒礼者，所以明长幼之序也。"乡饮酒的礼仪，六十岁的坐，五十岁的站立陪侍，来听候差使，这是用以表明对年长者的尊重。给六十岁的老人设菜肴三豆，七十岁的四豆，八十岁的五豆，九十岁的六豆，这是用以表明对老人家的尊重。乡饮酒礼的意义要在于"序长幼，别贵贱"，以一种普及性很高的道德实践活动，有利于成就人们孝悌、尊贤、敬长养老的道德风尚，达到德治教化的目的。

古人饮酒的礼仪

无酒不成席，古人喝酒时也有很多礼仪。《尚书·酒诰》是中国第一篇禁酒令，周公在《酒诰》中论述了以下观点：第一，臣民犯上作乱，丧失道德，诸侯国亡国，大多与酗酒有关；第二，祭祀天地、神灵、祖先时可以饮酒；第三，孝敬国君、父母、兄长时可以用酒。有人将《酒诰》中的观点归纳为"无彝酒，执群饮，戒缅酒"九个字，成为后世禁酒的经典语录。"无彝酒"是指不要经常饮酒，平常少饮酒，以节约粮食；"执群饮"是指禁止民众聚众饮酒；"禁沉湎"是指饮酒要适度，不要酗酒。

课后训练

一、填空题

1.《弟子规》中有"_____，_____，长者先，幼者后"，是说餐饮开始以后，要由年长者最先举筷，并且品尝宴席菜肴的第一口后，其他人才能举筷开始吃菜。

2."当食_____"，是指大家在一起聚餐是一件很高兴的事情，不要在吃饭的时候唉声叹气，那样会破坏宴会气氛。

3."让食_____"是指在宴席上主人劝客人吃东西时，客人应该热情地取用。

4. 筷子使用时两端要对齐，_____、_____和中指的末节捏在筷子的中间偏上

的位置，夹持住上一根筷子，使其自由开合，来夹取食物。

二、单项选择题

1. 中餐宴请时一般遵循（　　　）。

A. 以左为尊　　　　B. 以右为尊　　　　C. 依景为尊　　　　D. 前排为尊

2. 用餐前，筷子要两只筷子整齐地平放在饭碗的（　　　），切不可把筷子分置餐具左右，也不可交叉摆置。

A. 左侧　　　　　　B. 上面　　　　　　C. 右侧　　　　　　D. 里面

3. 关于筷子的使用礼仪下列做法正确的有（　　　）。

A. 将饭菜送入口中时，不能舔或者咬筷子

B. 夹菜时，可以用筷子在菜碗中挑拣自己喜欢的饭菜

C. 用餐时可以用筷子敲击盘碗

D. 用餐时用一只筷子去插盘子里的菜品

三、多项选择题

1. 下面（　　　）是正确的餐饮礼仪。

A. 共食不饱　　　　　　　　　B. 当食不叹

C. 食坐尽前　　　　　　　　　D. 长者先，幼者后

2. 便餐位次的排列，可以遵循的原则有（　　　）。

A. 右高左低原则　　　　　　　B. 中座为尊原则

C. 面门为上原则　　　　　　　D. 特殊情况，观赏角度最好的座位是上座

3. 关于就餐时的仪态礼仪下列做法错误的有（　　　）。

A. 夹取菜肴时，应该夹取自己面前的品种

B. 席间可以随意解脱外衣

C. 一道菜上来后，应该让主宾先尝，或者等主人请让之后再夹取品尝

D. 进餐时，当我们在菜肴中发现不洁食物时，要马上告诉大家

四、判断题

1. 《论语·乡党》曰："乡人饮酒，杖者出，斯出矣。"在古人的"乡饮酒"礼中，作为晚辈，要尊重长辈。酒席散后，要等候长者先离开以后，晚辈才能有秩序地退场。　　　　　　　　　　　　　　　　　　　　　　　　　　　　（　　　）

2. "共食不饱"，是指同他人一起进食，要先想着他人，不要总想着先让自己吃饱，要注意谦让。　　　　　　　　　　　　　　　　　　　　　　　　　　　（　　　）

3. "虚坐尽后，食坐尽前。"是指在一般情况下，要坐得比尊者长者靠后一些，以示谦恭；进食时要尽量坐得靠前一些，靠近摆放馔品的食案，以免不慎掉落的食物弄脏了坐席。　　　　　　　　　　　　　　　　　　　　　　　　　　　　　（　　　）

4. 夹菜之前，不可以举着筷子在菜碗之间游移，应该选好吃哪样菜再举筷。（　　　）

5. 参加宴会时衣着以清洁、得体、大方为宜。　　　　　　　　　　　　（　　　）

6. 就餐入座后或进餐聊天，可以将双肘支在桌上。　　　　　　　　　　（　　　）

五、写一篇 400 字以上的学习总结与反思。

课后任务评价表

评价项目	评价内容	应得分	实得分
课后拓展	访问学习	10分	
	互 动	10分	
	视频学习	10分	
	讨 论	10分	
习题检测	完成测试题	60分	
总 计		100分	

综合评价表

阶段	项目	自我评价	组内评价	组间评价	教师评价	出勤	互动	访问	讨论	视频
课前（20%）	习题检测	6%			6%		2%	2%	2%	2%
课中（60%）	设计任务方案	5%	5%	5%	5%	4%	4%	4%	4%	4%
	任务展示	5%	5%	5%	5%					
课后（20%）	课后检测	6%			6%		2%	2%	2%	2%

任务三

表达得体　文明沟通

[学习目标]

知识目标：

熟记人际沟通中的敬称与谦称。

能力目标：

1. 能够根据实际情况恰当地运用得体的语言进行沟通交流。

2. 能够在沟通中准确表达，学会倾听，恰当地运用身体语言。

素质目标：

树立尊重他人的理念，养成文明用语的习惯。

课前学习

[知识链接]

社交用语：

初次见面说"久仰"；等候客人用"恭候"；

对方来信叫"惠书"；请人帮忙说"劳驾"；

托人办事用"拜托"；请人指点用"赐教"；

赞人见解用"高见"；求人原谅说"包涵"；

老人年龄问"高寿"；客人来到用"光临"；

与人分别用"告辞"；看望别人用"拜访"；

请人勿送用"留步"；麻烦别人说"打扰"；

求给方便说"借光"；请人指教说"请教"；

欢迎购买叫"光顾"；好久不见说"久违"；

中途先走用"失陪"；赠送作品用"斧正"。

礼仪称谓：

父母同称：高堂、椿萱、双亲、膝下。

父母单称：家父、家严；家母、家慈。

父去世称：先父、先严、先考。

母去世称：先母、先慈、先妣。

兄弟姐妹称：家兄、家弟、舍姐、舍妹。

兄弟代称：昆仲、手足。

夫妻称：伉俪、配偶、伴侣。

去世的同辈称：亡兄、亡弟、亡妹、亡妻。

别人的父母称：令尊、令堂。

别人的兄妹称：令兄、令妹。

别人的儿女称：令郎、令爱。

妻父称：丈人、岳父、泰山。

别人家称：府上、尊府。

自己家称：寒舍、舍下、草堂。

男女统称：男称须眉、女称巾帼。

夫妻一方去世称：丧偶。

老师称：恩师、夫子、先生。

学生称：门生、受业。

同学称：同窗。

课前习题

一、填空题

1. 对方到场说 "____"，未及迎接说 "____"，请人勿送说 "____"。

2. 问人姓氏说 "____"，问人住址说 "____"，向人询问说 "____"。

3. 求人指点说 "____"，请改文章说 "____"，谢人爱意说 "____"。

4. 向人祝贺说 "____"，身体不适说 "____"，需要考虑说 "____"。

5. 自己住家说 "____"，初次见面说 "____"，长期未见说 "____"。

6. 送礼给人说 "____"，送人照片说 "____"，欢迎购买说 "____"。

7. 希望照顾说 "____"，请人赴约说 "____"，对方来信说 "____"。

8. 中途先走说 "____"，等候别人说 "____"，麻烦别人说 "____"。

9. 请人决定说 "____"，接受教益说 "____"，受人夸奖说 "____"。

10. 书信结尾说 "____"，问候教师说 "____"，致意编辑说 "____"。

11. 请人解答说 "____"，求人办事说 "____"，称人夫妇为 "____"。

12. 尊称老师为 "____"，称人学生为 "____"，平辈年龄问 "____"。

13. 自己礼品称 "____"，续写他作为 "____"，归还物品称 "____"。

课前任务评价

评价项目	评价内容	应得分	实得分
课前自学	访问学习	10分	
	互　动	10分	
	视频学习	10分	
	讨　论	10分	
习题检测	完成测试题	60分	
总　　计		100分	

课中学习

[**案例导入**]

感悟习近平的语言魅力

习近平长期在基层工作，对中国的国情有着深刻的了解，与人民群众有着密切的联系。所以，他的讲话中透着真情实感，能让人从中感到温暖，增强信心。这种情，一方面表现在澎湃的家国情怀上，另一方面表现在他的细致入微上。比如，在与普通群众的交流中，他笑呵呵的一句"你比我大，我叫你大姐"温暖无数人心。又比如，他用拉家常的方式与干部谈心，要求大家"少出去应酬，多回家吃饭""少吃腻滑食物有好处"，又好似邻家大哥、自家长辈，让人如沐春风。他在看望河北省正定县塔元庄村干部和乡亲们时，抑制不住重回故地的喜悦，对乡亲们说："这里我很熟悉，当年下乡就骑自行车来。今天就是来听大家的，看看乡亲们，接接地气，充充电。"有道是："感人心者，莫先乎情。"要把话讲得入耳入脑，关键要带着感情，发自内心，方能感动人、打动人。

（资料来源：人民网）

思考： 习近平总书记讲话中的"情"你感受到了吗？值得学习的地方有哪些？

[**实践任务**]

你作为工作人员参与校庆30周年会务工作，你要做的工作包括：①设计一份邀请校企合作单位的领导参加校庆活动的邀请函（文案）；②将设计好的邀请函样本送给办公室负责人王主任，请他审核；③电话联系广告公司，请他们设计并印制邀请函。

[**知识锦囊**]

人们在传递信息、联络情感时有多种表达方式，有用有声语言同时配合态势语进行表达的，也有因为受时间、空间的限制，用书信、短信等方式沟通表达的，而不管是哪种沟通方式，都要体现"敬人"的文化理念。

一、称谓用语，自谦敬人

与人沟通，先有称谓，中国人对人和对己的称呼完全不同，简而言之就是"自谦而敬人"，对人尊敬，对己谦卑；对人用尊称，对己用谦称。

（一）对人用尊称

尊称，也叫敬称，是对谈话对方表示尊敬的称呼，我们常用的敬称是"您"。

有一些敬称随着社会的发展到现在基本不用了，像"汝""尔""子""公"；还有的只用在特定的场合，比如"足下""陛下""阁下"；当然还有一些仍普遍适用，常见的有：尊（如尊府、尊兄、尊驾、尊夫人）、贤（贤兄、贤弟）、仁（仁兄、仁弟）、贵（贵体、贵姓、贵庚、贵公司）、高（高朋、高亲、高邻、高见）、大（大礼、大作、大驾）、令（令尊、令堂）等。

（二）不直呼其名

古人一般有名有字（表字），古人非常看重自己的"名"，名是父亲给取的，特别珍贵。在家里，只有父辈、祖辈可以直呼其名；到了社会上，只有国君或者天子可以直呼其名。古人相见称字、号、官职、籍贯等，不直呼对方的名。今天，虽然许多人只有名没有字，但与人沟通过程中，除了同学和小辈，最好不要直呼其名，可以根据性别和年龄称呼对方，如对男士可称先生、叔叔、哥哥、爷爷，对女士可称小姐、阿姨、姐姐、奶奶，也可以称其职业，如王老师、刘医生，还可以称其职称、学历、职位，如张教授、王博士、于经理。

▌【礼仪故事 3.3.1】

梁启超先生曾经在清华、北大任教，有很多弟子。几十年之后，他的许多学生都成了学术界德高望重的权威。但他们在提到老师梁启超先生的时候，依然不敢直呼其名，而称"任公先生"（"任公"是梁先生的号）。

（三）对己用谦称

谦称，表示谦虚的自称，用来表示谦称的词叫作谦词，古人用谦词一般可以分两种情况。

1. 常用某些名词来代替"我"

（1）用自己的姓或名，如"苏子与客泛舟赤壁之下"（《赤壁赋》）。

（2）用"臣""仆""某""小人"自称，如"仆以口语遇遭此祸"（《报任安书》）。

（3）妇女往往用"妾""婢""奴""奴婢"等，"同是被逼迫，君尔妾亦然"（《孔雀东南飞》）。

（4）君主常用"寡人"（寡德之人）、"孤"（孤独之人）表示谦下。

2. 常用某些词语称呼与自己有关的人物，以示谦下

（1）"愚"（愚兄、愚弟、愚见）、"敝"（敝国、敝邑）、"贱"（贱体、贱躯、贱内）、"小"（小女、小儿、小号）、"微"（微臣）、"卑"（卑职）、"窃"（窃思、窃念、窃闻）等。

（2）在别人面前谦称自己的父母兄长用"家"（家父、家君、家尊、家严；家母、家慈；家兄）；在别人面前称呼比自己年纪小或辈分低的亲属用"舍"（舍弟、舍侄）。

【文化寻根3.3.1】

"臣亮言：先帝创业未半而中道崩殂，今天下三分，益州疲弊，此诚危急存亡之秋也。然侍卫之臣不懈于内，忠志之士忘身于外者，盖追先帝之殊遇，欲报之于陛下也。诚宜开张圣听，以光先帝遗德，恢弘志士之气，不宜妄自菲薄，引喻失义，以塞忠谏之路也。"

——《三国志·诸葛亮传》

解读：此为三国时期蜀汉丞相诸葛亮在北伐中原之前给后主刘禅上书的表文，阐述了北伐的必要性以及对后主刘禅治国寄予的期望，言辞恳切，写出了诸葛亮的一片忠诚之心。诸葛亮字孔明，选段中他自称"亮"，自呼其名，用谦称；对刘备称"先帝"，对刘禅称"陛下"，都是用敬称。

二、问候寒暄，亲切友好

在沟通礼仪中，问候寒暄是交谈前必不可少的步骤。"寒暄"意为嘘寒问暖，泛指与人见面时谈天气冷暖之类的应酬话、表达问候的客套话。寒暄语在日常交际中使用频率很高，其语言内容看似简单，但起着协调人际关系的重要作用。寒暄的主要用途，是在人际交往中打破僵局，缩短人际距离，向交谈对象表示自己的敬意，或是借以向对方表示乐于与之结交之意。所以说，在与他人见面之时，若能选用适当的寒暄语，往往会为双方进一步的交谈做良好的铺垫。

问候寒暄

寒暄最常见的类型是"问候型"，常说的是"您好""大家好"等；初次见面中国人常用"幸会""久仰"等寒暄语。

寒暄的话题十分广泛，有天气冷暖、身体健康、风土人情、新闻大事等。但是在寒暄时，具体话题的选择应符合谈话对象的心理需要，话题的切入要自然，关键是态度要诚恳，语气要亲切，让对方感觉友好。

三、表达准确，善于倾听

语言表达的目的是实现人与人之间思想和感情的交流，表达者都希望对方能明白、理解和接受自己的意思。

（一）言之有"物"，感情真挚

言之有"物"即交谈有具体内容，不讲空话、套话或含糊不清的话。要想把话说好、说贴切，充分发挥语言的表意功能，就要有丰富的词汇储备，精心选择最贴切、最恰当的词汇，正确地反映客观事物，真切地表达自己的思想感情。另外，讲话要简洁明了，不拖泥带水，把要表达的内容表达出来，不可画蛇添足。

（二）表达准确，内容真实

人际沟通中用词用句要准确，避免产生歧义；另外，沟通表述的内容一定要真实，不打诳语，虚假的信息会影响沟通的信度，导致沟通失败。

（三）音量适中，语调平稳

无论是说普通话、外语、方言，都要咬字清晰，音量要适度，语速要适中，以对方

能听清楚为准，切忌大声说话；语调要平稳，尽量不用或少用语气词，使听者感到亲切自然。

▌【文化寻根 3.3.2】

"尊长前，声要低；低不闻，却非宜。"　　　　　　　　　　　　——《弟子规》

译文：在尊者、长者面前讲话，声音不可过高；但是音量太小让人听不清，也是不恰当的。

（四）注意倾听，恰当回应

倾听是对别人的尊重和鼓励的特殊方式。"听君一席话，胜读十年书"。倾听是获取信息、开阔视野的重要途径；倾听是为自己争取主动的关键，在时机未到时选择倾听并保持沉默是一种"大智若愚"的智慧；倾听可增进彼此的理解与信赖；倾听可改善交流的气氛，有利于获得成功。在倾听时，要注意与对方进行目光、表情的交流，给对方恰当的回应。

准确表达，
善于倾听

▌【文化寻根 3.3.3】

"凡童子常当缄口静默，不得轻忽出言。或有所言，必须声气低平，不得喧聒。所言之事，须真实有据，不得虚诞。亦不得亢傲訾人及轻议人物长短。如市井鄙俚、戏谑无益之谈，尤宜禁绝。"　　　　　　　　　　　　　　　——《童子礼》

译文：年轻人应该管好自己的嘴，少说话，保持安静，不要轻易发表言论。如果说话，必须要声音平和，不能大声喧哗聒噪。所说的事情，要有真凭实据，不可虚假捏造。也不能高傲地非议他人的长短。如果是街头巷尾粗野庸俗的玩笑之谈，更应该禁止。

四、进退有度，举止得体

在面对面的沟通过程中，与语言沟通经常相伴的还有表情、手势、体态、空间距离等身体语言，身体语言很大程度上决定着沟通的效果。沟通过程中忌左顾右盼，忌表情呆滞，忌坐姿、手势放肆无礼；要目光端正，面带微笑，进退有度、举止得体是实现愉快高效沟通的基本条件。

▌【文化寻根 3.3.4】

"凡见尊长，不命之进不敢进；不命之退不敢退。进时当鞠躬低首，疾趋而前。其立处，不得逼近尊长，须相离三四尺，然后拜揖。"　　　　　　　——《童子礼》

译文：年轻人请见尊者、长者，不命其进就不能进；不命其退出就不能退出。进入时应行礼，低头，快步上前。所立之处，不可离尊者、长者太近，应相距三四尺，然后行揖礼拜见。

五、书面沟通，郑重规范

在现代社会生活中，无论是单位、团体或个人，如果邀请有关单位或人员出席重要会议、典礼或重要活动时，为了表达对被邀请方的尊重和诚挚的感情，要发送邀请函或请柬。邀请函和请柬既是我国传统的礼仪文书，也是国际通用的社交联络方式。邀请函与请柬相似，但邀请函的信息量比请柬大，使用范围也比请柬广，而请柬比邀请函庄重、典雅，表达的礼仪色彩和情感色彩更浓一些。在使用邀请函和请柬时应注意以下问题。

（一）格式规范，内容准确

邀请函和请柬属于专用书信，一般由标题、称谓、正文、结语、祝颂语、署名落款六部分组成。请柬的正文中有三个基本要素不可缺少：事由、时间、地点。内容表达一定要准确，语言要达雅兼备，简洁、明白、流畅。

（二）整体设计美观大方

邀请函和请柬外观设计要精美、大方，包括形式、图案、文字都要经过艺术加工，既美观又庄重。

（三）递送方式体现诚意

邀请函和请柬的递送方式很有讲究。古人讲究无论远近都要登门递送，这样才能表示真诚邀请的心意如今也可邮寄。需要注意的是邀请函和请柬不能托人转递，转递是很不礼貌的。如果是当面放入信封递送，要注意信封不能封口，否则会造成又邀客又拒客的误会。

▌◀ **【礼仪故事3.3.2】**

南宋诗人范成大留下过一份请帖，内容如下：

"欲二十二日午间具饭，款契阔，敢幸不外，他迟面尽。"

译文：我想在二十二日那天中午请您吃饭，咱们边吃边聊，谈谈各自的近况（款契阔），请您一定要来，千万别跟我见外（敢幸不外）。我就写这么多，其他的话等咱们见面再谈（他迟面尽）。

六、通联礼仪，周全高效

通联礼仪指人与人之间用语言或非语言的方式进行沟通的方式，主要内容有电话沟通礼仪和电子邮件礼仪。掌握好通联礼仪，有利于在生活、工作中建立良好的人际关系。

（一）电话沟通礼仪

1. 拨打电话的礼仪

（1）选择恰当的时间。一般情况下，上午8点之前（节假日9点之前）、晚上10点以后不宜电话；三餐的时间也不适合打电话，以免打扰对方。

（2）做好通话准备。若有重要内容沟通，应写好谈话要点并列出提纲。拨打电话前做好以下准备。

① 信息准备：准确核查对方的电话号码和姓名。

② 资料准备：电话、通话记录本和笔等。

③ 内容准备：重要、复杂的内容可以提前写出谈话稿。

（3）接通后问候确认。电话接听后问候对方并确认身份，若对方是相识的人可以直接进入主题；若对方是不相识的人，先说明自己的单位、姓名等信息，说明情况，再谈主题。

（4）语速语调适当、语言简洁。通话声音清晰、语调语速平和有朝气；通话表达简明扼要、条理清楚；需要谈论重要话题时，先询问对方通话是否方便。

（5）恰当处理特殊情况。通话中如有其他工作需要处理，应告知对方，避免出现误解；若通话对象不在、委托他人代为转达时，要主动留下自己的姓名和联系方式并记住委托人的姓名。

（6）做好记录。在通话记录上记录通话时间及接听人等信息。

2. 接听电话的礼仪

（1）及时接听电话。电话铃声响起三声以内应接起电话。

（2）态度真诚友好。通话声音能体现出通话人的态度。态度在通话交流中有重要的作用。接听电话时保持好的情绪，给对方留下良好的印象。

（3）主动问候、自报信息。接听时先问候对方，接听外线电话要报公司名称、自己的姓名和职务，接听内部电话要报姓名和职务。

（4）做好通话记录。接听电话要认真倾听通话内容，按照5W1H（when 何时、who 何人、where 何地、what 何事、why 为什么、how 如何进行）的方法来问询并记录，复述重要内容，如姓名、电话、日期与数字。

（5）特殊情况处理。一般情况下不要打断对方通话，如有特殊情况需要打断时，应先说"抱歉，打断您一下"。通话时有其他人来到工作区应点头致意，示意正在通话请稍等。

3. 手机礼仪

（1）手机使用礼仪。

① 公共场合，手机要放在合乎礼仪的位置。不要在未使用时放在手里或挂在胸前。常规放手机的位置，可以是随身携带的公文包里，也可以是上衣的内口袋里。

② 在会议中或与人谈话时，最好关机或把手机调到静音状态，这样既显示出对别人的尊重，又不会打断谈话的思路。

③ 说话音量以对方能听清楚为宜。在公共场合使用手机时，应该尽量小声说话。

④ 在图书馆或在影剧院用手机拨打电话是不合适的，乘坐飞机过程中应关机或调成飞行模式。

（2）微信使用礼仪。

① 要及时回复他人的微信。如果没能及时回复，也要在方便的时候向对方解释原因，并表示歉意。

② 回复信息时能打字的尽量不发语音。特别是汇报工作或者有其他重要且复杂的事项需要和他人沟通时，文字一目了然，也节省阅读时间。

③ 不要强求别人点赞。尽量不要在群里发广告，以及强行要求群成员点赞。

④ 严格审核发送的内容。不发没有根据和有伤风化的内容。不造谣、不传谣、不信谣，不煽动他人情绪，坚决远离不良信息。

⑤ 不要轻易向别人索要红包，发红包时必须写清楚祝福语。

（二）电子邮件礼仪

1. 发送电子邮件礼仪

（1）发送邮件的主题要提纲挈领。添加邮件主题是电子邮件和信笺的主要不同之

处，在主题栏里用短短的几个字概括出整个邮件的内容，便于收件人权衡邮件的轻重缓急，然后依情况处理。

（2）邮件的开头要有称呼和问候语。有称呼既显得礼貌，也能提高收件人的注意力。称呼写好后换行空两格写问候语。

（3）邮件正文要简明扼要，行文通顺。正文要说清楚事情，如果具体内容确实很多，要先做摘要介绍，然后进行详细描述。正文行文应通顺，多用简单词汇和短句，准确清晰地进行表达。

（4）用一封邮件交代完整信息。建议在一封邮件中把信息全部写清楚、写准确。不要过后再发"补充"或者"更正"的邮件，这会让人反感。

（5）尽可能地避免拼写错误和错别字。注意使用拼写检查。在邮件发送之前，务必自己仔细阅读一遍，检查行文是否通顺，拼写是否有错误。

（6）选择便于阅读的字号和字体。忌使用大写字母、粗体斜体、颜色字体、加大字号等方法对一些信息进行提示。合理的提示是必要的，但过多的提示则会让人抓不住重点，影响阅读。

（7）结尾应签名。签名使对方可以清楚地知道发件人信息，但签名信息不宜过多。

2. 回复电子邮件礼仪

（1）收到他人的重要电子邮件后，应即刻回复对方。如果你正在出差或休假，应该设定自动回复功能，回复发件人，以免影响工作。

（2）针对性地回复。当回件答复问题的时候，最好把相关的问题抄到回复邮件中，然后附上答案。对方给你发来邮件，回复不能只用"是的""对""谢谢""已知道"等字眼，这是非常不礼貌的。

（3）主动控制邮件的来往。为避免无谓的回复，可在文中指定部分收件人给出回复，或在文末添上以下语句："全部办妥""无须行动""仅供参考，无须回复"。

（4）正确使用"发送、抄送、密送"。要区分收件人、抄送人、密送人。收件人是要受理这封邮件所涉及的主要问题的，理应对邮件予以回复响应。而抄送人则只是需要知道这回事，抄送人没有义务对邮件予以响应。发给密送人的邮件，收件人、抄送人无法查阅到。收件人、抄送人中的各收件人的排列顺序应遵循一定的规则。比如按部门排列，按职位等级从高到低或从低到高排列。

（5）转发邮件要突出信息。在你转发消息之前，首先确保所有收件人需要此消息。除此之外，转发敏感或者机密信息要小心谨慎，不要把内部消息转发给外部人员或者未经授权的接收人。如果有需要，还应对转发邮件的内容进行修改和整理，以突出信息。

［任务方案设计］

1. 请根据所学知识，设计一份邀请合作企业单位的领导参加校庆活动的邀请函（文案）。

2. 小组讨论沟通礼仪、通联礼仪的要求及注意事项。

3. 对邀请函、脚本进行修改，确定脚本方案。

［任务展示与评价］

1. 根据脚本情景进行角色分工，道具自备。

2. 模拟训练，组内成员互换角色练习。

3. 抽签排序，一组一组地进行展示，一组模拟时，其他组观看并记录问题。

评价与分析

任务方案设计讲解评价表

评价项目	评 价 内 容	应得分	实得分
沟通礼仪知识	1. 雅言知识点准确	15分	
	2. 雅行知识点准确	15分	
通联礼仪知识	1. 电话礼仪知识点准确	15分	
	2. 邮件礼仪知识点准确	15分	
有声语言和表情	1. 讲解者声音响亮、表达清晰	10分	
	2. 态势语自然，与听众有互动	10分	
创意设计	所用方法浅显易懂，形式新颖、活泼	10分	
整体效果	充分发挥组内人员优势，分工合作，整体效果好	10分	
总　　　计		100分	

任务展示评价表

评价项目	评 价 内 容	应得分	实得分
准备工作	1. 角色定位准确，模拟出场顺序	5分	
	2. 实训过程全组协调良好	5分	
基本知识掌握	沟通中的雅言雅行使用准确	10分	
沟通礼仪	1. 称呼礼仪表达准备	10分	
	2. 雅言使用准确	10分	
	3. 接打电话程序准确	5分	
	4. 手机礼仪使用恰当	5分	
	5. 发送邮件礼仪准确	10分	
	6. 仪态表达得当	10分	
观看讨论	1. 观看认真	5分	
	2. 讨论积极	5分	
任务总结	1. 按规定时间上交	5分	
	2. 填写规范、内容详尽完整	5分	
	3. 任务分析总结正确	5分	
	4. 能提出合理化建议和创新性见解	5分	
总　　　计		100分	

课后学习

古代年龄称谓

襁褓：不满周岁。

孩提：两至三岁。

始龀、髫年、龆年：七八岁。

说明：根据生理状况，孩子七八岁时换牙，脱去乳齿，长出恒牙，这时叫"龀"，"龆年"或"髫年"。

总角：幼年泛称。

垂髫之年：指儿童。（古代小孩头发下垂，引申以指未成年的人。）

黄口：十岁以下。

幼学：十岁。（《礼记·曲礼上》："人生十年曰幼，学。"人们取"幼学"二字作为十岁代称。）

金钗之年：女孩十二岁。

豆蔻年华：女子十三岁。

志学：十五岁。

及笄：女子十五岁。（《礼记·内则》："女子十有五年而笄。"）

碧玉年华、破瓜之年：女子十六岁。（旧时文人拆"瓜"字为二八纪年，谓十六岁，多用于女子。）

弱冠：二十岁。（《礼记·曲礼上》："二十曰弱冠。"）

桃李年华：女子二十岁。

花信年华：女子二十四岁。

而立：三十岁。

不惑：四十岁。

天命：五十岁。（子曰："吾十有五而志于学，三十而立，四十而不惑，五十而知天命，六十而耳顺，七十而从心所欲，不逾矩。"）

知非之年：五十岁。（《淮南子·原道训》："伯玉年五十，而有四十九年非。"说春秋卫国有个伯玉，不断反省自己，到五十岁时知道了以前四十九年中的错误，后世因而用"知非"代称五十岁。）

耳顺、花甲之年：六十岁。（我国自古以来用天干地支互相错综相合纪年，可组成六十对干支，因而称作"六十干支"或"六十花甲子"，所以六十岁又称作"花甲之年"。）

古稀：七十岁。（杜甫《曲江二首》："酒债寻常行处有，人生七十古来稀。"）

耄耋：八十至九十岁。（《礼记·曲礼》："八十九十曰耄。"人们根据这解释，把耄鬊两字连用代称八九十岁。）

期颐：百岁之人。（《礼记·曲礼》："百年曰期颐。"意思是人生以百年为期，所以称百岁为"期颐之年。"元人陈浩解释说："人寿以百年为期，故曰期；饮食起居动人无不待于养，故曰颐。"）

课后训练

一、单项选择题

1. 两至三岁的儿童称为（   ）。

A. 襁褓　　　　　B. 总角　　　　　C. 龆龀　　　　　D. 孩提

2. 总角是（   ）的泛称。

A. 幼年　　　　　B. 女童　　　　　C. 男童　　　　　D. 少年

3. 小孩七八岁换牙期又称（   ）。

A. 襁褓　　　　　B. 总角　　　　　C. 豆蔻　　　　　D. 龆龀

4. 女童（   ）称为豆蔻年华。

A. 三岁　　　　　B. 八岁　　　　　C. 十岁　　　　　D. 十三岁

5. 古代男子十五岁束发，女子（   ）及笄。

A. 十五岁　　　　B. 十三岁　　　　C. 十四岁　　　　D. 二十岁

6. 男子（   ）称为弱冠。

A. 十五岁　　　　B. 十八岁　　　　C. 二十二岁　　　D. 二十岁

7. （   ）称为"而立"之年。

A. 三十岁　　　　B. 十八岁　　　　C. 二十二岁　　　D. 二十岁

8. （   ）称为古稀之年。

A. 四十岁　　　　B. 五十岁　　　　C. 六十岁　　　　D. 七十岁

9. 拨打电话恰当的时间为（   ）。

A. 7:00—23:00　　　　　　　　　B. 8:00—22:00

C. 6:00—24:00　　　　　　　　　D. 随时可以

10. 接听电话时，电话响起（   ）以内接起比较合适。

A. 一声　　　　　B. 两声　　　　　C. 三声　　　　　D. 四声

11. 公共场合放手机的位置，建议放在（   ），另外可以放在上衣的内口袋里。

A. 手里拿着　　　　　　　　　　　B. 随身携带的公文包里

C. 挂在身体前　　　　　　　　　　D. 挂在腰带上

12. 在会议中或与人谈话时，最好的方式是把（   ），这样既显示出对别人的尊重，又不会打断谈话的思路。

    A. 手机关机   B. 调到静音状态

    C. 手机关机或调到静音状态   D. 正常即可

二、多项选择题

1. 下列拨打电话礼仪正确的有（   ）。

A. 重要内容写好谈话要点、列出提纲

B. 语速语调适当、语言简洁

C. 在通话记录上记录通话时间及接听人的信息

D. 电话接听后问候对方并确认身份。

2. 乘坐飞机过程中手机应（   ）。

A. 关机   B. 调制飞行模式   C. 调到静音状态   D. 正常即可

3. 关于微信使用礼仪下列正确的有（   ）。

A. 微信里可以向别人索要红包

B. 回复信息时能打字的尽量不发语音

C. 朋友圈不发没有根据和有伤风化的内容

D. 使用微信时及时回复他人的微信

4. 关于发送电子邮件礼仪下列正确的是（   ）。

A. 发送邮件的开头不需要写称呼和问候语

B. 发送邮件的主题栏可以多写一些内容

C. 邮件正文要简明扼要，行文通顺，选择便于阅读的字号和字体

D. 一封邮件交代完整信息，每封邮件在结尾都应签名

5. 关于回复电子邮件礼仪下列正确的是（   ）。

A. 收到他人的重要电子邮件后，即刻回复对方一下

B. 回复邮件时可以简单地用"是的""对""谢谢""已知道"等

C. 不要就同一问题多次回复讨论

D. 正确使用"发送、抄送、密送"，区分收件人、抄送人、密送人

三、判断题

1. 敬称是对他人表示尊敬的称呼。谦称是与敬称一样的称谓，一般用于对方。（   ）

2. "愚、鄙、敝、令"等都是用于自称、表示谦逊态度的字。   （   ）

3. "拙"，是对自己的谦辞。如拙笔是谦称自己的文字或书画；拙著、拙作是谦称自己的文章；拙见是谦称自己的见解；拙荆是称自己的妻子。   （   ）

4. "小"，谦称自己或与自己有关的人或事物，如，小女是谦称自己的女儿；小子是晚辈对父兄尊长的自称。   （   ）

5. "家"是古人称自己一方的亲属朋友常用的敬词。   （   ）

6. "舍"是用以谦称自己的家或自己的后辈亲属的。   （   ）

7. 对于对方或对方亲属的敬称有"令、尊、贤、仁"等。   （   ）

8. "令"是"美好"的意思，用于称呼自己的亲属。   （   ）

9. "尊"是用来称与对方有关的人或物的。   （   ）

10. 对品格高尚、智慧超群的人用"圣"来表敬称，如称孔子为圣人，称孟子为亚圣。　　　　　　　　　　　　　　　　　　　　　　　　　　　　　　（　　）

11. 拨打电话时一般情况下不要打断对方通话，如有特殊情况需要打断时，应先说："抱歉，打断您一下。"　　　　　　　　　　　　　　　　　　　（　　）

四、写一篇 400 字以上的学习总结与反思。

评 价 与 分 析

课后任务评价表

评价项目	评价内容	应得分	实得分
课前拓展	访问学习	10 分	
	互　动	10 分	
	视频学习	10 分	
	讨　论	10 分	
习题检测	完成测试题	60 分	
总　　　计		100 分	

综合评价表

阶段	项目	自我评价	组内评价	组间评价	教师评价	出勤	互动	访问	讨论	视频
课前（20%）	习题检测	6%			6%		2%	2%	2%	2%
课中（60%）	设计任务方案	5%	5%	5%	5%	4%	4%	4%	4%	4%
	任务展示	5%	5%	5%	5%					
课后（20%）	课后检测	6%			6%		2%	2%	2%	2%

接待拜访　敬人律己

知识目标：

能够说明拜访、待客过程中的礼仪要求。

能力目标：

1. 能够根据礼仪要求，热情有礼地招待客人。

2. 作为访客能恰当地选择礼物，遵守拜访礼仪。

素质目标：

树立尊重他人的观念，培养在待人接物中礼貌、热情、大方的品质。

课前学习

〔知识链接〕

《礼记·曲礼上》选文解读

（1）"凡与客入者，每门让于客。客至于寝门，则主人请入为席，然后出迎客。客固辞，主人肃客而入。主人入门而右，客入门而左。"

译文：凡和客人一道进门，每到一个门口都要让客人先入。客人来至主人内室门口，主人要请客人稍等，而自己先进去铺好席位，然后再出来迎接客人。主人请客人先入，客人要推辞两次，主人这才引导客人入室。主人进门后向右走，客人入门后向左走。

（2）"坐必安，执尔颜。长者不及，毋儳言。正尔容，听必恭。毋剿说，毋雷同。"

译文：坐要安稳，始终保持自然的神态。长者没有提及的事，不要随便插嘴打断。要神情端庄，恭恭敬敬地听先生讲话。不可把别人的见解说成是自己的见解；不可没有主见，人云亦云。

（3）"侍坐于君子，君子欠伸，撰杖屦，视日蚤莫，侍坐者请出矣。"

译文：在君子身旁陪坐，如果看到君子打哈欠、伸懒腰，或是准备拿起手杖和穿鞋，或是据太阳的位置看时间的早晚，陪坐者就该主动告退了。

（4）"侍坐于君子，若有告者曰：'少间，愿有复也。'则左右屏而待。"

译文：在君子身旁陪坐，如果有人进来说："想借用片刻空闲，有话要讲。"这时候，陪坐者就应暂时避开，在不影响来人说话的地方等待。

送礼的原则

中国人尚礼，上门做客时通常都要带点礼物，不可空手上门。但是选择什么样的礼物是让许多人烦恼的问题。选择礼物应该秉持以下原则。

（1）符合对方和自己的身份。

选择礼物要"知己知彼"，既要考虑到对方的年龄、性别、爱好、身份、民族习惯等问题，也要考虑自己所处的地位、身份，考虑主客双方的亲疏程度，对不同的人应选择不同的礼物。

（2）礼物轻重得当。

一般来说，礼物过轻，很容易让人误以为送礼之人轻视、看不起人，尤其是对关系不算亲密的人，更易使其产生此种想法；礼物太贵重了，又会使接受礼物的人有压力。

（3）礼物要有意义。

礼物是感情的载体，选择礼物时一定要考虑礼物的意义。最好的礼物应该是符合对方的兴趣爱好，这样既富有意义又不张扬。因此，选择礼物时要考虑它的思想性、艺术性、趣味性、纪念性等。礼物是为表示送礼人的特有心意，或酬谢、或联络感情。所以，选择的礼物必须与心意相符，并使受礼者觉得礼物非常有意义。

送礼的原则

（4）送礼不能犯禁忌。

送礼物最好能"投其所好"，如果不是很了解对方，建议选择不易出错的水果、鲜花等礼物。送礼不能犯忌讳。中国人在送礼时忌给他人送钟，因为汉语"钟"与"终"谐音；不要给生病住院的人送盆栽花，因为这样会让人联想"把根留在医院"。另外，切忌为了表示对主人的重视，送一些体积过大的礼品，因为这种礼物一般一个人搬不了，还得动用多人搬运；忌送一些活的家禽，以免弄得主人家中产生异味，还容易打扰邻居的休息。

课前习题

一、填空题

1. 凡与客人者，每门让于 _____。

2. 主人入门而 _____，客入门而 _____。

3. 坐必 _____，执尔颜。

4. 正尔 _____，听必 _____。

二、判断题

1. 在君子身旁陪坐，如果有人进来说："想借用片刻空闲，有话要讲。"这时候，陪坐者就应暂时避开。（   ）

2. 在君子身旁陪坐，如果看到君子打哈欠、伸懒腰，或是准备拿起手杖和穿鞋，应该上前帮助其拿手杖侍奉。（   ）

3. 送礼物只需要考虑自己的身份和喜好就可以了。（   ）

4. 不能给生病住院的人送盆栽花。（   ）

5. 为了保证鲜活，可送一些活的家禽。（   ）

评 价 与 分 析

课前任务评价

评价项目	评价内容	应得分	实得分
课前自学	访问学习	10分	
	互 动	10分	
	视频学习	10分	
	讨 论	10分	
习题检测	完成测试题	60分	
总 计		100分	

课中学习

[案例导入]

张林是市外办的一名干事。一次，领导让他负责与来本市参观访问的某国代表团联络。为了表示对对方的敬意，张林决定专程前去对方下榻的饭店拜访。

他先在电话中与对方约好了见面的时间，并且告知自己将停留的时间长度。随后，他对自己的仪容、仪表进行了修饰，并准备了一套本市的风光明信片作为礼物。

到约定时间，张林按时到达。进门后，他主动向对方问好并与对方握手，随后做了简要的自我介绍，并双手递上自己的名片与礼品。简单寒暄后，他便直奔主题，表明自己的来意，在约定时间内谈完事情，然后握手告辞。

思考：作为访客，要做哪些准备才会在拜访时不失礼？

[实践任务]

情景模拟：一位工会干部春节前夕前往一位退休老专家家中拜访看望，送上节日福利和新春祝福。老专家在家中接待来访。

一、拜访礼仪

（一）拜访要预约

选择适当时间，不做不速之客，这是进行拜访活动的首要原则。预约的方式可以是发信息或打电话，要约定宾主双方都认为比较合适的会面地点和时间，并把访问的意图告诉对方。预约的口气应该是友好的、商量式的，而不是强硬的、命令式的。未曾约定的拜会，属失礼之举，是不受欢迎的。因事急或事先并无约定，但又必须前往时，则应见到主人后立即致歉，并说明打搅的原因。

【文化寻根 3.4.1】

"人不闲，勿事搅，人不安，勿话扰。"　　　　　　　　　　——《弟子规》

译文：对于正在忙碌的人不要去打扰，当别人心情不好或是身体欠安时，不要闲言碎语地去打扰，以免增加对方的不安。

（二）赴约要守时

宾主双方约定了会面的具体时间和地点，访问者应履约守时如期而至，既不能迟到，也不必过早到达，提前几分钟到达才最为得体。如果是到对方家里拜访，到达太早会令主人措手不及，因为主人要在客人到来之前收拾卫生，准备待客之物。如因故迟到，应在事先诚恳地说明，并向主人致歉。在对外交往中，更应严格遵守时间，有的国家安排拜访时间常以分为计算单位，如拜访迟到 10 分钟，对方就会谢绝拜会。准时赴约是国际交往的基本要求。赴约时要衣冠整洁、得体。

【礼仪故事 3.4.1】

范式按时赴约

东汉时，山阳人范式同汝南人张劭读书时有深交。学成后话别，范式说："两年后的今天我将来府上看望你，并拜见伯父伯母。"到了约定时日，张劭催促母亲做饭准备迎接范式，母亲笑着说："范式远在千里之外，怎能说来就来，两年前说的话哪能当真？"张劭说："范式最守信用，他一定会来的。"母亲说："他若来了，就是真君子，我一定为他酿酒。"范式果然如期而至。

解读：按约定时间拜访，这是拜访的基本礼仪；同理，不按时拜访是失信失礼的行为。

（三）进门有礼貌

有门铃要按门铃，没有门铃要用食指敲门，力度适中，间隔有序，敲三下，等待回音。万不可使劲捶门，大声呼喊开门，这都是不合乎礼节的。主人邀请后再进门。进门后，要主动对长辈或者尊者行礼。如果在场还有其他人，也要主动问候寒暄，以示礼貌。

（四）礼物要适宜

如果是初次登门拜访，应该为主人带一些小礼物。我们一般习惯带水果、鲜花、糖果、酒水，也可以选择一本畅销书、一张好听的音乐碟，等等。选择礼物时要考虑到对方的年龄、性别、兴趣爱好、民族、习惯及文化修养等，尊重当地送礼禁忌；要对礼物进行适当包装；礼品包装之前，应当去除该礼品的价格标签。

【文化寻根 3.4.2】

（1）"水潦降，不献鱼鳖。" ——《礼记·曲礼上》

译文：雨水多的时节，不需以鱼鳖献人。

解读：这句话提醒我们，物以稀为贵，选择礼物时不要选择对方不需要的东西。

（2）"贫者不以货财为礼，老者不以筋力为礼。" ——《礼记·曲礼上》

译文：对于贫穷的人，就不必苛求其非要以货财为礼了；对于年老的人，就不必苛求其非要以体力为礼了。

解读：这是说送礼物要符合自身的条件，要量力而行。

【礼用今朝 3.4.1】鞠躬礼仪

"鞠躬"起源于我国，商代有一种祭天仪式——鞠祭，不将祭品牛、羊等切成块，而将其整体弯卷，摆放盘中作为祭品，以此来表达祭祀者的恭敬与虔诚。这种习俗在一些地方一直保持到现在。人们在现实生活中，逐步沿用这种形式来表达自己对地位崇高者或长辈的崇敬。

（五）鞠躬有讲究

行礼者在距受礼者两米左右进行鞠躬，鞠躬时以腰部为轴，头、肩、上身顺势向前倾，双手应在上身前倾时自然下垂放两侧，也可两手交叉相握放在体前，面带微笑，目光视线下落在地面，可附带问候语，如"你好""早上好"。行礼后恢复站立姿势。

具体的前倾幅度还可视行礼者对受礼者的尊重程度而定。

15 度鞠躬：上身倾斜角度约为 15 度。适用于一般的问候及打招呼，同时表示感谢。

30 度鞠躬：上身倾斜角度约为 30 度。适用于迎接客户，表达诚恳或谦虚。

45 度鞠躬：上身倾斜角度约为 45 度。适用于送客，表示向对方深度敬礼或道歉。

鞠躬礼仪

鞠躬角度

（六）言行要文明

主人让座才就座；主人不让座，不能随便坐下。如果主人是长辈或者是上级，主人不坐，自己不能坐。对主人让座要说"谢谢"。

与人交谈态度要诚恳自然，有不同意见不要争论不休，对对方提供的帮助要表示感谢；不要自以为是地评论主人家的陈设，也不要谈论主人或者他人的长短。交谈时，应用心听主人谈话，不要随便插话或打断别人的谈话。

未经主人相让，不要擅入主人卧室、书房，更不要乱动主人物品。主人斟茶倒水，不能一口不喝，品尝后要适当称赞茶叶好或对主人表示感谢。

【文化寻根 3.4.3】

"人有短，切莫揭，人有私，切莫说。"   ——《弟子规》

译文：别人的短处不要去揭穿，对于他人的隐私切忌去宣扬。

（七）时间要控制

拜访时间一定要有所控制。临时性拜访控制在 15 分钟以内，一般不要超过半个小时。即使是关系很亲密的朋友，如果对方有事情要处理，也要及时告辞。告辞时要对主人表达"打扰"的歉意，出门后要回身主动与主人握手说"请留步"。

二、待客礼仪

（一）周全准备

家里有客人来，主人应该提前把屋子收拾整洁，准备好茶、水果、点心等待客之物。还要注意个人的仪容要整洁、大方、得体。

（二）热情迎客

听到客人敲门或按门铃，主人要尽快应答、开门，并热情表达对客人的欢迎之意，对初次上门拜访的客人要主动握手表示欢迎。如果客人提着东西，要主动帮助提接。

（三）依礼上茶

请客人坐下，然后给客人上茶，倒茶要七分满，避免烫着客人或茶水洒到衣物及桌子上。交谈过程中注意观察客人的茶杯，及时添茶。奉茶顺序是先为客人上茶，后为主人上茶。如果客人有多位，要先为主宾上茶，后为次宾上茶；先为长辈上茶，后为晚辈上茶；先为女士上茶，后为男士上茶。

（四）真诚送客

客人起身告辞时，要站起送客，送客送到门口。若有电梯，则要把客人送至电梯里，等待电梯门关闭后再返回。若是重要的客人或者远道而来的客人，要送至楼下或者路口、车站，等待客人上车走远后再返回。

【文化寻根 3.4.4】

"过犹待，百步余。"   ——《弟子规》

译文：恭送长者离开，要等到对方走出百步以后，自己才能离开。

（五）主动回访

礼尚往来。主人应该在次日或者双方都合适的时间到对方处回访；当然，如果双方年龄、辈分、地位相差悬殊，则不需要回访。例如，晚辈到长辈处拜访，长辈是不需要回访的。

握手礼仪

三、握手礼仪

远古时代，人们以狩猎为生，如果遇到素不相识的人，为了表示友好，就扔掉手里的打猎工具，并且摊开手掌让对方看看，示意手里没有藏东西。

后来，人们为了表示友谊，不再互相争斗，就互相摸一下对方的手掌，表示手中没有武器。随着时代的变迁，这个动作就逐渐形成了现在的握手礼。

（一）握手的礼仪要求

握手的顺序：长辈、主人、上司、女士主动伸出手，晚辈、客人、下属、男士再相迎握手。

握手礼动作要领：行礼时双方的距离一般在一步左右，上身稍向前倾，伸出右手，四指齐并，虎口相对，肘关节弯曲，面带微笑注视对方，相握时间三至五秒为宜。

握手距离

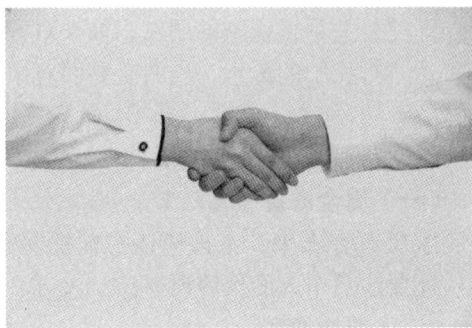

握手方式

（二）握手的禁忌

不要用左手握手；握手时要摘掉戴手套或墨镜；不要在握手时另外一只手插在衣袋里或拿着东西；不要在握手时面无表情、长篇大论、点头哈腰或过分客套；不要在握手时仅仅握住对方的手指尖；不要在握手时把对方的手拉过来、推过去，或者上下左右抖个不停；无特殊情况，不要拒绝和别人握手。

【文化寻根 3.4.5】

"礼尚往来，往而不来，非礼也；来而不往，亦非礼也。"　　——《礼记·曲礼上》

解读：礼崇尚往来。只讲施而不讲报，这是不符合礼节的，反之亦然。对别人给予自己的善意，应当做出友好回应，否则是不合乎礼节的。

［任务方案设计］

1. 春节前夕，工会干部前往一位退休老专家家中拜访看望，送上节日福利和新春祝福；老专家在家中接待来访。其中招待、拜访、选择礼品等事项的礼仪要求及注意事项是需要同学们掌握的重点内容。请根据学习任务要求，讨论工作任务。

2. 小组内绘制招待、拜访流程图，编写详细脚本。

3. 对招待、拜访流程图及脚本进行修改，确定流程图、脚本方案。

[任务展示]

1. 根据脚本情景进行角色分工，道具自备。
2. 模拟训练，组内成员角色互换练习。
3. 抽签排序，一组一组地进行展示，一组模拟时，其他组观看并记录问题。

评 价 与 分 析

任务方案设计讲解评价表

评价项目	评 价 内 容	应得分	实得分
待客礼仪	知识点准确	25分	
拜访礼仪	知识点准确	25分	
赠送礼物	知识点准确	10分	
有声语言和表情	1. 讲解者声音响亮、表达清晰	10分	
	2. 态势语自然，与听众有互动	10分	
创意设计	所用方法浅显易懂，形式新颖、活泼	10分	
整体效果	充分发挥组内人员优势，分工合作，整体效果好	10分	
总　　　计		100分	

任务展示评价表

评价项目	评 价 内 容	应得分	实得分
准备工作	1. 角色定位准确，模拟出场顺序	5分	
	2. 实训过程全组协调良好	5分	
拜访礼仪	1. 拜访有预约	4分	
	2. 准时赴约	4分	
	3. 正确敲门	4分	
	4. 拜访时带礼物	4分	
	5. 举止谈吐文明	5分	
	6. 仪态表达得当	5分	
	7. 时间把握得当	4分	
	8. 起身告别	4分	
待客礼仪	1. 准备	4分	
	2. 迎客	4分	
	3. 上茶	4分	
	4. 送客	4分	
	5. 回访	4分	
观看讨论	1. 观看认真	5分	
	2. 讨论积极	5分	
任务总结	1. 按规定时间上交	5分	
	2. 填写规范，内容详尽完整	5分	
	3. 任务分析总结正确	5分	
	4. 能提出合理化建议和创新性见解	5分	
总　　　计		100分	

课后学习

[知识拓展]

递接名片礼仪

在唐宋时期，新科及弟门生要拜访老师，必须先递"门状"，得到老师许可后才可以进入；到了明代，则变成了"名帖"，到了清朝才有"名片"的称呼。名片是现代社会工作过程中重要的社交工具之一。

一、名片的准备

名片应放于容易拿出的地方，建议使用名片夹，若穿西装宜将名片置于左上方口袋中，若有手提包可放于包内伸手可得的位置。

二、名片的使用

1. 在社交场合的使用

初次见面在自我介绍或别人介绍你时，可将名片递上；当双方谈得较融洽表示愿意建立联系时，可将名片递上；当双方告辞时并表示愿结识、希望能再次相见时，可将名片递上。

2. 在拜访场合的使用

前往别人家或工作单位拜访时，可以先将名片递上；赠送礼物时，可将名片附上；还可以在拜访对方未遇时留下名片并附简短留言。

三、递送名片的顺序

地位低的先向地位高的递送名片，男士先向女士递送名片，当对方超过一人时应先将名片递送给职务高者或年龄长者，如分不清对方职务高低、年龄大小宜先和自己左侧的人交换名片，然后按顺时针方向进行。

四、递送名片的姿势

递送名片时，应面带微笑，注视对方，双臂自然伸出，用双手的拇指和食指分别持握名片上端的两角送给对方，名片正面朝上，文字内容正对对方，递送时可以说"我叫××，这是我的名片，请多关照"之类的客气话。

课后习题

一、单项选择题

1.《仪礼·士相见礼》提到，士与士初次见面，一定要带着（　　），就是见面的礼物。

A. 雁　　　　　　B. 玉　　　　　　C. 贽　　　　　　D. 圭

2. 礼节性的拜访，尤其是初次登门拜访，拜访时间一般应控制在（　　）。

A. 一刻钟至半小时之内　　　　　B. 一个小时

C. 两个小时　　　　　　　　　　D. 不限时间

3. 敲门时，正确的方法是（　　）。

A. 用指关节敲门两下　　　　　　B. 用指关节敲门三下

C. 用手掌拍门三下　　　　　　　D. 用力拍让对方听清楚就行

4. 上茶时应注意：斟茶时以（　　）满为宜。

A. 七分　　　　B. 五分　　　　C. 九分　　　　D. 十分

5. "鞠躬"起源于（　　）。

A. 中国　　　　B. 欧洲　　　　C. 日本　　　　D. 亚洲

6. 适用于一般的问候及打招呼，使用（　　）。

A. 15 度鞠躬　　B. 30 度鞠躬　　C. 45 度鞠躬　　D. 90 度鞠躬

7. 适用于迎接客户，表达诚恳或谦虚，使用（　　）。

A. 15 度鞠躬　　B. 30 度鞠躬　　C. 45 度鞠躬　　D. 90 度鞠躬

8. 表示向对方深度敬礼或道歉，使用（　　）。

A. 15 度鞠躬　　B. 30 度鞠躬　　C. 45 度鞠躬　　D. 90 度鞠躬

二、多项选择题

1. 赠送礼物时要了解赠礼对象的（　　　　）等，尊重当地送礼禁忌。

A. 身份　　　　B. 性格　　　　C. 爱好　　　　D. 文化修养

2. 探望病人，可以送（　　　　）等。

A. 马蹄莲　　　B. 康乃馨　　　C. 盆栽　　　　D. 钟

3. 客人告辞，主人要起身相送，一般应送到（　　　　）挥手致意，目送客人远去后再离开。

A. 电梯口　　　B. 楼门口　　　C. 院门口　　　D. 村口

4. 鞠躬的注意事项有（　　　　）。

A. 不要出现只弯头的鞠躬

B. 不看对方的鞠躬不符合规范

C. 头部晃动的鞠躬对他人不尊重

D. 双脚没有并齐的鞠躬太随意

5. 下列关于握手的顺序正确的有（　　　）。

A. 长辈和晚辈握手，长辈先伸手

B. 男士和女士握手，女士先伸手

C. 晚辈和长辈握手，晚辈先伸手

D. 客人和主人握手，客人先伸手

6. 下列握手的注意事项说法正确的有（　　　）。

A. 不要用左手握手

B. 不要在握手时戴着手套或墨镜

C. 不要在握手时把对方的手拉过来、推过去

D. 不要在握手时另外一只手插在衣袋里或拿着东西

7. 名片的使用场合一般有（　　　）。

A. 社交场合使用　　　B. 拜访场合使用　　　C. 祝贺时使用　　　D. 营销时使用

8. 下列关于递送名片的顺序正确的有（　　　）。

A. 地位低的先向地位高的递送名片

B. 男士先向女士递名片

C. 晚辈先向长辈递名片

D. 客人先向主人递名片

三、判断题

1. 选择适当礼物，对礼物进行适当包装。（　　　）

2. 礼品包装之前，应当注意不损坏该礼品的价格标签。（　　　）

3. 送礼的最佳时机是进入主人住处后，在主人表示欢迎的时候将礼物送出。（　　　）

4. 拜访他人时，要守时守约，可以在主人用餐时到访。（　　　）

5. 上茶时，要用双手从客人的左方奉上，并用右手示意客人用茶。（　　　）

6. 鞠躬礼行礼时以腰部为轴，头、肩、上身顺势向前倾，具体的前倾幅度还可视行礼者对受礼者的尊重程度而定。（　　　）

7. 名片应放于容易拿出的地方，建议使用名片夹，若穿西装宜将名片置于左上方口袋，若有手提包可放于包内伸手可得的位置。（　　　）

8. 递名片时当对方超过 1 人时应先将名片递给职务高者或年龄长者，如分不清对方职务高低、年龄大小宜先和自己右侧的人交换名片。（　　　）

四、写一篇 400 字以上的学习总结与反思。

评 价 与 分 析

课后任务评价表

评价项目	评价内容	应得分	实得分
课后拓展	访问学习	10分	
	互 动	10分	
	视频学习	10分	
	讨 论	10分	
习题检测	完成测试题	60分	
总　　　计		100分	

综合评价表

阶段	项目	自我评价	组内评价	组间评价	教师评价	出勤	互动	访问	讨论	视频
课前 （20%）	习题检测	6%			6%		2%	2%	2%	2%
课中 （60%）	设计任务 方案	5%	5%	5%	5%	4%	4%	4%	4%	4%
	任务展示	5%	5%	5%	5%					
课后 （20%）	课后检测	6%			6%		2%	2%	2%	2%

项目四
爱国爱家

[学习指导]

　　家国情怀是中华优秀传统文化的基本内涵之一。在中国人的精神世界里，国家与家庭、社会与个人都是密不可分的整体，而修身、齐家、治国、平天下是君子实现家国情怀的途径。本项目的学习围绕热爱祖国、孝老爱亲、家风家训、和睦邻里等四个方面展开，采用课堂讨论、情景模拟、主题演讲等方式，使学生逐步将"在家尽孝，为国尽忠"的家国观念，"老吾老以及人之老，幼吾幼以及人之幼"的仁爱精神，心怀天下的责任担当融会贯通、内化于心，增强报效祖国的信念。

爱祖国　休戚与共

[学习目标]

知识目标：

理解并记住五个以上有关爱国的名言名句，讲出五个以上古代爱国故事。

能力目标：

1. 能把爱国主义精神应用于实践，用实际行动为国家做贡献。

2. 能够带着使命感，努力读书报效祖国。

素质目标：

树立爱国主义精神和社会责任感，增强报效祖国的信念。

课前学习

[知识链接]

爱国名言名句解读

此生入华夏，
永远中国人
（上）

（1）天下兴亡，匹夫有责。

解读：这句成语流行很广。这句成语的本意出自明末清初的大儒顾炎武，而八字成语出自梁启超。这句成语是说，国家的兴盛，我们每个人都有一份责任。我们要勇于承担责任，奉献自己的力量，全民齐心，才能最终实现国家富强、民族复兴。

（2）先天下之忧而忧，后天下之乐而乐。

解读：这句话出自宋代政治家、文学家范仲淹的名篇《岳阳楼记》。它表达了作者不因外物好坏或自身得失而或喜或悲，总是先天下之忧而忧、后天下之乐而乐的忧国忧民的思想境界。无论是"居庙堂之高"还是"处江湖之远"，无论是官员还是百姓，都要心怀国家和人民，吃苦在前，享乐在后。

（3）苟利国家生死以，岂因福祸避趋之。

解读：这句诗出自清代禁烟英雄林则徐，体现了他为了国家，不惧生死的牺牲精神。

（4）安得广厦千万间，大庇天下寒士俱欢颜。

解读：这是唐代大诗人杜甫发出的感叹，表现了他心怀人民的崇高精神。在一场暴风雨中，虽然自己的茅屋漏雨，但他想到的却是"天下寒士"，不是为自己痛苦哀叹，而是为天下人民大声疾呼。甚至"吾庐独破受冻死亦足"，只要人民都受到庇护，自己受冻而死也心满意足！

（5）一屋不扫，何以扫天下。

解读：这句话告诉我们要从一点一滴的小事开始积累，才能做成大事。

（6）为中华之崛起而读书。

解读：这是周恩来总理小时候立下的志向。

课前习题

一、单项选择题

1. "天下兴亡，匹夫有责"这句八字成语是（　　　）历史名人所说。

A. 顾炎武　　　　B. 梁启超　　　　C. 范仲淹　　　　D. 林则徐

2. "先天之忧而忧，后天下之乐而乐"出自（　　　）。

A.《日知录》　　B.《岳阳楼记》　　C.《少年中国说》　　D.《习惯说》

3. "苟利国家生死以，岂因祸福避趋之"表现了林则徐（　　　）的爱国精神。

A. 精忠报国　　　B. 忧国忧民　　　C. 忠君报国　　　D. 为国捐躯

4. "安得广厦千万间，大庇天下寒士俱欢颜"表现了杜甫（　　　）的爱国精神。

A. 精忠报国　　　B. 忧国忧民　　　C. 忠君报国　　　D. 为国捐躯

5. 有"为中华之崛起而读书"的远大理想，后曾担任黄埔军校政治部主任的是（　　　）。

A. 毛泽东　　　B. 刘少奇　　　C. 周恩来　　　D. 朱德

二、多项选择题

1. "一屋不扫，何以扫天下"告诉我们（　　　）。

A. 不积跬步，无以至千里

B. 不积小流，无以成江河

C. 千里之堤，毁于蚁穴

D. 千里之行，始于足下

2. 下列诗句中与"苟利国家生死以，岂因祸福避趋之"一样，都表示可以为国家牺牲生命的是（　　　）。

A. 先天下之忧而忧，后天下之乐而乐

B. 捐躯赴国难，视死忽如归

C. 人生自古谁无死，留取丹心照汗青

D. 粉身碎骨浑不怕，要留清白在人间

三、判断题

1. 清末海军杰出爱国将领、民族英雄邓世昌在甲午海战中壮烈殉国。　　　　　　（　　　）

2. 明代抗倭名将、民族英雄戚继光是山东威海人。　　　　　　　　（　　）

◆ 评 价 与 分 析 ◆

课前任务评价表

评价项目	评价内容	应得分	实得分
课前自学	访问学习	10分	
	互　动	10分	
	视频学习	10分	
	讨　论	10分	
知识点解读	知识点解读准确	30分	
习题检测	完成测试题	30分	
总　　　　计		100分	

课中学习

[**案例导入**]

　　抗日战争期间，日本侵略军连续攻占了东北、华北、华东、华南的广大地区，妄图摧毁中国人民的抵抗意志。中国人民奋起抵抗，进行了不屈不挠的斗争。诗人艾青在国土沦丧、民族危亡的关头写下了这首慷慨激昂的诗。

我爱这土地

作者：艾青

假如我是一只鸟，
我也应该用嘶哑的喉咙歌唱：
这被暴风雨所打击着的土地，
这永远汹涌着我们的悲愤的河流，
这无止息地吹刮着的激怒的风，
和那来自林间的无比温柔的黎明……
——然后我死了，
连羽毛也腐烂在土地里面。
为什么我的眼里常含泪水？
因为我对这土地爱得深沉……

思考：朗诵并体会一下，这首诗表达了怎样的思想感情？

[**实践任务**]

以小组为单位，以"我以行动爱祖国"为题进行主题演讲。

要求：（1）小组讨论完成演讲稿；（2）文字不少于400字；（3）内容原创，并尽量具体；（4）适当引用名人名言；（5）选择一名代表进行现场演讲。

[**知识锦囊**]

爱国是中国人最深沉、最持久的情感，它根植于人们的血脉之中，是民族共同体、社会共同体成员间相互联系的精神纽带，是民族凝聚力的源泉。在漫长的历史发展过程中，爱国主义将中华民族紧密地团结在一起，爱国成为每个中华儿女最根本的价值观念和道德标准。习近平总书记在北京大学师生座谈会上的重要讲话中，对广大青年提出"要爱国，忠于祖国，忠于人民""要励志，立鸿鹄志，做奋斗者""要求真，求真学问，练真本领""要力行，知行合一，做实干家"的要求，希望新时代青年时刻将爱国和奋斗紧密结合，脚踏实地做意志坚定的爱国者和永不停歇的奋斗者。

此生入华夏，
永远中国人
（中）

一、忠于祖国，忠于人民

"忠于祖国，忠于人民"要求一个人的思想与行为都能为祖国和人民的利益着想，要求一个人每时每刻都要在自己的脑中铭记"一切为了祖国，一切为了人民"。

（一）坚定不移的爱国信念

中华民族历来不乏爱国的仁人志士，他们拥有坚定的爱国信念，无论在什么样的威逼利诱之下，依然能够忠心耿耿，忠贞不屈，不向敌人屈服。

【文化寻根 4.1.1】

"富贵不能淫，贫贱不能移，威武不能屈。"　　　　　　　　——《孟子·滕文公下》

译文：富贵不能使心志迷乱，贫贱不能使节操改变，武力不能使人格屈服。

【文化寻根 4.1.2】

"临患不忘国，忠也。"　　　　　　　　　　　　　　　　——《左传·昭公元年》

译文：面临祸患仍不忘国家，这是忠诚的表现。

（二）一心为国的奉献精神

【文化寻根 4.1.3】

"苟利国家，不求富贵。"　　　　　　　　　　　　　　　　——《礼记·儒行》

【礼仪故事 4.1.1】

戚继光：封侯非我意，但愿海波平

明朝时期，日本一些失意的武士和奸商，在我国东南沿海地区走私、抢掠，当时被称为"倭寇"，倭患肆虐，百姓不堪其扰。明嘉靖年间，戚继光奉命抗倭，为提高部队素质，先后几次来义乌招募数批农民入伍，组建一支新军。这支军队经过严格训练，成为战斗力很强的精锐部队，开赴抗倭前线。由于这支队伍勇猛善战，威震敌胆，屡立战功，在平倭斗争中起到了决定性作用，建立了伟大的功绩，被誉为"戚家军"。他和他的戚家军征战十余年，扫平了倭寇，确保了沿海人民的生命财产安全，"百姓欢悦，倭寇丧胆"。戚继光把练兵打仗的经验总结成《纪效新书》和《练兵实纪》两部兵书，这两部书在军事学上有很高的地位。他还写下"封侯非我意，但愿海波平"的诗句，表明了自己升官封侯并非内心的真正志向，但愿沿海风平浪静，早日扫清倭寇才是自己的愿望。

戚继光故居

戚继光使用的武器

（三）为国捐躯的牺牲精神

曹植说过"捐躯赴国难，视死忽如归"；于谦说过"粉身碎骨浑不怕，要留清白在人间"；林则徐说过"苟利国家生死以，岂因祸福避趋之"；夏明翰说过"砍头不要紧，只要主义真"。这是一种伟大的为国家甘愿牺牲生命的爱国主义精神。正是由于一代代

爱国志士的抛头颅、洒热血，才使得我们五千年的中华文明延绵不绝，使得我们的祖国繁荣昌盛。

【礼仪故事 4.1.2】

清末海军杰出爱国将领、民族英雄邓世昌

邓世昌常说："人谁不死，但愿死得其所尔"。1894年9月17日在黄海大东沟海战中，邓世昌指挥"致远"舰奋勇作战，后在日舰围攻下，"致远"多处受伤全舰燃起大火，船身倾斜。邓世昌鼓励全舰官兵道："吾辈从军卫国，早置生死于度外，如今之事，有死而已！""倭舰专恃吉野，苟沉此舰，足以夺其气而成事。"他毅然驾舰全速撞向日本主力舰"吉野"号右舷，决意与敌同归于尽。倭舰官兵见状大惊失色，集中炮火向"致远"射击，不幸一发炮弹击中"致远"舰的鱼雷发射管，管内鱼雷发生爆炸导致"致远"舰沉没。邓世昌坠落海中后，其随从以救生圈相救，被他拒绝，并说："我立志杀敌报国，今死于海，义也，何求生还！"他养的爱犬"太阳"亦游至其旁，口衔其臂以救，邓世昌誓与军舰共存亡，毅然按犬首入水，自己亦同沉没于波涛之中，与全舰官兵250余人一同壮烈殉国。邓世昌牺牲后举国震动，光绪帝垂泪撰联"此日漫挥天下泪，有公足壮海军威"，并赐予邓世昌"壮节公"谥号。

（四）心怀人民的仁爱之心

【文化寻根 4.1.4】

"长太息以掩涕兮，哀民生之多艰。"
——屈原《离骚》

译文：我长叹一声啊，止不住那眼泪流了下来，我是在哀叹那人民的生活是多么的艰难！

【礼仪故事 4.1.3】

习近平：我将无我，不负人民

2019年3月22日，国家主席习近平在罗马会见意大利众议长菲科。

"最后，我有一个很好奇的问题，不知能不能问一下？"临近结束时，"70后"的菲科突然抛出了这句话。

全场目光注视着他。

"您当选中国国家主席的时候，是一种什么样的心情？"听到众人的笑声，菲科补充道："因为我本人当选众议长已经很激动了，而中国这么大，您作为世界上如此重要国家的一位领袖，您是怎么想的？"

习近平主席的目光沉静而充满力量，他说，这么大一个国家，责任非常重、工作非常艰巨。我将无我，不负人民。我愿意做到一个"无我"的状态，为中国的发展奉献自己。

稍作停顿，他继续讲道，一个举重运动员，最开始只能举起50公斤的杠铃，经过训练，最后可以举起250公斤。我相信可以通过我的努力、通过全中国人民勠力同心来担起这副重担，把国家建设好。我有这份自信，中国人民有这份自信。

"欢迎你到中国去！看看一个古老而现代的中国，看一看勤劳智慧的中国人民。"

收到习近平主席的邀请，菲科朗声答道："我一定会去的！"（资料来源：人民网）

解读：一个大国能有这样一位心中始终装着他的人民的领袖，是整个国民之福。实现人民对美好生活的向往是领袖至高无上的追求，人民的利益就是至高无上的利益。热爱我们的国家，就要时时刻刻心怀我们的人民。

二、立鸿鹄志，做奋斗者

（一）心怀天下的责任担当

青年是国家的未来，正如梁启超先生所言"少年强，则国强"，习近平总书记指出，"青年兴则国家兴，青年强则国家强"。作为和平年代的青年人，我们早已不必像前人那样浴血沙场，但这并不代表我们可以安逸享乐，反而应该以新时代的方式，表达我们对国家的赤胆忠心。

▌【礼仪故事 4.1.4】

不为良相，便为良医

范仲淹是北宋杰出的思想家、政治家、文学家。他倡导的"先天下之忧而忧，后天下之乐而乐"思想对后世影响深远。

年轻时，他碰到一个算命先生，便问："先生，你看我将来能不能够做宰相？"算命先生就笑着跟他说："你年纪轻轻，过分自负。"范仲淹随即一想，说："既然我做不了宰相，你再看看我能不能做一个医生。"算命先生便问他："为何这样想呢？"范仲淹便说："唯有宰相和医生能够救人，不为良相，便为良医。"算命先生随后跟他说："小娃子，有这种心，真宰相也。"后来范仲淹果然做到了宰相，而且是"先天下之忧而忧，后天下之乐而乐"的良相。

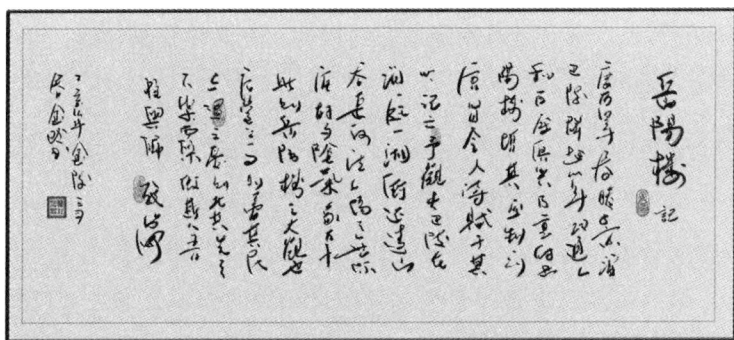

《岳阳楼记》书法作品

（二）从小事做起的求真务实

爱国的表现有许许多多，体现在我们日常生活中的一言一行里，像过马路走斑马线，像随手捡起路边的纸屑，像随手关水龙头等，从这些小事做起，是我们普通人爱国的一种方式。

不积跬步，无以至千里，不积小流，无以成江海。热爱我们的国家，仅凭一腔热血是不够的，"勿以善小而不为"，要脚踏实地，一步步从小事做起，无数小事积聚起来，才能成就大事业。

三、知行合一，做实干家
（一）为国读书

"为中华之崛起而读书"不仅是对以爱国主义为核心的民族精神的传承和升华，也是激励人们奋发努力、不断进取的强大动力。"为中华之崛起而读书"更应该是每一个青年学生的目标和追求，我们上大学不能只放飞自我，虚度光阴，而应珍惜机会，努力读书，学有所成能为祖国贡献出更大的力量。

【礼仪故事 4.1.5】

精忠报国

为中华之崛起而读书

周恩来总理 12 岁那年，有一次，校长给学生上修身课，题目是"立命"。校长讲到精彩处突然停顿下来，向学生们提出一个问题："请问诸生为什么读书？"学生们踊跃回答，"为光耀门楣而读书""为明礼而读书""为当官而读书"……

接下来，校长走到周恩来面前，笑着问："恩来，你千里迢迢自江南到此，你读书又为了什么呢？"周恩来站起身来，激昂而郑重地回答："为中华之崛起而读书！"由于周恩来的南方口音，校长一时没听清楚，于是，他又大声地重复了一遍："为中华之崛起而读书！"校长没有想到竟然有这样出众的学生，非常高兴。他示意让周恩来坐下，然后对大家说："有志者，当效周生啊！"

（二）不断践行

什么是爱国，不同的人会有不同的回答。但无论做什么、在哪里，不管事业怎样、业绩大小，都要坚守岗位干好本职工作，把爱国情怀转化为履职尽责的工作激情，在平凡中书写新时代的不凡，这就是对爱国最好的践行。王继才就是这样一个人，他守岛卫国 32 年，用无怨无悔的坚守和付出，在平凡的岗位上书写了不平凡的人生华章。

【礼仪故事 4.1.6】

守岛就是守家　国安才能家安

开山岛是我国黄海前哨，战略位置十分重要。1985 年设民兵哨所。当时岛上无电无淡水无居民，除了几排空荡荡的营房便只剩下肆虐的海风。有关部门曾先后派出 10 多个民兵守岛，但最长的只待了 13 天。

1986 年 7 月，王继才瞒着家人上了岛。

在王继才上岛后的第 48 天，全村最后一个知道他守岛消息的妻子王仕花来到岛上，看着胡子拉碴的丈夫，她眼泪夺眶而出："别人不守，咱也不守，回家去吧！"王继才对妻子说："你回吧，我决定留下！守岛就是守家，国安才能家安。"

没想到，几天后王仕花辞掉了小学教师工作，把两岁的女儿托付给老人，上岛与丈夫一起守岛，这一守就是 32 年。

王继才用实际行动践行了"开山岛是我国的领土，我一定要把它守好"的承诺，他把一生奉献给了祖国的海防事业。

王继才在开山岛

[任务方案设计]

1. 请根据学习任务要求，全组讨论编写演讲稿。
2. 进行文稿修改。

[任务展示]

1. 选定演讲代表，进行模拟训练。
2. 抽签排序，一组一组逐个展示，其他组观看并记录问题。
3. 进行任务总结。

评 价 与 分 析

4.1.2 主题演讲评价表

评价项目	评 价 内 容	应得分	实得分
准备工作	1. 准备过程认真充分	5分	
	2. 准备过程全组协调良好	5分	
演讲内容	1. 爱国名人名言引用恰当准确	10分	
	2. 逻辑清晰，内容实际，有可执行性	20分	
	3. 演讲时间不少于1分30秒	10分	
有声语言和表情	1. 演讲者形象、仪态得体	5分	
	2. 讲解者声音响亮、表达清晰	10分	
	3. 态势语自然，与听众有互动	5分	
创意设计	所用方法浅显易懂，形式新颖、活泼	10分	
整体效果	充分发挥组内人员优势，分工合作，整体效果好	10分	
观看讨论	观看认真，讨论积极	5分	
任务总结	任务总结到位	5分	
总　　　计		100分	

任务一　爱祖国　休戚与共

课后学习

［知识拓展］

一、修齐治平

"修齐治平",是指修身,齐家,治国,平天下。这是中国古代知识分子大致遵循的人生道路。具体说来就是先要修养自身,自身修养好后才能管理好家庭和家族,管理好家庭和家族后,才能报效和治理国家。

【文化寻根4.1.5】

此生入华夏,
永远中国人
(下)

"古之欲明明德于天下者,先治其国;欲治其国者,先齐其家;欲齐其家者,先修其身;欲修其身者,先正其心;欲正其心者,先诚其意;欲诚其意者,先致其知,致知在格物。格物而后知至,知至而后意诚,意诚而后心正,心正而后身修,身修而后家齐,家齐而后国治,国治而后天下平。"

——《礼记·大学》

译文:古代那些要想在天下弘扬光明正大品德的人,先要治理好自己的国家;要想治理好自己的国家,先要管理好自己的家庭和家族;要想管理好自己的家庭和家族,先要修养自身的品性;要想修养自身的品性,先要端正自己的心思;要想端正自己的心思,先要使自己的意念真诚;要想使自己的意念真诚,先要使自己获得知识;获得知识的途径在于认识、研究万事万物。通过对万事万物的认识、研究后才能获得知识;获得知识后意念才能真诚;意念真诚后心思才能端正;心思端正后才能修养品性;品性修养后才能管理好家庭和家族;管理好家庭和家族后才能治理好国家;治理好国家后天下才能太平。上自国家元首,下至平民百姓,人人都要以修养品性为根本。

解读:"修身、齐家、治国、平天下"是对"大学之道"的高度概括,是儒家精神的精髓所在。"修齐治平"概括了修身与社会和谐之间的关系,包含两层含义:一是儒家主张"天下为公",人们应该共担社会责任,人人都要讲求公共意识和公共道德,要自觉修身;二是由个人而家、国、天下,由身修到家齐、国治、天下平,这是一个具有内在逻辑的过程,强调"修身",同时胸怀天下,心系苍生,如北宋理学家张载所说"为天地立心、为生民立命、为往圣继绝学、为万世开太平"。

二、家国情怀

家国情怀是中华优秀传统文化的基本内涵之一。《孟子·离娄上》说,"天之本在国,国之本在家,家之本在身"。因此,家国情怀从国家治理角度来说,强调以民为本,"水能载舟亦能覆舟";从个人角度来说,强调每个人要以天下国家为己任。"修齐治平"的思想为家国情怀的实现指明途径。儒家强调个人正心、修身、慎独,提高个人修养,让自己有所担当,充满责任感,才能有家有国。儒家重视亲情、家风,《大学》云:"一家仁,一国兴仁;一家让,一国兴让;一人贪戾,一国作乱。"在家孝敬父母,在外才能友爱他人，"老吾老以及人之老，幼吾幼以及人之幼"。尽孝的观念进一步延伸，即为国尽忠。另外，儒家思想讲究内圣外王，天下大同。家国情怀主张个人要有心怀天下之抱负与责任，"以天下为一家"和"四海之内皆兄弟"，从而实现天下太平、人人和谐的"天下大同"的社会终极理想。

家国情怀作为优秀传统文化的内容，被赋予了重要的时代价值。家国情怀是一个人对自己国家和人民所表现出来的深情大爱，是对国家富强、人民幸福所展现出来的理想追求，是对自己国家的一种高度认同感、归属感、责任感和使命感的体现。家国情怀是社会主义核心价值观的学理基石，以个人为主体，以家国同构为对象，用传统文化把个人、家庭、国家联系在一起，同呼吸，共命运。习近平总书记在 2019 年春节团拜会上说："没有国家繁荣发展，就没有家庭幸福美满。同样，没有千千万万家庭幸福美满，就没有国家繁荣发展。"家国，可以说是华夏儿女的精神原乡。每个人的成长和生活都与家国紧密相连。"先天下之忧而忧，后天下之乐而乐"的忧国忧民，"苟利国家生死以，岂因祸福避趋之"的使命担当，展现的都是个人命运与国家命运休戚与共。正是这种家国休戚与共的使命感、责任心，支撑中华民族生生不息，助力中华文脉薪火相传。

课后训练

一、单项选择题

1. "修齐治平"的理论出自（　　　　）。

A.《大学》 　　　　B.《中庸》 　　　　　C.《论语》 　　　　　D.《孟子》

2. 中国传统文化强调个人修身，个人修身的终极目标是（　　　　）。

A. 成为君子 　　B. 家庭和睦幸福 　　C. 国家富强 　　D. 天下大同

二、多项选择题

1. "修齐治平"指的是（　　　　）。

A. 修身 　　　　B. 齐家 　　　　　C. 治国 　　　　　D. 平天下

2. 关于"家国情怀"，以下说法正确的有（　　　　）。

A. 家国情怀是中国优秀传统文化的基本内涵之一

B. 家国情怀是传统文化中"家国同构"的理念和家国一体的观念

C. 国家与家庭、社会与个人都是密不可分的整体

D. 提高个人修养，让自己有所担当，充满责任感，才能有家有国

3. 中国文化中，家与国的关系正确的有（　　　　）。

A. 在家尽孝的观念进一步延伸，即为国尽忠

B. 水能载舟亦能覆舟

C. 没有国家繁荣发展，就没有家庭幸福美满。同样，没有千千万万家庭幸福美满，

就没有国家繁荣发展

  D. 一家仁，一国兴仁；一家让，一国兴让

  4. 当代青年要永葆家国情怀应当（ ）。

  A. 自觉地把个人的前途命运与国家、民族、社会紧密地融合在一起

  B. 爱国不能停留在口头上，而应体现在行动之中

  C. 青年要努力读书报效祖国

  D. 青年要肩负起时代重任

评价与分析

课后任务评价表

评价项目	评价内容	应得分	实得分
课后拓展	访问学习	10分	
	互动	10分	
	视频学习	10分	
	讨论	10分	
课后反思	撰写线上课后反思	20分	
课后论文	完成"我能为国家做什么"小论文	20分	
习题检测	完成课后测试题	20分	
总计		100分	

4.1.4　综合评价表

阶段	项目	自我评价	组内评价	组间评价	教师评价	出勤	互动	访问	讨论	视频
课前（20%）	知识点解读				6%		2%	2%	2%	2%
	习题检测	6%								
课中（60%）	演讲稿	5%	5%	5%	5%	4%	4%	4%	4%	4%
	演讲	5%	5%	5%	5%					
课后（20%）	小论文				6%		2%	2%	2%	2%
	课后检测	6%								

任务二

守孝悌 孝老爱亲

[学习目标]

知识目标：

能理解传统孝文化中"养""敬""顺""谏"的精神与内涵。

能力目标：

1. 能够用恭敬得体的言语、行为对待父母。

2. 能够在日常生活中恰当地处理与兄弟姐妹之间的关系。

素质目标：

树立孝老爱亲、入孝出悌的观念，养成爱老慈幼、友爱亲人的优良习惯。

课前学习

[知识链接]

与孝老爱亲相关的经典词语

冬温夏清——冬天使父母温暖，夏天使父母凉爽，指子女孝顺。

出自《礼记·曲礼上》："凡为人子之礼，冬温而夏清。"后世将冬温夏清用于子女孝敬父母的场合。比如"扇枕温衾"的故事，说东汉的黄香，九岁时母亲去世，他对父亲非常孝顺。为了让辛苦的父亲舒服一些，炎热的夏天他为父亲扇凉枕席，寒冷的冬天他用身体为父亲温暖被褥。黄香的孝行传遍各地，有了"天下无双，江夏黄香"的美誉！

菽水承欢——形容晚辈用普通饮食奉养长辈，对其尽孝，使其快乐。

出自《礼记·檀弓下》："孔子曰：'啜菽饮水，尽其欢，斯之谓孝。'"孔子说："即使喝豆粥、饮清水，只要能使父母心情快乐，这也就是孝了。"这是孔子回答子路的话，说明做子女的即使贫穷，供养父母的是普通的饮食，只要尽心尽力侍奉父母使其欢喜快乐，就是对父母尽孝了。后人用"菽水承欢"表示家贫而能尽孝。

孝悌力田——意思是指孝顺父母、尊敬兄长，努力务农。

出自《汉书·惠帝纪》："举民孝悌力田者，复其身。"孝悌力田作为汉代察举科目之一，始于汉惠帝下的一道诏书。被推举的人或免除徭役，或受到奖赏，一般不授以官职或升迁，只要求起表率作用，以示提倡孝悌和以农为本。

入孝出悌——意思是回家要孝顺父母，出外要敬爱兄长。

出自《论语·学而》："子曰：'弟子入则孝，出则悌。'"现在已成为子女孝敬老人、关爱亲人的基本原则。

立爱自亲始——意思是确立爱心从爱双亲开始。

出自《礼记·祭义》："立爱自亲始，教民睦也；立教自长始，教民顺也。"这句话是说，树立仁爱的观念要从爱自己的父母开始，这是为了教导百姓和睦；树立敬爱的观念要从尊重自己的长辈开始，这是为了教导百姓顺从。教导他们慈爱和睦，百姓就会注重孝养亲人；教导他们尊敬别人，百姓就会乐于听从命令。百姓既然能够孝养亲人，又能乐于听从命令，把这种教化方法扩大开来治理天下，就不会有什么办不到的事情。

课前习题

一、单项选择题

1. "立爱自亲始，教民睦也；立教自长始，教民顺也"出自（　　　）。

A.《礼记·祭义》　　　　　　　　B.《尚书·伊训》

C.《宋书·灵运传》　　　　　　　D.《淮南子·主术训》

2. "菽水承欢"出自（　　　）。

A.《礼记·祭义》　　　　　　　　B.《礼记·檀弓下》

C.《论语·里仁》　　　　　　　　D.《汉书·武帝纪》

3. "扇枕温衾"是指孝子（　　　）的故事。

A. 许武　　　　　B. 黄香　　　　　C. 闵子骞　　　　D. 郯子

4. "弟子入则孝，出则悌"出自（　　　）

A.《论语·学而》　　　　　　　　B.《论语·颜渊》

C.《论语·里仁》　　　　　　　　D.《论语·子路》

5. "立爱自亲始"是（　　　）说的。

A. 孔子　　　　　B. 孟子　　　　　C. 曾子　　　　　D. 郯子

6. "举民孝悌力田者，复其身"出自（　　　）。

A.《汉书·惠帝纪》　　　　　　　B.《汉书·文帝纪》

C.《汉书·武帝纪》　　　　　　　D.《汉书·高后纪》

二、判断题

1. 孝悌力田意思是指孝顺父母、尊敬兄长，努力务农。　　　　　　　（　　　）

2. 入孝出悌意思是回家要孝顺父母，出外要敬爱兄长。　　　　　　　（　　　）

3. 菽水承欢是形容晚辈用美味佳肴奉养长辈，对其尽孝，使其快乐。　（　　　）

4. 冬温夏清是指冬天使父母温暖，夏天使父母凉爽，指子女孝顺。　　（　　　）

课前任务评价

评价项目	评价内容	应得分	实得分
课前自学	访问学习	10 分	
	互 动	10 分	
	视频学习	10 分	
	讨 论	10 分	
知识点解读	知识点解读准确	30 分	
习题检测	完成测试题	30 分	
总 计		100 分	

课中学习

[案例导入]

子欲养而亲不待

出自《孔子家语》(一说出自《韩诗外传》)。春秋时孔子偕徒外游,忽闻道旁有哭声,他停车上前询问其故。哭者说:"我少时好学,曾游学各国,归时双亲已故。为人子者,昔日应侍奉父母时而我不在,犹如'树欲静而风不止',今我欲供养父母而亲不在。逝者已矣,其情难忘,故感悲而哭。"孔子对弟子们说:"大家要引以为戒,这件事足以让我们明白其中的道理!"于是,有许多弟子辞行回家赡养双亲。

解读:这个故事说明行孝道要及时,趁父母亲健在的时候关心关爱他们,而不要等父母去世后才追悔莫及。

思考:自己在日常生活中是否做到了及时尽孝?我们应该用什么方式孝敬父母?

[实践任务]

日常孝老爱亲实践活动展示:以小组为单位,编排情景短剧《我的和睦家庭》。

要求:(1)按照孝悌礼仪规范言行,要有恭听教诲、出告反面等情节。

(2)要有表现孝老敬长、兄友弟恭的情节。

[知识锦囊]

"孝为德之本,百善孝为先",在我们源远流长、博大精深的传统文化中,重视人伦道德、讲究家庭和睦,是中华民族强大凝聚力与亲和力的具体体现,对现代社会的文明建设也起到了至关重要的作用。

一、孝老敬长

我国已开始进入人口老龄化社会，让老人度过幸福、美满、安详、健康的晚年，共享人类社会发展的成果，这是社会文明进步的重要标志。中国传统孝道的精髓在于提倡对父母要"养""敬""顺""谏"，没有赡养、尊敬、依顺和谏诤，就谈不上真正的"孝顺"。

（一）养亲

奉养父母首先要做到在物质上满足父母，这是孝敬父母的基本要求，要满足父母衣食住行的需求，关心父母生活起居是否舒适。正所谓"善父母为孝"，强调老年人在物质生活上的优先性是儒学孝道的核心观点之一。

【文化寻根 4.2.1】

《蓼莪》解读

"蓼蓼者莪，匪莪伊蒿。哀哀父母，生我劬劳。
蓼蓼者莪，匪莪伊蔚。哀哀父母，生我劳瘁。" ——《诗经·蓼莪》

解读： 这首诗从一个儿子的角度，写父母生养"我"费心尽力。诗人见蒿与蔚，却误认为莪，于是借物喻人，以物抒情。莪香美可食用，喻人成材且孝顺；而蒿与蔚皆散生且不可食，喻人不成材且不能尽孝。诗人有感于此，为自己无法奉养父母以进寸心而感到羞愧。父母生我养我，养育之恩有如天高地厚，奉养父母应是子女发自肺腑的情感表达和义不容辞的人伦责任。

【文化寻根 4.2.2】

"谨身节用，以养父母，此庶人之孝也。" ——《孝经》

译文： 子女应节省俭约，尽力来满足父母物质上的需求，这就是普通老百姓的应尽的孝道了。

解读： 这句话点出了普通人在生活中侍奉父母之心，宁可自己省吃俭用少些开销，也要给父母过上好的日子，这就是一般人的孝道。

另一方面，中国传统孝道把"侍疾"作为奉养双亲的重要内容。《礼记·曲礼上》："父母有疾，冠者不栉，行不翔，言不惰，琴瑟不御，食肉不至变味，饮酒不至变貌，笑不至矧，怒不至詈，疾止复故。"就是说如果父母患疾病，子女应及时诊治，精心照料，在言行举止上严格要求自己，在生活和精神上给予父母关怀和陪伴，直到康复。能否在父母久病之时尽心尽力才是对子女孝心的最大考验。

【礼仪故事 4.2.1】

汉文帝亲尝汤药

刘恒是汉高祖刘邦的第四个儿子，也是一个有名的大孝子。刘恒对他的母亲薄太后很孝顺，从来也不怠慢。

有一次，他的母亲患了重病，病了三年也不见好转，终日卧床不起。刘恒日夜守护在母亲身前，每次等到母亲睡了自己才休息。有时因为过度操劳，他趴在母亲床前就睡着了。刘恒天天亲自为母亲煎药，每次煎完，自己总先尝一尝，看看汤药苦不苦，烫不烫，自己觉得差不多了，才给母亲喝。刘恒孝顺母亲的事，在朝野广为流传，人们都称赞他是一个仁孝之子。当时流传了一首诗来称颂他：仁孝闻天下，巍巍冠百王；母后三载病，汤药必先尝。

后来刘恒成为西汉第三位皇帝，就是人们熟知的汉文帝。后人为了纪念他的伟业和仁政以及他的孝道，将其事迹列为二十四孝之一。

解读：汉文帝刘恒作为一代帝王，日理万机，却依然在母亲生病的时候尽心服侍，这也体现了汉代"以孝治天下"的风气。今天来看，虽然故事可能有夸张之处，但是他的孝行却是值得一代代人学习和传承的。"爱敬尽于事亲，而德教加于百姓，刑于四海"，汉文帝对亲人的奉养和侍疾为天下人做出了表率，是后世学习孝老爱亲的楷模。

敬亲（上）

（二）敬亲

古人认为除了要在物质生活上满足父母的需求，还要尊敬父母。这种尊敬不仅体现在言辞上，还应表现在行为举止上。

首先，子女在言语上要恭敬。古人在与父母讲话时常用敬称，比如翁、母上、大人；与他人交谈提到父母时，称家严、家慈、家尊；提到他人父母时也应使用尊称，如令尊、令严、令堂。

其次，在日常行为举止上，子女也应保持恭敬庄重之情，《礼记·曲礼上》指出以下几点。

（1）跪拜稽首：在古代年轻人向长辈行跪拜稽首之礼表示尊敬。跪拜稽首是传统孝道的礼法之一，屈膝跪地，叩头至地，是九拜中最恭敬者。在现代我们将此礼改变为鞠躬问候礼。

（2）晨省昏定：子女每天应向父母行请安问候之礼。"省"就是探望，"定"就是休息。意思是早上要省视问安，晚上要服侍就寝，这是子女应尽的最基本的孝道。

敬亲（下）

（3）出告反面：子女外出和返回都需要禀告父母。

【文化寻根4.2.3】

"夫为人子者，出必告，反必面，所游必有常，所习必有业。" ——《礼记·曲礼》

译文：作为儿子的，出门一定要告诉父母，返回一定要面见父母，去游历一定要有个常去的地方，学习一定要有固定的方向。

解读：这就要求子女要把对父母的尊重落实到日常生活的点点滴滴中，努力使父母感到愉悦。

【文化寻根4.2.4】

"子游问孝。子曰：'今之孝者，是谓能养，至于犬马，皆能有养，不敬，何以别乎？'"

——《论语·为政》

译文：子游请教什么是孝？孔子说："如今所谓的孝，是说能够奉养父母就足够了，然而就连犬马都能得到饲养，不能尊敬父母的话，那么养父母与养犬马又有什么区别呢？"

解读：在这里，孔子区分"养犬马"和"孝父母"的标准就是"敬"，指出"孝顺"应是发自内心的爱，对父母言语要和善，面色要和悦，行为要恭敬，做到"事父母，能竭其力"。

（三）顺亲

《孟子·离娄上》中提到"不顺乎亲，不可以为子"，这反映了在传统孝文化中蕴含着对父母尊敬、顺从的理念，即在养亲、敬亲的基础上，又对子女提出了顺亲的要求。

顺亲，就是顺应父母，不违背父母的意志。既要做到和颜悦色地对待父母、顺从父母，即"色顺"，还要做到对父母意见的不违背，即"无违"。

【文化寻根 4.2.5】

"孝子之有深爱者，必有和气；有和气者，必有愉色；有愉色者，必有婉容。"

——《礼记·祭义》

译文：孝子中对亲人有深爱之心的，必然有和顺的态度；有和顺态度的必然有愉悦的面色；有愉悦面色的，必然有柔顺的容貌。

解读：顺亲就是让父母精神愉快、心情欢悦、少生烦恼。出于对父母的爱而表现出来的愉色婉容，即为色顺。

【文化寻根 4.2.6】

"子夏问孝。子曰：'色难。有事，弟子服其劳；有酒食，先生馔，曾是以为孝乎？'"

——《论语·为政》

译文：子夏问孔子什么是孝顺？孔子就告诉他说："对待父母和颜悦色是最难的。有了事情替父母去做了，有了美酒佳肴让父母兄长先吃，难道这就算是孝顺了吗？"

解读：色难，就是讲在侍奉双亲的时候，最不容易的是始终保持和颜悦色。因为用劳动、饮食来供养父母，不算是难事，但是能够始终和颜悦色来侍奉父母，这就难得了。难在哪里？难在永远保持恭敬和谦卑的态度，难在无论父母做什么，子女都要有足够的耐心，而且还要是真心实意，此为孝敬的最高境界。

《孝经》解读

【文化寻根 4.2.7】

"孝子之养也，乐其心，不违其志。"   ——《礼记·内则》

译文：孝子对父母奉养，要做到不违背父母的意愿，使父母心里感到愉悦。

解读：每一个父母都望子成龙、望女成凤，子女要养父母之志，顺着父母的期望，勤奋工作，在自己的岗位上做出一些成绩。

【文化寻根 4.2.8】

"立身行道，扬名于后世，以显父母，孝之终也。"   ——《孝经·开宗明义章》

译文：做人践行孝道，显扬名声于后世，给父母脸上争光，这是孝的终极目标。

解读：我们要做到自立、自强，为实现自我价值而奋斗不息，这也是父母对子女的殷切希望，子女能够在事业上有所成就对父母来说是最大的欣慰。

（四）谏亲

当遇到父母行为不当、不改正将陷自身于不义时，要以恭敬的方式进行委婉劝谏，即谏亲。谏亲并非对父母的违逆，而是发自内心的关心与敬爱。

【文化寻根 4.2.9】

"事父母几谏，见志不从，又敬不违，劳而不怨。" ——《论语·里仁》

解读： 作为儿女，侍奉父母的时候，如果有意见相左的地方，甚至觉得父母有什么不对的地方，作为子女要轻微婉转地劝止，如果自己的心意没被听从，仍要恭敬地不触犯他们，一定要控制好自己的情绪，要有一份时刻体贴父母之心，铭记父母的生养及教育之恩、扶持与鼓励之情，自己的脸色自然就会和悦了，这也免去了父母的忧虑。

【文化寻根 4.2.10】

"父母之行，若中道则从，若不中道则谏，谏而不用，行之如由己。从而不谏，非孝也，谏而不从，亦非孝也。孝子之谏，达善而不敢争辩。争辩者，作乱之所由兴也。"

——《大戴礼记·曾子事父母》

译文： 父母行为如果合乎正道，就跟随他们；如果不合乎正道，就劝谏他们。劝谏的意思不被父母采用，父母的行为造成的错误，就好像是自己造成的一样。听从父母而不劝谏，就是不孝；劝谏父母无效，而不再随从，也不算是孝。孝子劝谏，是为了向父母讲清良好的道理，而不敢强力争辩；强力争辩，是产生逆乱的渠道啊！

解读： 曾子指出，如果父母有过错，儿女应主动劝谏，但应注意方法和分寸。劝谏过程应是晓之以理，动之以情，不可轻率顶撞，切忌触怒冒犯。即使父母不听劝阻，子女也不可吵闹争辩。倘若这种情况发生，家庭内部就会发生矛盾，子女也就谈不上孝顺了。

二、兄友弟恭

在家庭关系中，除了亲子关系外，兄弟关系也十分重要。兄弟关系不仅是血脉的牵连，在崇尚儿孙满堂的古代，处理好兄弟关系也成为维护大家庭团结与和谐的重要一环。《左传》中强调，在兄弟关系中，应当遵循"兄友弟恭"的道德准则。所谓友，指的是兄对弟要关心、友爱；所谓恭，指的是弟对兄要谦恭、敬从。兄友弟恭就是要求兄弟之间要和谐共处、互相扶持、互相帮助。

先秦儒家十分注重兄弟关系的融洽与和谐。孔子曾说："朋友切切偲偲，兄弟怡怡。"就是说朋友之间应当互相批评督促，兄弟之间应当和睦相处，这样才合乎伦理标准。《左传》则说"兄弟阋于墙，外御其侮""兄弟虽有小忿，不废懿亲"，就是说兄弟关系即使存在矛盾和不满，也是一脉相承的亲缘。兄弟要以家庭和谐的大局为重，和睦相处，一致对外。

【文化寻根 4.2.11】

"请问为人兄？曰：'慈爱而见友。'请问为人弟？曰：'敬诎而不苟。'" ——《荀子·君道》

译文： 请问怎样做哥哥？回答说："要仁慈地爱护弟弟而付出自己的友爱。"请问怎样做弟弟？回答说："要恭敬顺服而一丝不苟。"

解读： 这是荀子对如何处理兄弟关系的经典论述，荀子继承了孔孟家国同构的思想，对家庭血缘关系高度重视，这句简洁明了的论述为后世维护兄友弟恭的家庭关系指

明了方向。

（一）慈爱见友

先秦时期实行嫡长子继承制，这是宗法制度最基本的一项原则。在这种制度的影响下，兄长往往比弟弟拥有更高的地位，也承担了家庭中更大的责任，因此在家庭中往往存在"有父从父，父死从兄"的现象。一旦父亲离家或辞世，因"长兄如父"，兄长就要肩负起父亲的职责，承担抚养弟弟、教之成人的责任。

当然，不同于父子之情，兄弟之情更加强调兄弟间相互扶持、相互帮助的患难之情。儒家将这种患难之情延伸到朋友关系，认为朋友之间也可以称兄道弟，也就是所谓的"四海之内，皆兄弟也"（《论语·颜渊》）。由此可见，朋友间的友善之情存在的根源来自兄弟之情。

所以荀子要求兄对弟应"慈爱而见友"，就是说兄长既要像父母长辈一样关心爱护弟弟，又要像朋友一样与弟弟同甘苦、共患难。在宗法之家中，兄长就是这样一个似父似友的角色。

▌【礼仪故事 4.2.2】

牛弘不问

隋朝的牛弘为人宽厚谦和。他的弟弟喜欢喝酒，一次醉酒后将牛弘驾车的牛射死了，他妻子很生气，到牛弘那里告状，牛弘听了，只说将牛肉做成肉干吧！后来妻子忍不住又提起杀牛的事，牛弘说："我已经知道这事了。"一点儿也没有生气的样子，继续平静地看书。

（二）敬诎不苟

先秦儒家十分强调"长幼有序"，孔子说"长幼之节，不可废也"（《论语·微子》）。即便是同辈兄弟，也要按照年岁长幼划分次序，年长者为尊，年幼者为卑。在这种长幼有序思想的影响下，弟对兄的崇敬和顺从也成了一种"义"。孟子说："孩提之童无不知爱其亲者，及其长也，无不知敬其兄也。亲亲，仁也；敬长，义也。"意思是说当孩童长大后就要学会尊敬兄长，这是"义"的行为。就像用孝敬父母去衡量一个人是否有仁爱之心，一个人能否敬重和顺从兄长能够反映其是否拥有羞耻之心。

但是，难道对于兄长的顺从就可以超出礼义的限度吗？答案当然是否定的，荀子在敬（尊重）、诎（通"屈"，指顺从）之上又提出了"不苟"，就是不随便、不马虎的意思。作为弟弟，既要尊重兄长的教诲，顺从兄长的心意，又要在行为上合乎道德规范，遵守伦理底线，若兄长有错应及时指出，不然就是陷兄长于不义之中。

▌【文化寻根 4.2.12】

"单居离问曰：'事兄有道乎？'曾子曰：'有。尊事之，以为己望也；兄事之，不遗其言。兄之行若中道，则兄事之；兄之行若不中道，则养之。'"

——《大戴礼记·曾子事父母》

译文：单居离问："侍奉兄长有途径吗？"曾子说："有。以尊敬的态度侍奉兄长并作为自己的榜样，把它作为哥哥侍奉，不忘记他的话。兄长的行为合乎道义就以长者对待，如果不合乎道义就包容他。"

解读：曾子在回答"事兄有道乎"的问题时，一方面强调要尊重兄长，服从兄长的命令；另一方面又要为兄长"不中道"的行为而担忧，时时刻刻帮助兄长认识到自己的错误，这种事兄的观点与荀子的"敬谏不苟"不谋而合。

【礼仪故事 4.2.3】

郑均悟兄

汉朝时郑均的哥哥是县衙的小官吏，经常接受别人的礼物，郑均多次劝阻也不听。

于是郑均便外出打工，一年后他把辛苦挣来的钱都给了哥哥，并对他说："东西用完了，可靠劳动赚钱再买，可做官如果犯了贪污罪，那么一生的名誉将毁于一旦。"哥哥听了他的话，从此改过，成了一个清廉的好官。哥哥去世后，郑均尽心地照顾寡嫂和侄儿。

后来皇帝知道了，便提拔他做了官，由于他忠言劝谏，深得皇帝敬重，又提拔他为尚书。人们感念他的清廉，称他为"白衣尚书"。

[任务方案设计]

1. 请根据学习任务要求，全组讨论孝悌礼仪知识点，编写详细的脚本方案。
2. 请对编写的脚本进行讲解。
3. 进行脚本修改，确定脚本方案。

[任务展示]

1. 根据脚本情景进行角色分工，道具自备。
2. 模拟训练，组内成员角色互换练习。
3. 抽签排序，一组一组地进行展示。一组模拟时，其他组观看并记录问题。
4. 进行任务总结。

评 价 与 分 析

任务方案设计讲解评价表

评价项目	评 价 内 容	应得分	实得分
孝老爱亲知识	1. 孝老敬长知识点准确	20分	
	2. 兄友弟恭知识点准确	20分	
	3. 知识点运用符合现实	20分	
有声语言和表情	1. 讲解者声音响亮、表达清晰	10分	
	2. 态势语自然，与听众有互动	10分	
创意设计	所用方法浅显易懂，形式新颖、活泼	10分	
整体效果	充分发挥组内人员优势，分工合作，整体效果好	10分	
总　　　　计		100分	

任务展示评价表

评价项目	评 价 内 容	应得分	实得分
准备工作	1. 角色定位准确，模拟出场顺序	5分	
	2. 实训过程全组协调良好	5分	
基本知识掌握	孝老爱亲知识点准确	10分	
情景剧内容	1. 正确使用孝悌礼仪中恭敬的语言和行为	15分	
	2. 孝老爱亲知识点运用合理、编排恰当	15分	
	3. 表演内容符合现实生活	20分	
观看讨论	1. 观看认真	5分	
	2. 讨论积极	5分	
任务总结	1. 按规定时间上交	5分	
	2. 填写规范、内容详尽完整	5分	
	3. 任务分析总结正确	5分	
	4. 能提出合理化建议和创新性见解	5分	
总　　　计		100分	

课后学习

[知识拓展]

新"二十四孝"行动标准

时代的脚步在向前迈进，我们对孝文化的理解，既要传承又要有创新。相比于传统的"二十四孝"，新时代弘扬的"二十四孝"更加符合新时代社会发展的要求和社会主义文化强国的内涵。

关心陪伴系列

1. 带着妻小常回家　　　　2. 共与父母度节假

3. 亲给父母做做饭　　　　4. 每周不忘打电话

5. 提供书报老电影　　　　6. 赞成单亲再婚好

7. 陪父母出席活动　　　　8. 建立父母"关爱卡"

发展爱好系列

9. 教会父母能上网　　　　10. 常为父母拍照玩

11. 支持父母之爱好　　　　12. 陪伴旅行故地逛

13. 能和父母共锻炼　　14. 陪着父母访老友

物质关爱系列

15. 长供父母零钱花　　16. 购买父母适保险

17. 生日宴会要举办　　18. 定期父母做体检

沟通融入系列

19. 聆听父母往事拉　　20. 关爱父母说出口

21. 新闻时事常交流　　22. 父母活动也露脸

23. 工作地方父母览　　24. 沟通父母心结扣

课后训练

一、单项选择题

1. "哀哀父母，生我劬劳"出自（　　　）。

A.《秦风·蒹葭》　　B.《周南·关雎》　　C.《卫风·硕人》　　D.《小雅·蓼莪》

2. 谨身节用，（　　　），此庶人之孝也。

A. 以孝父母　　　　B. 以养父母　　　　C. 以敬父母　　　　D. 以顺父母

3. 亲尝汤药的故事讲的孝子是（　　　）。

A. 黄香　　　　　　B. 刘恒　　　　　　C. 董永　　　　　　D. 孟宗

4. "请问为人兄？曰：慈爱而见友。请问为人弟？曰：敬诎而不苟"出自（　　　）。

A.《荀子·修身》　　B.《荀子·君道》　　C.《荀子·天问》　　D.《荀子·劝学》

5. "夫为人子者，出必告，反必面，所游必有常，所习必有业"出自（　　　）。

A.《礼记·月令》　　B.《礼记·礼运》　　C.《礼记·少仪》　　D.《礼记·曲礼》

6. "慈爱见友"是指（　　　）。

A. 父母溺爱孩子　　B. 孩子孝顺父母　　C. 哥哥爱护弟弟　　D. 弟弟敬爱哥哥

7. "敬诎不苟"是指（　　　）。

A. 父母溺爱孩子　　B. 孩子孝顺父母　　C. 哥哥爱护弟弟　　D. 弟弟敬爱哥哥

8. 子女敬亲除了在言语和行为上对父母恭敬以外，还要做到令父母精神愉快，即（　　　）。

A. 侍疾　　　　　　B. 养亲　　　　　　C. 谏亲　　　　　　D. 悦亲

二、判断题

1. 孝老敬长包括养亲、敬亲、顺亲、谏亲。　　　　　　　　　　　　　　（　　　）

2. 晨省昏定中的"省"就是休息，"定"就是探望。意思是早上要省视问安，晚上要服侍就寝，这是子女应尽的最基本孝道。　　　　　　　　　　　　　　（　　　）

3. 出告反面指子女外出和返回都需要禀告父母，使父母在家中能够安心。（　　）

4. 牛弘不问的故事讲的是弟弟尊敬哥哥的事。（　　）

5. 郑均悟兄的故事讲的是哥哥关心弟弟的事。（　　）

三、写一篇 400 字以上的学习总结与反思。

评 价 与 分 析

课后任务评价表

评 价 项 目	评价内容	应得分	实得分
课后拓展	访问学习	10 分	
	互　动	10 分	
	视频学习	10 分	
	讨　论	10 分	
践行"新二十四孝"行动标准	上传孝老爱亲实践活动照片	30 分	
习题检测	完成测试题	30 分	
总　　　　　计		100 分	

综合评价表

阶段	项目	自我评价	组内评价	组间评价	教师评价	出勤	互动	访问	讨论	视频
课前（20%）	知识点解读				6%	2%	2%	2%	2%	
	习题检测	6%								
课中（60%）	设计任务方案	5%	5%	5%	5%	4%	4%	4%	4%	4%
	任务展示	5%	5%	5%	5%					
课后（20%）	孝老爱亲实践活动				6%		2%	2%	2%	2%

重家风　践行美德

知识目标：

能掌握优秀家风家训的精神与内涵。

能力目标：

1. 能探索发现生活中优秀的家风家训并主动学习借鉴。

2. 能在生活中培养自己家庭的家风家训。

素质目标：

传承和弘扬中国传统家风家训，培养家庭责任感，提高道德实践能力。

课前学习

［知识链接］

楹联中的经典家风

诗礼传家——指儒家经典及其道德规范世代相传。

出自《论语·季氏》中记载的一个故事。孔子问儿子伯鱼："学诗了吗？"伯鱼回答："没有。"孔子说："不学诗，就不懂得怎样交流与表达。"于是伯鱼回去学诗。又一天，孔子问："学礼了吗？"伯鱼回答："没有。"孔子说："不学礼，就不懂得怎样立身。"于是伯鱼回去学礼。

孔子对儿子只做出过这两点特殊的教诲，从此孔家的世代子孙便以学诗学礼作为家族祖训，继承发扬孔子思想，重视教育，以儒家伦理严格要求自己，使孔氏家族成为文化素养和道德水平都较高的家族，并被尊称为"天下第一家"。后世书香之家的楹联上经常用"文章华国，诗礼传家"作为家风家训世代传扬。

耕读传家——指教导子女既要知书达礼学做人，又要耕田犁地立性命。

在许多古旧住宅的对联上，很容易见到"诗书传家远，耕读济世长"这句话，"耕读传家"四个字代表了我国古代农业社会最朴素的治家格言。这里所说的"读"，是读圣贤书，不为功名利禄，只为修身养性、以立高德。在耕作之余，听长辈念几句儒家经典，或听老人讲一讲历史演义。子女在这样的环境中成长就能潜移默化地接受着礼教的熏陶和圣哲先贤的教化。

诗书继世——指为人应当饱读诗书，不断学习前人优秀品质，才能继承先世使家族长久地发展下去。

"忠厚传家久，诗书继世长"多见于许多古旧住宅的楹联上。意思是拥有忠实厚道的品德、饱读诗书的家族才能经久不衰。

精忠报国——意思是以忠报国，以身尽孝。

相传，"精忠报国"四个字，来自岳母姚老夫人的家训"尽忠报国"。钦宗年间，金兵南侵，青年岳飞向母亲表达了以身许国、上阵杀敌之意。岳母并没有挽留儿子，而是大义凛然地勉励他为国尽忠、以忠为孝。出发前，母亲毅然在他背上刺下"尽忠报国"四个大字。岳飞后来成为著名的抗金英雄，受历代百姓敬仰，"岳母刺字"的故事也被后世广为传颂。而"精忠报国"也被很多爱国志士作为家风家训传给后代。人们经常将其写在对联上，时刻提醒子孙要忠心爱国。

课前习题

一、单项选择题

1. "诗礼传家"是指（　　　）。

A. 孔门家风　　　　B. 现代家风　　　　C. 朱子家训　　　　D. 王氏家风

2. "尽忠报国"指的是（　　　）的家训。

A. 项羽　　　　　　B. 文天祥　　　　　C. 梁启超　　　　　D. 岳飞

3. "诗书继世长"的上一句是（　　　）。

A. 家和万事兴　　　B. 忠厚传家久　　　C. 瑞雪兆丰年　　　D. 锦绣山河美

二、判断题

1. "诗礼传家"指儒家经典及其道德规范世代相传。　　　　　　　　　　　（　　　）

2. "耕读传家"指教导子女既要知书达礼学做人，又要耕田犁地立性命。　（　　　）

评价与分析

课前任务评价

评价项目	评价内容	应得分	实得分
课前自学	访问学习	10分	
	互动	10分	
	视频学习	10分	
	讨论	10分	

评价项目	评价内容	应得分	实得分
知识点解读	知识点解读准确	30分	
习题检测	完成测试题	30分	
总　　计		100分	

课中学习

[**案例导入**]

曾国藩家书

曾国藩的优良家风

曾国藩自身节俭，他说："家俭则兴，人勤则健。能勤能俭，永不贫贱。"他每餐只吃一种菜，从不穿丝绸，一件官袍穿了三十年。他要求子女不能坐轿，不能穿丝绸，要自己种菜、洗衣。曾国藩身为家中长子，有许多写给父亲和兄弟的信。诸兄弟性格各异，他写信一一教导。妻子背着他在娘家附近购买田产，他得知后让弟弟卖掉，把钱交到祠堂。他认为大家庭以和为贵，"和则致祥，乖则致戾"。六弟不幸遇难，他悲痛数日，认为和家庭不和有关。教育儿子每天要向叔伯请安，家中诸事要以大局为重。他在写给九岁儿子纪鸿的信中，以慈爱的口吻，告诫儿子要读书，要自立。他说："凡人多望子孙为大官，余不愿为大官，但愿为读书明理之君子。"在那个以科举入仕为读书目的的功利时代，曾国藩却说出了读书的本质。纪泽只参加一次乡试，就潜心于西方文学及科技。他后来醉心于数学，成就卓越。

思考：曾国藩的故事体现了哪些优秀的家风？有哪些我们可以学习的优良品德？

[**实践任务**]

请同学们探寻自己家族的家风故事，写一篇以"探家风、寻家训"为主题的社会实践报告，课中进行展示。

要求：

（1）回老家寻访长辈，看看家族里是否有家风、家训、家规或流传下来的家风故事，分析其中蕴含的精神和内涵。

（2）若自己家族中没有，可寻访其他家族的优秀家风、家训。

（3）回老家寻找老宅里的家风对联，拍照留存。

[**知识锦囊**]

"家风正则民风正，民风正则政风清"。习近平总书记指出，家庭是社会的基本细

任务三　重家风　践行美德

胞，是人生的第一所学校，不论时代发生多大变化，不论生活格局发生多大变化，我们都要重视家庭建设，注重家庭、注重家教、注重家风。因此，强调家风建设对于社会和国家发展具有重要意义。

一、历代名人家风家训典范

历代名人的家风家训，就是家庭的信仰。如果一个人从小就受良好家风的熏陶，那么在生活、处世上则会有"法"可依，坚守内心。

（一）《颜氏家训》

《颜氏家训》是中国最早有完整记载的家训，也是第一部内容丰富、体系宏大的家训。颜之推是南北朝时期著名的文学家、教育家。他饱受颠沛流离，晚年写下了赫赫有名的《颜氏家训》。这部家训，以读书做人为核心，是颜之推论述个人经历、思想、学识以告诫子孙的著作。在颜之推家训的教导下，颜氏家族人才辈出，其家业和门风辉煌了整整三个世纪。颜之推的后人中最著名的便是书法大家颜真卿。

（二）《钱氏家训》

《钱氏家训》是五代时期吴越国国王钱镠留给子孙后代的精神遗产，更是留给我们每个中国人的宝贵精神遗产。钱镠在唐末平定战乱时立下战功，被封为吴越王。他虽以武功起家，但晚年好学，极重视后代教育，写下了《钱氏家训》，对钱氏子孙立身处世、持家治国的思想行为作了全面的规范和教诲。在良好家风的熏陶下，钱家人才辈出，在很多领域都有精英的存在，仅宋朝就出了三百五十多位进士，可谓人才济济。

（三）《朱子家训》

《朱子家训》又名《朱子治家格言》，是一部以家庭道德为主，主张修身治家的作品，通篇意在劝导后代要勤俭持家、安分守己。朱柏庐，本名朱用纯，出生于昆山的世家大族，18岁时清兵攻破昆山，父亲投河殉国，他带着母亲和年幼的弟弟、妹妹逃出昆山，后来隐居在江南小镇，潜心于书斋学术和教书育人。朱柏庐提倡知行并进，躬行实践，一生著作颇丰，但最有名的还是《朱子家训》。这篇家训虽仅短短五百多字，却道尽了传统中国人修身立世的精要，三百年来脍炙人口，家喻户晓。

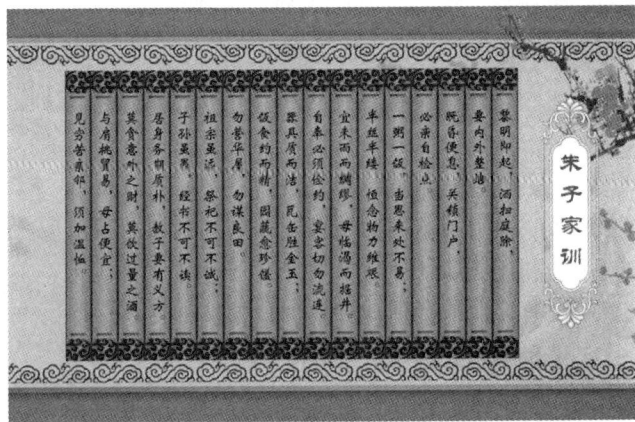

朱子家训

（四）《曾国藩家书》

《曾国藩家书》是曾国藩教导子女的书信集，收录了曾国藩百余篇具有代表性的家书，包括为政、修身、治学、持家、处世等，成为教导子女、树立良好家教的绝佳典范。曾国藩出生于湖南乡下的一个耕读之家，自幼由祖父抚养成人，耕读传家的儒家思想对他影响深远。在曾家家风的熏陶下，他饱读诗书，修身养性，最终成为晚清王朝的中流砥柱。曾国藩家风甚严，他为家人确立的勤奋、俭朴、求学、务实的家训家风，一直为曾家后人所传承，也使得曾氏家族代代英才辈出，成就了许多名家大师。

二、传世经典家风家训内涵解读

（一）孝老爱亲

在中国，历朝历代都有以孝治天下的风气，因此很多世家大族的家风家训都将孝老爱亲排在首位，而是否孝顺父母也成为判断一个人是否为君子的标志。时至今日，孝老爱亲仍将作为优良的家风世代发扬和传承下去。

▌【文化寻根 4.3.1】

"莫不孝二亲；莫弃本逐末，背毁师长。"

——《程氏家训》

译文： 不要不孝敬父母双亲；不要忘恩负义背地里诋毁老师和长辈。

解读：《程氏家训》由程颢、程颐兄弟的先祖程延撰写，以示子孙后代遵守。程氏治家重孝道、有规矩、讲家法，在这样的良好家风熏陶下，兄弟两人同为宋明理学的奠基者，被世人尊称为"二程"，他们的理学思想对后世影响深远。"二程"也十分重视家风家教，将"九思立德"的家训推而广之，既讲述做人的道理，又传授修养的功夫，以优良的家风家训，成就了程门英才辈出的家族传奇。时至今日，程氏家训依然润泽后世，连绵不绝。

▌【文化寻根 4.3.2】

"夫言行可覆，信之至也；推美引过，德之至也；扬名显亲，孝之至也；兄弟怡怡，宗族欣欣，悌之至也；临财莫过乎让。此五者，立身之本。"

——琅琊王氏家训

译文： 说话做事经得起考核查对，是诚信的最高境界；把荣誉让给别人，把过失留给自己，是德行的最高境界；通过自己成名来使父母感到荣耀，是孝敬的最高境界；兄弟相处融洽，家族和睦兴旺，是友爱的最高境界；面对财富能够谦让。这五个方面，是人立身处世的根本。

解读： 汉魏时期的大孝子王祥"卧冰求鲤"孝敬继母，因孝而誉满四方，他的同父异母弟弟王览则因"王览争鸠"被称为友爱兄长的典范。王祥去世前，立下此遗训，从此王氏家族便以王祥遗训为家训家风，世世代代传承。他们的家族，后来即称为"孝王"。由于他们家族世代以"孝""悌""德""信""让"为家风，带来了家族兴盛，名人辈出，书圣王羲之就是王祥的第四世从孙，王览的四世嫡孙。

西平礼法

西平王李晟过生日，在厅堂大摆宴席。酒宴刚开始，有个小婢女附在李晟的女儿耳边悄悄私语了好久，女儿微微点头并离去，过了一会儿又转了回来。李晟问："发生了什么事？"女儿回答："婆婆昨天夜里有点不舒服，刚派人前去问候了。"李晟听罢大怒，对女儿说道："你真是没有教养、不懂礼仪啊！婆婆生病，作为媳妇，就该侍奉左右，以尽孝心，这才是我李家知书达礼的女儿啊。"于是，女儿听从了父亲的训教，急忙赶回婆家照料婆婆去了。而李晟也在宴会结束后，亲自来到崔家看望亲家，同时对自己疏于对女儿的管教表达了深深的歉意。李晟教女的故事在当时传为美谈，因此李家的家法也被时人称为"西平礼法"，李晟成为一时的表率。

（二）修身养德

修身是儒家传统道德的一项重要要求，古人向来注重修身养德，因此几乎所有的家风家训中都包含有修身养德的内容。修身指修养身心，完善自己，规范行为，培养高尚的品德和正确的处世态度。在今天，我们选拔人才的时候更是以"德才兼备，以德为先"为标准。

"夫君子之行，静以修身，俭以养德；非淡泊无以明志，非宁静无以致远。"

——诸葛亮《诫子书》

译文：品德高尚的人的行为操守，是以宁静来提高自身的修养，以节俭来培养自己的品德。做不到恬淡寡欲就不能明确志向，做不到平和宁静就不能实现远大目标。

解读：《诫子书》是诸葛亮临终前写给八岁的儿子诸葛瞻的一封家书，可谓是一篇充满智慧之语的家训，亦成为后世历代学子修身立志的指南。诸葛亮一生不仅为蜀汉开疆拓土，鞠躬尽瘁死而后已，也十分重视儿子的教育。这一经典名句是告诫儿子要静思反省，俭朴节约；要清心寡欲，志向坚定，以此来培养自己的品德。这篇文章讲明了修养身心的途径和方法，指明了立志与学习的关系，传至今日，对年轻人依然有很大的影响。

封坛退鲊

东晋名将陶侃年幼丧父，陶母贤良淑德，靠纺纱织麻供儿子读书，尽管家贫无所依托，却很注重对儿子的修身养德教育，从不忘以廉德门风熏陶儿子。陶侃做县吏时，一位下属送了一坛鱼鲊（腌鱼），孝顺的陶侃马上嘱托乡人带给母亲。谁知母亲却原封不动地将这一坛鱼鲊退了回来，并在信中写道："尔为吏，以官物遗我，非唯不能益吾，乃以增吾忧矣。"陶侃收到母亲退回的鱼鲊和回信，大为震动，更愧疚万分。他下定决心，一生遵循母亲教导：清白做人，廉洁为官。

陶母的精神和事迹更是被后人写进家训，编入宗谱，成为浔阳陶氏族人延绵不绝、生生不息的精神力量。其曾孙陶渊明就有"不为五斗米折腰"的品性，继承了陶氏"贤""廉"家风的精髓。

（三）勤俭持家

勤俭持家是中华民族的传统美德，古代优秀的家风家训历来把勤俭持家当作修身之要、持家之宝、兴业之基、治国之道。在新时代的今天我们更应该将这种家风精髓融入日常生活中并弘扬和传承下去，在点点滴滴中做到勤俭持家。

【文化寻根 4.3.4】

"一粥一饭，当思来之不易；半丝半缕，恒念物力维艰。"

——《朱子家训》

解读：朱柏庐告诫子女：吃每一碗粥、每一碗饭时，应该想想这粥饭里有多少人的付出，是多么的来之不易；我们生活中所需的每半根丝、每半缕线，都包含着许多人的心血，应该好好珍惜。这体现了朱氏家族勤俭节约的传统美德和爱惜粮食的优良风尚。

【文化寻根 4.3.5】

"家俭则兴，人勤则健，能勤能俭，永不贫贱。"

——《曾国藩文集》

解读：这句话是晚清名臣曾国藩提出的十六字家训。意思是：一个家庭只有保持俭朴的传统才会兴旺，一个人只有养成勤劳的美德才会健康；而既俭朴又勤快的人，生活上便永远不会贫贱。曾国藩以此为家训来要求家人以俭持家，勤于治学。他自己也在生活中身体力行勤俭的作风，通常每顿饭只有一个菜，"绝不多设"。他爱穿家人为其纺织的土布衣服，不爱着绸帛。升任总督后，其鞋袜仍由夫人及儿媳、女儿制作。一件天青缎马褂是曾国藩最好的衣服，只在新年和重大庆典时穿，用了 30 年依然犹如新衣。

（四）勤学思进

古往今来许多有识之士，无不重视以文化人、以学治家，"学以增智，学以立身"，圣贤由学而成，才能由学而得。很多学子，尤其是出身贫寒的文人，都渴望通过勤奋学习、积极进取来改变自己的命运。那些坚持走文化兴家、读书树人之路的书香家庭更是将勤学思进镌刻在家风家训之中。

【文化寻根 4.3.6】

"玉不琢，不成器；人不学，不知道。然玉之为物，有不变之常德，虽不琢以为器，而犹不害为玉也。人之性因物则迁，不学则舍君子而为小人，可不念哉！"

——欧阳修《诲学说》

译文：玉不雕琢，就不能制成器物；人不学习，也就不会懂得道理。然而玉这种东西，有它永恒不变的特性，即使不磨制作成器物，但也还是玉，不会受到损伤。人的本性，受到外界事物的影响就会发生变化。因此，人们如果不学习，就要失去君子的高尚品德从而变成品行恶劣的小人，这难道不值得深思吗！

解读：北宋大文豪欧阳修幼时丧父，母亲对他的教育很严格。因不富裕，母亲用芦苇、木炭作笔，教欧阳修认字，后世称"画荻教子"。欧阳修在家训中教诲儿子要勤学进取，才能最终成为有德行、有学识的人才。更令人称道的是，他还举荐提拔了许多杰出人才，唐宋八大家中有五人都是出自其门下，因此他有"千古伯乐"的美誉。

【文化寻根4.3.7】

"幼而学者，如日出之光；老而学者，如秉烛夜行，犹贤乎瞑目而无见者也。"

——《颜氏家训》

译文：在少年时学习，就像是早上初升的太阳，朝气蓬勃；到老年才开始学习，就好像手持蜡烛在夜间行走，但这总比闭着眼睛什么都看不见强。

解读：这句话犹如《论语·里仁》中的"朝闻道，夕死可矣"，都是劝勉人们学习不在乎年龄大小，学习的最佳时间就是现在。颜之推以此来警戒子孙，勤学思进，即便错过学习的最佳机会，再行追补，也为时不晚。

【礼仪故事4.3.3】

圆木警枕

北宋名臣司马光，家风纯正，家教极严。司马光六岁开始读书，七岁时就被要求将难度颇高的《左氏春秋》熟背出来，还要讲出书中的大意。为了用更多的时间刻苦学习，他用一段圆木做成枕头，名为"警枕"。这样他睡觉的时候非常不舒服，只有疲惫到了极点才能勉强入睡，睡一会儿一翻身就会醒来，然后继续读书。司马光勤学进取，进步很快，被誉为"神童"。而他的父亲除了严格要求他读书以外，也很注重对司马光其他方面的教导与训练，时常带他游历名川大山，让司马光在"读万卷书"的同时，又有了"行万里路"的社会实践。在父亲精心教导之下成长起来的司马光，也确实不负众望，成为一代名家，主持编纂了中国历史上第一部编年体通史《资治通鉴》。与长辈一样，司马光不仅自己极为好学，也将这种家风向下传递。他曾告诫儿子：对于读书人而言，书就是根本，要爱惜。传此家风，司马光的后代子孙多以好学闻名。

（五）胸怀天下

很多优秀的家风家训中都包含胸怀天下、济世为民的内容，也正因为如此，才涌现出一大批"先天下之忧而忧，后天下之乐而乐""恩泽一方百姓，关心苍生疾苦"的仁人志士。这些家训中"以天下为己任，为黎民百姓着想"的家国情怀对后世影响深远，对我们今天大力培育和践行社会主义核心价值观和弘扬爱国主义精神也有着积极的意义。

【文化寻根4.3.8】

"利在一身勿谋也，利在天下者必谋之；利在一时固谋也，利在万世者更谋之。"

——《钱氏家训》

译文：利益得在自己一人就不去谋取，得在天下百姓就一定谋取；利益得在一时当然也要谋取，得在千秋万代则更要谋取。

解读：钱镠借此话劝诫子孙后代不要自私自利，应时刻胸怀天下、兼济世人；不要只贪图蝇头小利，而应用长远的目光对待名利和财富。

吉鸿昌不忘父训

吉鸿昌的父亲临终前留有遗训："当官要清白廉洁，多为天下穷人着想，做官就不许发财。否则，我在九泉之下也不能安眠。"吉鸿昌含泪答应。

吉鸿昌父亲病逝后，他把"做官不许发财"写在瓷碗上，要陶瓷厂仿照成批烧制，把瓷碗分发给所有官兵。他在分发瓷碗大会上说："我吉鸿昌虽为长官，但决不欺压民众，掠取民财，我要牢记父亲教诲，做官不为发财，为天下穷人办好事，胸怀天下，济世为民，请诸位兄弟监督。"

吉鸿昌言行一致，一生清白廉洁，处处为广大民众着想。当日本帝国主义侵略中国，人民陷入水深火热之中，他反对投降政策，奋起抗日，后遭国民党反动派杀害，牺牲时年仅 39 岁。

吉鸿昌

[任务方案设计]

1. 请根据学习任务要求，各组讨论名人的家风家训，并对比自己寻访得到的家风家训。

2. 每位同学给大家分享寻访得到的家风家训。

3. 分享在寻找家风家训的过程中听到的家风故事。

[任务展示]

1. 每组同学按顺序展示发言。

2. 其他组观看并记录问题，打出分数。

3. 进行任务总结。

任务方案设计讲解评价表

评价项目	评 价 内 容	应得分	实得分
家风家训知识	1. 名人的家风家训及家风故事	20 分	
	2. 自己寻访到的家风家训	20 分	
	3. 自己寻访到的家风故事	20 分	
有声语言和表情	1. 讲解者声音响亮、表达清晰	10 分	
	2. 态势语自然，与听众有互动	10 分	
创意设计	所用方法浅显易懂，形式新颖、活泼	10 分	
整体效果	充分发挥组内人员优势，分工合作，整体效果好	10 分	
总　　计		100 分	

任务展示评价表

评价项目	评 价 内 容	应得分	实得分
准备工作	1. 角色定位准确，模拟出场顺序	5 分	
	2. 实训过程全组协调良好	5 分	
基本知识掌握	名人家风家训及家风故事	20 分	
我的家风家训及家风故事	1. 展示自己寻访到的家风家训	20 分	
	2. 展示自己寻访到的家风故事	20 分	
观看讨论	1. 观看认真	5 分	
	2. 讨论积极	5 分	
任务总结	1. 按规定时间上交	5 分	
	2. 填写规范、内容详尽完整	5 分	
	3. 任务分析总结正确	5 分	
	4. 能提出合理化建议和创新性见解	5 分	
总　　计		100 分	

课后学习

新时代名人的家风家训

一、勤学上进，与人为善

莫言说："我们家的家风和大多数农村家庭的家风差不多，最主要的就是重视学习、重视文化，即勤学上进，与人为善。"

二、诚实

姚明坦言，小时候曾因不诚实被家人严厉批评过，他对家风的最深体会是两个字：诚实。

三、带头苦，不搞特殊

焦裕禄："工作上向先进看齐，生活条件跟差的比。"焦裕禄的儿女们在小时候因这条家训感到委屈和不满，长大后却把它当成人生的信条。

四、家族看重学习

屠呦呦说："家中崇文崇学，教诲很多。"勤学善思的家训家规对屠家孩子的世界观、人生观、价值观产生了积极深远的影响。

课后训练

一、单项选择题

1. （　　）是汉民族历史上第一部内容丰富、体系宏大的家训。

A. 颜氏家训　　　　　B. 朱子家训　　　　　C. 钱氏家训　　　　　D. 曾氏家训

2. 曾国藩出生于湖南乡下的一个（　　）。

A. 官宦之家　　　　　B. 耕读之家　　　　　C. 商贾之家　　　　　D. 贫民之家

3. "家俭则兴，人勤则健；能勤能俭，永不贫贱"出自（　　）。

A. 颜之推　　　　　　　　　　　　B. 钱镠

C. 朱柏庐　　　　　　　　　　　　D. 曾国藩

4. "一粥一饭，当思来之不易；半丝半缕，恒念物力维艰"出自（　　）。

A. 颜氏家训　　　　　B. 朱子家训　　　　　C. 钱氏家训　　　　　D. 曾氏家训

5. "幼而学者，如日出之光；老而学者，如秉烛夜行，犹贤乎瞑目而无见者也"出自（   ）。

    A. 颜氏家训   B. 朱子家训   C. 钱氏家训   D. 曾氏家训

6. "利在一身勿谋也，利在天下者必谋之；利在一时固谋也，利在万世者更谋之"出自（   ）。

    A. 颜氏家训   B. 朱子家训   C. 钱氏家训   D. 曾氏家训

7. 有一个家族仅宋朝就出了三百五十多位进士，它是（   ）。

    A. 颜氏家族   B. 朱子家族   C. 钱氏家族   D. 曾氏家族

8. （   ）教女的故事在当时传为美谈，因此李家的家法也被时人称为西平礼法，成为一时的表率。

    A. 李晟   B. 钱镠   C. 张晟   D. 李平

9. "勤学上进，与人为善"是（   ）家的家训。

    A. 焦裕禄   B. 莫言   C. 姚明   D. 屠呦呦

10. "封坛退鲊"说的是（   ）的故事。

    A. 孟母   B. 岳母   C. 陶母   D. 欧母

11. 程颢、程颐是（   ）代两位大儒，他们的母亲教子有方，堪称不朽传奇。

    A. 唐   B. 宋   C. 明   D. 清

12. "静以修身，俭以养德"出自（   ）的《诫子书》。

    A. 颜之推   B. 诸葛亮   C. 朱柏庐   D. 曾国藩

13. "画荻教子"说的是（   ）的故事。

    A. 孟母   B. 岳母   C. 陶母   D. 欧母

14. "圆木警枕"说的是（   ）的故事。

    A. 司马光   B. 欧阳修   C. 吉鸿昌   D. 陶侃

二、多项选择题

1. 《朱子家训》又称（   ）。

    A. 《朱子治家格言》   B. 《治家格言》

    C. 《朱柏庐治家格言》   D. 《朱熹家训》

2. 《曾国藩家书》收录了曾国藩百余篇具有代表性的家书，包括（   ）等章，成为教导子女、树立良好家教的绝佳典范。

    A. 为政   B. 修身   C. 治学   D. 持家   E. 处世

三、写一篇 400 字以上的学习总结与反思。

课后任务评价表

评价项目	评价内容	应得分	实得分
课后拓展	访问学习	10 分	
	互动	10 分	
	视频学习	10 分	
	讨论	10 分	
巩固家风家训的相关知识	正确说出五条新时代名人的家风家训	30 分	
习题检测	完成测试题	30 分	
总计		100 分	

综合评价表

阶段	项目	自我评价	组内评价	组间评价	教师评价	出勤	互动	访问	讨论	视频
课前（20%）	知识点解读				6%		2%	2%	2%	2%
	习题检测	6%								
课中（60%）	设计任务方案	5%	5%	5%	5%	4%	4%	4%	4%	4%
	任务展示	5%	5%	5%	5%					
课后（20%）	正确说出五条新时代名人的家风家训				6%		2%	2%	2%	2%
	课后检测	6%								

讲情义　和睦邻里

[**学习目标**]

知识目标：

能理解并记住有关邻里关系的词语，讲出其中五个和谐邻里的历史典故。

能力目标：

1. 能够助人为乐，处理好与其他宿舍同学之间的关系。

2. 能够与邻里和睦相处、守望相助，并能够化解生活中邻里之间的矛盾。

素质目标：

树立出入相友、和谐善邻的意识以及谦让、宽容、友善的处世观念。

课前学习

[**知识链接**]

邻里关系成语解读

孟母三迁

（1）**居必择邻**——居住必须选择好的邻居。

出自《名贤集》（成书年代不详）："居必择邻，交必良友。"这句是从《荀子》的"居必择乡，游必就士"、皮日休的"居必择地，行必依贤"演化而来。

（2）**孟母三迁**——孟轲（孟子）的母亲为选择良好的环境教育孩子，多次迁居。

出自汉代赵岐的《孟子题辞》。

（3）**里仁为美**——住在有仁者的地方才好。

出自《论语·里仁》："里仁为美，择不处仁，焉得知？"里，居住、相处之意。处，居住、停留。知，同"智"。意思是居住在有仁德之风的地方才是美好的。选择没有仁德之风的地方居住，怎么能算是明智的呢？

（4）**千金买邻**——好邻居千金难买。

出自《南史·吕僧珍传》："宋季雅罢南康郡，市宅居僧珍宅侧。僧珍问宅价。曰：'一千一百万。'怪其贵。季雅曰：'一百万买宅，千万买邻。'"

南康郡太守宋季雅任期已到回京城等待安排，就买下吕僧珍旁边的宅子。吕僧珍问宅子的价格。宋季雅说："一千一百万钱。"吕僧珍问他为什么出此高价，宋说："一百万买宅，一千万买你这个邻居。"

（5）**救灾恤邻**——救济灾荒、抚恤邻居。

出自《左传·僖公十三年》："晋荐饥（荐，数、重、一再；荐饥，禾麦连年不收），使乞籴于秦。秦伯谓百里：'与诸乎？'对曰：'天灾流行，国家代有。救灾恤邻，道也。行道有福。'……秦于是乎输粟于晋。"

春秋时，晋国灾荒连年，向秦请求购粮。秦穆公向大夫百里奚征求意见，百里奚认为各国都免不了受灾。救济灾荒、抚恤邻邦，是道义的行为，于是秦国把粮食卖给晋国。

课前习题

一、单项选择题

1. 邻里关系是社区中主要的人际关系。下列名言警句中，能体现和谐融洽的邻里关系的是（　　）。

A. 鸡犬之声相闻，老死不相往来　　B. 各人自扫门前雪，莫管他人瓦上霜

C. 远水不救近火，远亲不如近邻　　D. 老吾老以及人之老，幼吾幼以及人之幼

2. "德不孤，必有邻"出自（　　）。

A. 大学　　　　　B. 中庸　　　　　C. 论语　　　　D. 孟子

3. "孟母三迁"是关于（　　）的故事。

A. 孟子　　　　　B. 孔子　　　　　C. 荀子　　　　D. 老子

4. "里仁为美"的意思是（　　）。

A. 里仁很漂亮　　B. 住在有仁者的地方才好　　C. 邻里仁爱才好

二、填空题，完成下列名言名句

1. 百万买宅，_____。

2. _____，交必良友。

3. _____，择不处仁，焉得知？

评 价 与 分 析

课前任务评价

评价项目	评价内容	应得分	实得分
课前自学	访问学习	10 分	
	互 动	10 分	
	视频学习	10 分	
	讨 论	10 分	
知识点解读	知识点解读准确	30 分	
习题检测	完成测试题	30 分	
总　　　　计		100 分	

课中学习

[案例导入]

安徽桐城六尺巷

六尺巷的故事

清朝时，在安徽桐城，著名的张氏家族，父子两代为相，权势显赫，这就是张英、张廷玉父子。

清康熙年间，张英在朝廷当文华殿大学士、礼部尚书。老家桐城的老宅与吴家为邻，两家府邸之间有个空地，供双方来往交通使用。后来邻居吴家建房，要占用这个通道，张家不同意，双方将官司打到县衙门。县官考虑纠纷双方都是官位显赫、名门望族，不敢轻易了断。

在这期间，张家人写了一封信，给在北京当大官的张英，要求张英出面，干涉此事。张英收到信件后，认为应该谦让邻里，就给家里回信中写了四句话："千里来书只为墙，让他三尺又何妨？万里长城今犹在，不见当年秦始皇。"

家人阅罢，明白其中意思，主动让出三尺空地。吴家见状，深受感动，也主动让出三尺房基地，这样就形成了一个六尺的巷子。两家礼让之举和张家不仗势压人的做法传为美谈。

解读： 安徽桐城六尺巷的传说广为流传，几乎人人耳熟能详。因为这已经形成了一种文化现象，让墙诗所宣扬的那种仁义、礼让、宽厚、包容、大度、豁达、谦和、善良的处世态度，就是中华民族优秀传统文化中的谦让精神。根据这个故事而创作的歌曲《六尺巷》也广为传唱，弘扬邻里礼让精神。

思考： 六尺巷的故事给我们什么启示？你和家人是如何与邻里相处的？

[**实践任务**]

假设两位同学是社区管理员，每天的常规工作是巡查社区的安全，走访社区内的住户，解决百姓困难，化解邻里矛盾，维护社区和谐。以小组为单位，以"邻里一家亲"为主题编演一段情景剧。

情节自定，内容包括：邻里之间日常的恰当称呼，热情得体的问候；邻居有困难，伸出援助之手；化解一个邻里小矛盾；策划一次邻里联欢小活动。

[**知识锦囊**]

一、远亲不如近邻——睦邻很重要

每个人必须择地而居，居住必然和周围的居民形成关系，这就是邻里关系。邻里因位置关系而朝夕相处，所以显得更加亲密。俗话说"远亲不如近邻"，邻里关系是最基本的人际关系。和睦的邻里关系会让大家如沐春风，反之，水火不容的邻里关系则容易让大家都感到身心疲惫。

▌**【文化寻根 4.4.1】**

"原思为之宰，与之粟九百，辞。子曰：'毋，以与尔邻里乡党乎！'"

——《论语·雍也》

译文： 原思给孔子家当总管，孔子给他俸米九百斗，原思推辞不要。孔子说："不要推辞。（如果有多的）给你的乡亲们吧。"

解读： "邻里"一词在我国由来已久，最早的记载出自《论语·雍也》，孔子让弟子原思把多余的米送给乡亲们。这里邻里和乡党是近义词，都指乡亲们。《周礼》对居民组织有详细的划分和记载："令五家为比，使之相保；五比为闾，使之相受；四闾为族，

使之相葬；五族为党，使之相救；五党为州，使之相周；五州为乡，使之相宾。"

自古以来，邻里关系就受到人们的重视。古人有"近朱者赤，近墨者黑"的说法，认为环境对人有很大的影响，接近好人可以使人受到好的熏陶，接近坏人可以使人受到坏的影响，因此古人非常重视择邻而居。"里仁为美""居必择邻，交必良友""百万买宅，千万买邻"都表达了对选择邻居的重视。良好的生活环境对青少年的健康成长尤其重要，家喻户晓的"孟母三迁"的故事就是一个典型的例子。下面两个故事，都说明找到好邻居的重要性。

▌【礼仪故事 4.4.1】

唯邻是卜

《左传·昭公三年》记载着这样一个故事。齐景公为显示对重臣的重视，想要更换晏子（春秋时期齐国的大夫）的住宅，说："您的住宅靠近市场，低湿狭窄，喧闹多尘，不宜居住，让我为您建一所高大明亮的房子如何？"晏子辞谢说："我的祖父辈就住在这里，我都不足以继承祖父辈的业绩，还能住在这里已经是过分了。况且哪里敢麻烦邻里迁居为我建房呢？"后来，齐景公趁晏子出使晋国的时候扩建了他的住宅，等他返回时，新宅已建成。晏子拜谢了齐景公的好意，随即拆除新房子，重建邻里的房子，将邻人迁回原处。并且说："俗话说，'找住房不必选择好住处，应该选择好的邻居'。"最终恢复自己的旧宅。景公也只好同意了。

解读："唯邻是卜"成为一个现代成语，意思是找住房要选择好的邻居。

▌【礼仪故事 4.4.2】

陶渊明移居

晋代著名诗人陶渊明在一首《移居》诗中写道："昔欲居南村，非为卜其宅。闻多素心人，乐与数晨夕。"他选择移居南村，是因为他看中了这里有很多"素心人"，希望能和这些人朝夕相处。"素心人"是指内心纯净、朴素之人。陶渊明每日赋诗言志、安于贫、乐于道，他正是这样的人。

诗中还记述了他在南村与邻居的友好关系："邻曲时时来，抗言谈在昔。奇文共欣赏，疑义相与析。"他常与邻居们一起探讨诗文与人生，大家直率地发表自己的见解；有了好文章一同欣赏，有了疑难不解的问题互相切磋分析。人们之间互相帮助，和睦的邻里关系使彼此之间受到道德的熏陶和感染，获益匪浅。

二、德不孤，必有邻——睦邻先修己

选择好邻居固然重要，邻里和睦相亲更重要。德不孤，必有邻，好的邻里关系建立在好的德行基础之上。在与邻里相处中，首先要从自身出发，提高自身修养，发生矛盾纠纷时，先从自身找原因，从而维护和睦的邻里关系。要一视同仁，不厚此薄彼。有公德心，维护公共秩序。要保持安静，不以噪音扰民。不搬弄是非，不闲言碎语。人们在对子女的家庭教育中，经常加入有关邻里相处的教育内容，避免子女由于年幼，做出破坏邻里关系的行为。

"人有小儿，须常戒约，莫令与邻里损折果木之属。人养牛羊，须常看守，莫令与邻里踏践山地六种之属。人养鸡鸭，须常照管，莫令与邻里损啄菜茹六种之属。"

——宋·袁采《袁氏世范·下卷》

译文：有小孩子的人家，必须经常告诫、约束自己的孩子，不要让他到邻居家损坏果木等植物。饲养牛羊的人家，一定要常常看守它们，不能让它们跑到邻居家地里践踏、破坏庄稼。饲养鸡鸭的人家，必须经常照看管理它们，不要让它们到邻居家的菜地里去啄蔬菜。

解读：袁采在家训中告诫家人不要因为小事而得罪邻居，体现了很强的律己精神。如果无论做什么，都从自家的人严格做起，这样推而广之，整个社会都能严于律己，社会岂能不平安，民风岂能不纯朴，邻居间岂能不和睦。

【礼仪故事 4.4.3】

杨翥卖驴

明朝时期，礼部尚书杨翥特别喜欢驴子，平日上朝或外出也都骑驴代步。为了不让驴子受哪怕半点委屈，杨翥经常亲自为驴子擦洗梳理，喂的是上等的饲料，就连晚上，也要起来看上那么一两回，可以说是爱驴如子。邻居的一个老头，60岁了，老来得子，疼爱有加，可这孩子一听到驴子的叫声，就哭闹个不停，弄得一家人鸡犬不安，苦不堪言。起初，邻居认为杨翥是当朝礼部尚书，地位显赫，一直不敢向杨翥提及。后来，见自家的孩子日渐消瘦，家人也烦不胜烦，老头于是就向杨翥说了。杨翥听后二话没说，忍痛把自己心爱的驴子卖了，甘愿委屈自己，外出或上朝都靠步行，邻居一家感激不尽。

解读：驴子是古代重要的交通工具之一，所以很多人家里养驴，但杨翥为邻居家孩子而宁愿委屈自己，更显示出其宽容忍让的高贵品质。

三、亲仁善邻——邻里要相亲

邻里之间应当友善，友善是社区和谐、邻里团结的基础。邻居见面时的一声问候，小孩在一起时的一番鼓励，有空时的几句交流，就可以拉近相互之间的距离，表达出自己和邻里友善相处的愿望。自己家中有好吃的东西，要学会与邻居分享。"老吾老及人之老，幼吾幼及人之幼"，要学会尊重善待邻家长辈，关爱邻家后辈。

俗话说，"多年邻居变成亲"。事实上，在我国古代，邻里关系常被当成亲缘关系来相处。亲情式的邻里关系是我国传统文化的特色。比如，邻里之间常常以亲戚关系相称。如果年龄相当，则属于同辈，以兄弟姐妹相称；如果年龄相差较大，年纪轻的则属于晚辈，对长者以爷爷奶奶、叔叔阿姨等相称。这种以亲情相待的关系，更增加了邻里间的亲近感。

邻居既是亲人，还是朋友。陶渊明在诗中描写和邻居一起游玩的情景："与二三邻曲，同游斜川。"杜甫在诗中描写到邻居家赏花的情景："黄四娘家花满蹊，千朵万朵压枝低。留连戏蝶时时舞，自在娇莺恰恰啼。"唐朝的于鹄则描写了与邻居一起读书时的安详生活："分灯夜读书。"

"亲仁善邻，国之宝也。"

——《左传·鲁隐公六年》

译文：亲近仁义，与邻国友好相处，这是立国的法宝。

解读：自古以来，中国人就希望天下太平，同各国人民友好相处。

【礼仪故事 4.4.4】

罗威饲犊

汉代有个人叫罗威，邻居家的牛多次吃了他家的庄稼，他和邻居交涉，邻居不理。罗威没有火冒三丈，而是每天天不亮就起床去打青草，然后堆放在邻居家的牛圈前。牛每天吃饱了就睡觉，再也不去吃庄稼了。邻居每天起来，总看到牛圈前有一堆青草，颇感纳闷，经观察，知是罗威所为，顿觉愧疚，从此对牛严加看管。

四、守望相助——邻里要互助

邻里之间要形成良好的互助风气，日常生活中互相帮助。见到邻居的门没关好帮一把，见到掉落的衣服捡一捡，听到不正常的动静看一看，遇到吵闹劝一劝，听到呼救站出来，点滴之间的小事，就会拉近彼此的心。

【文化寻根 4.4.4】

"死徙无出乡，乡田同井。出入相友，守望相助，疾病相扶持，则百姓亲睦。"

——《孟子·滕文公章句上》

译文：老百姓无论埋葬或搬家都用不着背井离乡，在家乡同耕一块田地，大家都和睦、友好相处，防守盗贼也互相帮助，一家有病人，大家共照顾，这样人们就和睦相亲了。

解读："守望相助"已演变为一句成语，意思是"人们彼此关心，相互帮助"，常用来表示和睦的邻里关系。

邻里互助还表现在要主动照料有特殊困难的人，如照顾鳏寡孤独的老人。"鳏寡孤独皆有所养"是儒家天下大同的社会理想之一。

【礼仪故事 4.4.5】

杜甫恤邻

唐大历二年（767年），即杜甫漂泊到四川夔府的第二年，他住在瀼西的一所草堂里。草堂前有几棵枣树，西邻的一个老年寡妇常来打枣，杜甫同情老妇人的境遇，总是任她随意食取，从不干涉。后来，杜甫把草堂让给一位姓吴的亲戚，自己搬到离草堂十几里路远的东屯去。不料这姓吴的一来就在草堂插上篱笆，禁止打枣。杜甫知道了这件事，便写了一首诗当作书简，寄给吴郎，希望他善待西屋邻居老妇人。这首诗即著名的诗篇《又呈吴郎》：

"堂前扑枣任西邻，无食无儿一妇人。

不为困穷宁有此？只缘恐惧转须亲。

即防远客虽多事，便插疏篱却甚真。

已诉征求贫到骨，正思戎马泪盈巾。"

解读： 从诗中我们可以看到杜甫对那位"无儿无食"的邻居老妇人的同情和关爱。

杜甫雕像

五、礼尚往来——邻里重交往

加深邻里关系，还需要加强邻里交往。交往既包括邻里间婚丧嫁娶等的礼节往来，还包括邻里之间礼仪制度的建立和规范。古人在邻里交往中都比较遵守长幼尊卑的礼仪和礼节。

█ 【文化寻根 4.4.5】

"孔子于乡党，恂恂如也，似不能言者。"

——《论语·乡党》

译文： 孔子在本乡的地方上显得很温和恭敬，像是不会说话的样子。

解读： 孔子所表现出的温和虔敬，不仅是一种内心的要求，更是用具体的礼仪行为表现出来。

邻里间的交往还指多些活动，多些沟通，增进了解，增加感情。近年来越来越多城市举办"邻居节"，开展"万家宴""长街宴"，举办"趣味运动会"，可看作古代"乡饮酒礼""乡射礼"的转化，从"尊老敬贤"，从"其争也君子"的仪式感中教化民众增益邻睦，"文明其精神"。

█ 【文化寻根 4.4.6】

乡饮酒礼是我国古代的嘉礼之一，是乡人聚会社交的方式，儒家在乡饮酒礼中注入尊贤养老的思想，使一乡之人在宴饮欢聚之时受到教化。《吕氏春秋》记载，古时乡人因时而聚会，在举行射礼之前举行宴饮仪式。明代，民间以百家为一会，以里长或粮长主持，入座时，以善恶分列三等，不许混淆，以此作为道德教育的手段之一。《礼记·乡饮酒义》说："君子尊让则不争，洁、敬则不慢；不慢不争，则远于斗辨矣；不斗辨，则无暴乱之祸矣。"彼此懂得尊让，就不会与人争斗；懂得用洁和敬的态度与人相交，就不会怠慢他人。不与人争斗，不怠慢他人，就能远离斗辨，避免暴乱。

█ 【文化寻根 4.4.7】

先秦时期，各州县每年春秋为教民礼让、敦化成俗而举行的射礼，称为乡射礼。乡

射礼的地点主要在州的学校"序"，仪式在乡饮酒礼之后举行。乡射礼的主持者，由一名德行卓著、尚未获得官爵的处士担任，称为"宾"。射位设在堂上，箭靶称为"侯"，设在堂正南方"三十丈"远的地方。"侯"的左前方有一曲圆形的皮质小屏，供报靶者藏身之用，称为"乏"。弓、箭、算筹以及各种射具陈设在西堂。乡射礼的核心活动是射手之间的三轮比射，称为"三番射"。每番比射，每位射手以发射四支箭为限。

解读： "礼、乐、射、御、书、数"，是大家都熟知的我国古代"六艺"，"射"是其中之一。"射"不但是杀敌卫国的本领，更是一种修身养性的体育活动。乡射礼不仅是一种简单的体育运动，更含有深刻的哲理，在健身的同时，可以涵养心性和道德。孔子说："君子无所争，必也射乎！揖让而升，下而饮，其争也君子。"（《论语·八佾》）意思是说，君子不妄与别人争高低，如果一定要说争的话，那就是比射了，君子在比赛中要力争胜利，但在争胜时，却是揖让而升，下来后一起饮酒，是所谓君子之争。

【礼仪故事 4.4.6】

孔子射于矍相之圃

孔子与弟子在矍相之地的园圃中举行射礼，围观者层层密密如同墙一样。乡饮酒礼结束，立司马，孔子派子路手执弓矢，延请围观者入内参加即将开始的射礼，说："除了败军之将，对国家灭亡负有责任的大夫，以及为了贪财而成为别人后嗣的人不得入场，其余的人都可以入内。"于是，大约有一半人惭愧地自动离去，另外一半人留下了。比赛结束，即将举行"旅酬"的仪式，孔子又让公罔裘和序点两人举着酒觯对大家说话。公罔裘说："从少年到壮年都有孝悌之行，到了六七十岁依然好礼，不从俗流，修身以尽天年，有这样的人吗？请到宾位就座。"于是又走了一半人，留下了一半人。接着序点举起酒觯说："好学不倦，好礼不变，到了八九十岁甚至一百岁依然言行合于道，有这样的人吗？请到宾位就座。"于是刚才留下的人几乎走光了。

解读： 可见，孔子认为只有有德行者，才配参加射礼；只有德行超群者，才有资格担任射礼中的宾。在古代，射礼对于提倡正气、形成公众舆论、警世导民具有重要意义。

乡射礼复原图

1. 请根据学习任务要求，全组讨论编写详细的脚本方案。
2. 请对编写的脚本进行讲解。
3. 进行脚本修改，确定脚本方案。

[任务展示]

1. 根据脚本情景进行角色分工，道具自备。
2. 模拟训练，组内成员角色互换练习。
3. 抽签排序，一组一组地进行展示。一组模拟时，其他组观看并记录问题。
4. 进行任务总结。

评 价 与 分 析

设计任务方案讲解评价表

评价项目	评 价 内 容	应得分	实得分
邻里名言名句、故事运用	1. 名言名句记忆准确	10分	
	2. 出处含义讲解准确	10分	
	3. 故事典故运用恰当	20分	
	4. 与现代实例结合紧密	20分	
有声语言和表情	1. 讲解者声音响亮、表达清晰	10分	
	2. 态势语自然，整体表达与听众有交流	10分	
创意设计	所用方法浅显易懂，形式新颖、活泼	10分	
整体效果	充分发挥组内人员优势，分工合作，整体效果好	10分	
总 计		100分	

任务展示评价表

评价项目	评 价 内 容	应得分	实得分
准备工作	1. 角色定位准确，模拟出场顺序	5分	
	2. 实训过程全组协调良好	5分	
基本知识掌握	邻里相处名句和典故	5分	
邻里相处原则运用	1. 注重个人修养	15分	
	2. 互相谦让，宽容	15分	
	3. 邻里守望相助	15分	
	4. 组织邻里活动，增进了解	10分	
观看讨论	1. 观看认真	5分	
	2. 讨论积极	5分	
任务总结	1. 按规定时间上交	5分	
	2. 填写规范、内容详尽完整	5分	
	3. 任务分析总结正确	5分	
	4. 能提出合理化建议和创新性见解	5分	
总 计		100分	

课后学习

《礼记·射义》（节选）

（古者）卿、大夫、士之射也，必先行乡饮酒之礼……乡饮酒之礼者，所以明长幼之序也。

故射者，进退周还必中礼，内志正，外体直，然后持弓矢审固；持弓矢审固，然后可以言中。此可以观德行矣。

射者，仁之道也。射求正诸己，己正然后发，发而不中，则不怨胜己者，反求诸己而已矣。孔子曰："君子无所争，必也射乎！揖让而升，下而饮，其争也君子。"

译文：古代卿、大夫、士举行射礼，一定要先举行乡饮酒之礼。之所以先举行乡饮酒之礼，是为了明确长幼的顺序。所以射箭的人，不论前进还是后退，左旋还是右转，动作一定要符合规矩。从内心来说，沉着冷静；从外表来说，身体挺直；然后才可以把弓箭拿得紧瞄得准。把弓箭拿得紧瞄得准，然后才可以指望射中。所以说，从人的外部射箭动作就可以看出他的内在德行。

比赛射箭这件事，其中含有求仁之道。射箭时先要求自己做到心平气和、身体端正，自己做到了心平气和、身体端正之后才开始发射。发射而没有射中目标，则不应埋怨胜过自己的人，而应回头来检查一下自己。

孔子说："君子没有什么可争的，要说有的话，那就是在射箭比赛这件事上。虽然比赛结束时胜负的双方还是客客气气地揖让而升、揖让而降，但最后仍免不了由胜者使不胜者饮罚酒。君子以不胜为耻，所以要争，而且不争就是没有君子风度。"

课后训练

一、单项选择题

1. 在 2016 年央视春晚上，歌曲《六尺巷》给观众带来深刻印象。"一纸书来只为墙，让他三尺有何妨，街坊邻里常相敬，一段佳话永流芳"。这首歌的歌词启示我们在与人相处时应（　　）。

A. 敬重他人　　B. 理解他人　　C. 帮助他人　　D. 谦让他人

2. 乡射礼指的是（　　）。

A. 春秋时代民间流行的一种集会形式

B. 春秋时代民间流行的一种神秘崇拜

C. 春秋时代民间流行的一种射箭比赛

D. 春秋时代民间流行的一种饮宴礼仪

3. 乡射礼的核心活动是比赛射箭，一般要比赛多轮，称为（　　　　）。

A. 一番射　　　B. 两番射　　　C. 三番射　　　D. 四番射

4. 乡饮酒礼属于古代的（　　　　）。

A. 吉礼　　　　B. 凶礼　　　　C. 宾礼　　　　D. 嘉礼　　　　E. 军礼

二、多项选择题

1. 乡饮酒礼指的是（　　　　）。

A. 古时乡人因时而聚会，在举行完射礼之后的宴饮仪式。

B. 周代时，以卿大夫为乡饮酒礼主持人，贤者为宾，其次为介，又次为众宾。

C. 儒家在乡饮酒礼中注入尊贤养老的思想，使一乡之人在宴饮欢聚之时受到教化。

D. 清朝时，乡饮酒礼被取消。

2. 邻里和睦相处要做到（　　　　）。

A. 重视修己，带出邻里好风气

B. 互相谦让，建立和睦好关系

C. 守望互助，成为和谐大家庭

D. 举办活动，弘扬传统礼文化

3. 从"孔子射于矍相之圃"这个故事可以看出（　　　　）。

A. 孔子认为只有有德行者，才配参加射礼

B. 只有德行超群者，才有资格担任射礼中的宾

C. 射礼对于提倡正气、形成公众舆论、警世导民具有重要意义

D. 古代的乡射礼不是一种军事训练，而是一种道德教化的仪式

评价与分析

课后任务评价表

评价项目	评 价 内 容	应得分	实得分
课后拓展	访问学习	10分	
	互　动	10分	
	视频学习	10分	
	讨　论	10分	
课后反思	撰写线上课后反思	20分	
课后论文	完成"同宿舍、邻宿舍同学之间如何相处"小论文	20分	
习题检测	完成课后测试题	20分	
总　　　计		100分	

任务四　讲情义　和睦邻里

综合评价表

阶段	项目	自我评价	组内评价	组间评价	教师评价	出勤	互动	访问	讨论	视频
课前 （20%）	知识点 解读				6%		2%	2%	2%	2%
	习题检测	6%								
课中 （60%）	设计任务 方案	5%	5%	5%	5%	4%	4%	4%	4%	4%
	任务展示	5%	5%	5%	5%					
课后 （20%）	小论文				6%		2%	2%	2%	2%
	课后检测	6%								

项目四 爱国爱家

174

项目五
尊礼随俗

[**学习指导**]

　　国礼民俗是中华民族千百年来历史的记忆，沉淀着中国人的智慧，是在稳定的社会生活关系中逐步形成的共同观念，代表中华民族的精神气质。国礼民俗涵盖范围广泛，涉及国家间的外交礼仪、人生礼仪、节日风俗等多个方面。在本项目中，我们将采用课堂讨论、情景模拟、辩论演讲等方式，与同学们一同感受华夏民族延续至今的思想情感和生活方式，增进情感共鸣和文化认同感，将修身、齐家、治国、平天下的思想精神融入心灵，与个人、社会、民族、国家的发展密切相连，努力成长为一名优秀的文化传承者。

尚国礼　展示大国气象

[学习目标]

知识目标：

解释我国古代"五礼"和古代朝觐的大致情况以及我国国礼发展的三个阶段。

能力目标：

1. 提升策划和组织能力，能简单制作接待国宾的接待流程。

2. 通过学习，增强沟通能力、现场协调能力和执行力。举一反三，并将之落实到单位之间的交往和人与人的交往上，增强自身的职场竞争力。

素质目标：

能在参加、组织相关活动时，展现自身文明礼仪素养。树立敬畏先贤、弘扬中华优秀传统文化的观念，培养民族自豪感和文化自信心。

课前学习

[知识链接]

一、看视频，完成任务

观看"2017年孔庙祭孔大典"相关视频，了解祭孔大典的大致流程。

（一）祭孔大典

（1）祭祀孔子的典礼，称为"奠礼"。随着历代帝王的褒赠加封，祭典仪式日臻隆重恢宏，礼器、乐器、乐章、舞谱等也多由皇帝钦定颁行。历代帝王或亲临主祭，或遣官代祭，或便道拜谒。元、明、清三个朝代皇帝是在北京孔庙举行国家祭奠。

祭典中，会陈设音乐、舞蹈，并且呈献牲、酒等祭品，以表达对孔子的崇敬之意。

（2）祭孔的最重要议程是三献礼，主祭人要先整衣冠、净手后才能到孔子香案前上香鞠躬。鞠躬作揖时男的要左

祭孔大典

手在前、右手在后，女的要右手在前、左手在后。

所谓三献，分别是初献、亚献和终献，分别由正献官、亚献官和终献官负责供奉祭品。

初献帛爵。帛是黄色的丝绸，爵指仿古的酒杯，由正献官将帛爵供奉到香案后，主祭人宣读并供奉祭文，而后全体参祭人员对孔子像五鞠躬，齐诵《孔子赞》。

亚献和终献都是献香、献酒，分别由亚献官和终献官将香和酒供奉在香案上。程序和初献相当。

（3）祭孔大典通过祭祀的方式，用音乐、舞蹈等集中表现了儒家思想文化的丰富内涵。其中，曲阜国学堂祭孔大典非常具有代表性，将艺术形式与政治内容高度统一起来，形象地阐释了儒家思想中"礼"的含义，表达了"仁者爱人""以礼立人"的儒家思想精髓，具有很强的思想亲和力、精神凝聚力和艺术感染力。这对于弘扬中华优秀传统文化、构建和谐社会、凝聚民族精神具有不可替代的社会作用。

新的历史时期的祭孔大典，不仅成为中华民族集体缅怀先圣、继承优良传统、弘扬中华美德、提高民族素质、加强民族凝聚、增强民族自信、振奋民族精神、促进世界和谐、推动人类文明的有效途径和方式，同时也必将在中国文化史、世界祭祀史、人类文明史上留下浓墨重彩的一笔。

（二）欢迎访华贵宾的礼仪

我国欢迎外国访华贵宾仪式一般是安排在北京人民大会堂东门外广场举行。一般欢迎仪式包括：主宾会面、检阅三军仪仗队、奏双方国歌和鸣放礼炮等。

二、"国礼"的由来

中国传统的"礼"源于祭祀。在秦汉时期就形成了精深的体系和博大的规模，《周礼》《仪礼》和《礼记》俗称为"三礼"，基本上奠定了我国传统文化中"礼"的理论基础。

儒家思想是中华民族传统文化的精髓。春秋时期的儒家就非常重视"礼"，他们所说的"礼"还包括"乐"在内。他们不仅注重外在的行为，也注重"乐"，即注重内在的道德教化。

以圣人孔子为代表的儒家文化更注重人的内心教化。孔子曾说："人而不仁，如礼何？人而不仁，如乐何？"孔子主张恢复周朝的"礼"。

中国被称为"礼仪之邦"是有根据的，《中庸》中就有"礼仪三百，威仪三千"的描述，就非常形象地说明了中国的"礼"无处不在，而且数量非常多。

中华古礼的传统，分为"经礼"和"曲礼"两部分。下面我们着重介绍"经礼"。

"经礼"是指比较隆重的、具有特定目的的一整套礼仪，亦即《仪礼》所记载的"冠、婚、丧、祭、燕、射、朝、聘"等各种礼。后人为了研究方便，把"礼"归类为"五礼"，即：吉礼、凶礼、军礼、宾礼、嘉礼。

宾礼，是指接待宾客之礼。在先秦时期，施用宾礼的对象有特定范围。《周礼》"以宾礼亲邦国"，即宾礼是在诸侯朝见天子以及诸侯国相互之间交往时而采用的礼节。因此宾礼是宗主与藩属之间、藩属与藩属之间互相往来的一种礼仪制度。

"九宾之礼"，是我国古代最隆重的礼节。它原是周朝天子专门用来接待诸侯的重要庆典。周朝有八百个诸侯国，周天子按其亲疏，分别赐给各诸侯王不同的爵位，爵位分为公、侯、伯、子、男五等，各诸侯国内的官职又分为卿、大夫、士三等。诸侯国国君则自称为"孤"。这"公、侯、伯、子、男、孤、卿、大夫、士"合起来称为"九仪"或称"九宾"。周天子朝会"九宾"时所用的礼节，就叫"九宾之礼"。"九宾之礼"是非常隆重的仪式。九位礼仪官员先是从殿内向外依次排列，迎接宾客时则高声呼唤，上下相传，声势威严。

按照古礼，"九宾之礼"只有周天子才能用。但到了战国时代，周朝日渐衰败，诸侯称霸，"九宾之礼"也为诸侯所用，逐渐演变为诸侯国接见外来使节的一种最高外交礼节了。《廉颇蔺相如列传》中的"设九宾之礼"就是指此。后来随着时代变化，宾礼范围也逐渐扩大，不仅包括皇帝遣使出访、外使朝见等国与国、民族与民族之间的交往礼仪，甚至于主人与宾客之间的交往关系也都归入宾礼。这丰富了宾礼的内涵，使宾礼成为一种社会交往中经常使用的礼仪。

课前习题

一、填空题

1. 我国传统的"三礼"指的是 _____ _____ _____。

2. 中华民族文化的精髓是 _____ 思想。

3. 儒家思想是 _____ 创立的，儒家思想倡导仁、义、_____、智、信。

4. 我国古代最出名的思想家、教育家是 _____。

5. 我国古代的"五礼"是指吉礼、凶礼、军礼、_____、嘉礼。其中我们此次课程重点介绍的国礼就属于 _____。

二、请写出一件你印象中最深刻的国际交往大事件。

评 价 与 分 析

课前任务评价

评价项目	评 价 内 容	应得分	实得分
课前自学	访问学习	10分	
	互 动	10分	
	视频学习	10分	
	讨 论	10分	
观看视频，完成作业	观看完整视频，并写出仪式流程	30分	
习题检测	完成课前习题、测试题	30分	
总 计		100分	

课中学习

某位著名学者要来校讲座。你作为接待人员，需要出具接待方案。接待方案包括前期的沟通工作、贵宾来访的吃住行、讲座的安排，贵宾的接送安排等方面。请按照要求设计脚本，完成任务设计方案，并进行任务展示。

案例导入

苏武牧羊

卫律知武终不可胁，白单于。单于愈益欲降之，乃幽武，置大窖中，绝不饮食。天雨雪，武卧啮雪，与毡毛并咽之，数日不死。匈奴以为神，乃徙武北海上无人处，使牧羝，羝乳，乃得归。别其官属常惠等，各置他所。武既至海上，廪食不至，掘野鼠，去草实而食之。杖汉节牧羊，卧起操持，节旄尽落。

——《汉书·苏武传》

苏武牧羊

解读：卫律得知苏武终究不肯投降，就报告了单于。单于越发想要使他投降，就把苏武囚禁起来，放在地窖里面，不给他喝的吃的。天下雪，苏武卧着嚼雪，同毡毛一起吞下充饥，几日不死。匈奴人认为很神奇，就把苏武迁移到北海边没有人的地方，让他放牧公羊，等到公羊生产了小羊才准许苏武回国。同时把他的部下及其随从人员常惠等分别安置到别的地方。苏武迁移到北海后，粮食运不到，只能掘取野鼠所储藏的野生果实来吃。他拄着汉廷的符节牧羊，睡觉、醒着时都拿着符节，以致系在节上的牦牛尾毛全部脱尽。

苏武牧羊是著名典故之一。苏武，是中国历史上能够坚持气节的代表人物之一。他受汉武帝的派遣，出使匈奴，被单于扣留。单于派卫律等人对苏武威逼利诱。匈奴单于为了逼迫苏武投降，开始时将他幽禁在地窖中，苏武饥渴难忍，就吃雪和毡毛为生，但绝不投降。单于又把他弄到北海，苏武更是不为所动，依旧手持汉朝符节，牧羊为生。

苏武被匈奴扣留 19 年，受尽苦难，忠贞不屈，回国时头发胡须都变成白色了，表现了顽强的毅力和不屈的气节。

[知识锦囊]

中华文明上下五千年。中华民族从夏、商、周等朝代起，在政治、军事、文化、经济等各方面都非常发达，处于绝对领先地位，就建立了以汉族为主的强大、统一的帝国。

据《周礼》记载，早在西周时期，就设有"怀方氏""训方氏"等职位，专门负责接待周朝各邦交国的诸侯首领、使臣与边远小国的首领、使者，帮助他们办理向中央王朝的纳贡事务，并负责迎送来宾、发放各种通行证件、供给来宾日用物品、安排住宿、饮食等。

"怀方氏""训方氏"等可以说是中国最早的负责外交事务的官职。

据文献记载，经过多个朝代的变更，我国古代外交礼仪渐渐形成了一套固定的迎宾程序。

一、"郊劳"和"赐舍"

"郊劳"：是指各邦交国诸侯、藩国首领及其使者到达京城边境的时候，中央政府要派官员去迎接，并且互赠礼品以示尊重。

"赐舍"："郊劳"后由专人将来访者迎到城中的宾馆下榻，随即有关官员出面设宴款待来宾，了解来客的要求，并安排来宾下榻休息，称为"赐舍"。

二、朝觐仪式

"接见"：按照周王室确定的接见日期，来宾先乘车在王室祖庙门外等待，然后由专人引入殿堂。

"享献"和"请罪"：接见时，来宾进入门右，向周王献上圭玉（古代帝王、诸侯在举行典礼时拿的一种玉器，上圆下方），同时行跪拜拱手低头礼，名为"享献"。

如果是诸侯或藩主觐见，在享献后，诸侯或藩主要露出右臂，表示"有罪"，请求天子的原谅和安抚。这个程序称为"请罪"。

三、"送宾"

朝觐之后，中央政府向来宾赠送车马、服饰和食品等礼品。然后，继续由官员出面宴请来宾，直至送出境外。直到清朝，藩国朝觐及外藩遣使来聘之礼的程序大体上延续此制。

[任务方案设计]

1. 请根据学习任务要求，小组讨论：某位著名学者要来校讲座。你作为接待人员，需要出具接待方案。接待方案包括前期的沟通工作、贵宾来访的吃住行、讲座的安排、贵宾的接送安排等方面。并按照要求设计脚本，完成任务设计方案，进行任务展示。

2. 请对编写的脚本进行讲解。

3. 进行脚本修改，确定脚本方案。

1. 根据脚本情景进行角色分工，道具自备。
2. 模拟训练，组内成员角色互换练习。
3. 抽签排序，一组一组地进行展示。一组模拟时，其他组观看并记录问题。
4. 进行任务总结。

评 价 与 分 析

设计任务方案讲解评价表

评价项目	评 价 内 容	应得分	实得分
接待方案总体安排	1. 访问前的双边沟通工作	20分	
	2. 贵宾的吃住行等安排工作	20分	
	3. 讲座的具体安排	20分	
	4. 贵宾离开时的安排等	10分	
有声语言和表情	1. 讲解者声音响亮、表达清晰	10分	
	2. 态势语自然，整体表达与听众有交流	10分	
创意设计	所用方法易浅显易懂，形式新颖、活泼	5分	
整体效果	充分发挥组内人员优势，分工合作，整体效果好	5分	
总　　　　计		100分	

课后学习

[知识拓展]

一、外交礼仪中的禁忌

在外事活动中，我们不仅应做到尊重国家公众、礼貌待人，也应该了解外国友人的种种禁忌，避免失礼情况的发生。

（一）外事礼仪数字禁忌

（1）西方人认为 13 是不吉利的，甚至在每个月的 13 日，有些人也会感到忐忑不安。并且人们还认为星期五也是不吉利的，尤其是逢到 13 日又是星期五时，最好不举办任何活动。在日常生活中的编号，如门牌号、旅馆房号、层号、宴会桌等编号、汽车编号也尽量避开 13 这个数字。

（2）"四"字在朝鲜文和日文中的发音与"死"相近，在日本与朝鲜等东方国家将它视为不吉利的数字，因此这些国家的医院里没有四号病房和病床。在我国，有些地方如遇到"四"，且非说不可时，禁忌的人往往说"两双"或"两个二"来代替。另外，在日语中"九"发音与"苦"相近似，因而也属禁忌之列。

（二）外事礼仪颜色禁忌

（1）日本人认为绿色是不吉利的象征，所以忌用绿色。

（2）巴西人以棕黄色为凶丧之色。

（3）欧美许多国家的人以黑色为丧礼的颜色，认为这种颜色多表示对死者的悼念和尊敬。

（4）埃塞俄比亚人以穿淡黄色的服装来表示对死者的深切哀悼。

（5）叙利亚人将黄色视为死亡之色。

（6）巴基斯坦人忌黄色，这是因为那是僧侣的专用服色。

（7）委内瑞拉人用黄色作医务标志。

（8）蓝色在埃及人眼里是恶魔的象征。

（9）比利时人最忌蓝色，如遇有不吉利的事，都穿蓝色衣服。

（三）外事礼仪花卉禁忌

（1）德国人认为郁金香是没有感情的花。

（2）日本人认为荷花是不吉祥之物，意味着祭奠。

（3）菊花在意大利和南美洲各国被认为是"妖花"，只能用于墓地与灵前。

（4）在法国，黄色的花被认为是不忠诚的表示。

（5）绛紫色的花在巴西一般用于葬礼。

（6）在欧美，被邀请到朋友家去做客，献花给女主人是件愉快的事，但在阿拉伯国家，则是违反了礼仪。

（7）在国际交际场合，忌用菊花、杜鹃花、石竹花、黄色的花献给客人，这已成为惯例。

二、常见外交用语介绍

国事访问——是指某一国家元首或政府首脑应他国元首或政府首脑的邀请，对他国所进行的正式访问。

国宾——是指受某一国家元首或政府首脑的正式邀请，到该国进行访问的外国元首或政府首脑。

东道主——"东道主"一词源于《左传·烛之武退秦师》一文："若舍郑以为东道主，行李之往来，共其乏困，君亦无所害。""东道主"一词后成为"主人"的代称。如在世界上某一国家举行国际性的体育活动、比赛等，某国就被称为"东道主"。

主权平等——联合国宪章倡导"主权平等"。因此，"主权平等"的原则在国际礼仪体现在以下方面：

（1）国家尊严受到尊重。

（2）国家的外交代表，按照国际公约的规定，享有外交特权和豁免。

（3）不以任何方式强制他国接受自己的意志；不以任何借口，干涉别国的内部事务，既不要强加于人，也要避免"强人所难"。

（4）在相互交往中，实行"对等"。所谓"对等"实际上就是"礼尚往来""一视同仁"或"不歧视"的原则。

（5）"主权平等"的原则，在国际组织中和在国际会议上，每一个参加国都具有同等的"代表权"和"投票权"，每一个国家所投的票在法律上具有同等效力。

正式访问——是指一国领导应某一国家领导的正式邀请，对邀请国进行的访问。有时称为友好访问或正式友好访问。国家元首的正式访问还可称为国事访问。

非正式访问——这类访问的礼仪活动一般从简，常用于各种情况的访问。其中国家领导人以私人身份进行的访问称为私人访问，出访时途经某国所进行的访问可称为顺道访问，由于某种原因不便公开报道的访问则称为秘密访问。此外，两国领导人为磋商重大问题举行的会晤，往往采用工作访问的形式。

仪仗队——是由海、陆、空三军人员组成的或由陆军人员单独组成的、执行礼节性任务的武装部队，按各国规定人数不等。仪仗队通常用来迎送外国元首、政府首脑和高级将领等活动。

鸣礼炮——鸣放礼炮起源于英国，是一种向对方致敬的表示。礼炮响数的多少，代表友好诚意和对对方的尊敬程度。

课后训练

一、填空题

1. 我国古代的"五礼"是指 _____、_____、_____、_____、_____。

2. 成人礼是古代"五礼"中的 _____ 礼。

3. 婚礼是古代"五礼"中的 _____ 礼。

4. 国礼是古代"五礼"中的 _____ 礼。

5. 现代国际关系中，国与国的关系是应以公认的 _____ 为基础。

6. 我国古代接待附庸国时的礼节采用 _____、_____、_____ 三道程序。

二、 如果你工作的单位要接待一名重要的客人，而你又是负责接待工作的负责人，你的接待方案是什么？

三、 写一篇 400 字以上的学习总结。

课后任务评价表

评价项目	评价内容	应得分	实得分
课后拓展	访问学习	10分	
	互 动	10分	
	视频学习	10分	
	讨 论	10分	
完成课后训练	完成课后训练题	60分	
总　　计		100分	

综合评价表

阶段	项目	自我评价	组内评价	组间评价	教师评价	出勤	互动	访问	讨论	视频
课前（20%）	知识点解释				6%	2%	2%	2%	2%	2%
	习题检测	6%								
课中（60%）	设计任务方案	5%	5%	5%	5%	4%	4%	4%	4%	4%
	任务展示	5%	5%	5%	5%					
课后（20%）	完成课后训练		6%		6%	2%	2%	2%	2%	2%

任务二

重嘉礼　珍视人生节点

[学习目标]

知识目标：

能正确解读"弄璋之喜""礼，始于冠""束脩"的意思。

能力目标：

能正确运用礼仪知识安排生活中的诞生礼、尊师礼、冠笄礼、婚礼。

素质目标：

1. 培养对生活中的礼俗追本溯源的研究精神。

2. 珍视人生节点，培养自己的仪式感。

课前学习

[知识链接]

（1）诞生礼。《诗经·小雅·斯干》："乃生男子，载寝之床，载衣之裳，载弄之璋。……乃生女子，载寝之地，载衣之裼，载弄之瓦。"

解读：如果生了男孩，就让他睡在床上，给他穿华丽的衣服，给他玩白玉璋。如果生了女孩，就让她睡地上，把她包在褓褓里，让她玩陶制的纺锤。所以"弄璋之喜"指的是生了儿子，"弄瓦之喜"指的是生了女儿。

2. 尊师礼。《礼记·学记》："凡学之道，严师为难。师严然后道尊，道尊然后民知敬学。"

解读：凡学习之道，最难的就是尊重老师。老师受到尊敬，然后道才会受到尊重，道受到尊重，然后人们才知道尊崇敬重学问。礼记中这句话点明了尊师重道的意义。

3. 冠笄礼。《礼记·冠义》："故冠而后服备，服备而后容体正，颜色齐，辞令顺。故曰：'冠者，礼之始也。'"

解读：因此，举行了加冠礼之后，服装就完备了；服装完备之后，才能体态举止庄严端正，才能神色表情得体恰当，才能言谈辞令顺畅合宜。所以说："冠礼，是一切礼的开始。"

4. 婚礼。《礼记·昏义》："夫礼始于冠，本于昏，重于丧祭，尊于朝聘，和于射乡。此礼之大体也。"

解读：礼，以冠礼为起始，以婚礼为根本，以丧礼、祭礼最为隆重，以朝礼、聘礼最为尊贵，以乡饮酒礼和乡射礼最为和谐，这是礼的主要内容。

【礼仪故事 5.2.1】

宋真宗行皇子冠礼

大中祥符八年，宋真宗在太清楼养病，他打算"委政于皇太子，加冠监国"，由王曾辅佐其处理政务。御史中丞王臻听闻此消息后上疏说，皇子还未长大成人，如果让他"冠而临国"，则"冠道未成"，如果不施行冠礼就监国，则"岂可以童子之道理"。

此时，皇太子刚满 6 岁，然而"人君十二始冠"，所以王臻认为此时让皇太子加冠监国实为不妥，"不冠而监"更为不妥。不管王臻怎样反对，宋真宗还是于大中祥符八年让年仅 6 岁的皇太子完成了冠礼。其实对于帝王而言，冠礼具有特殊的意义。周代实行嫡长子继承制，在位之王去世，嫡长子无论年长或年幼都可以即位，但若未成年行冠礼则不可亲政。周成王幼年继武王之位，但周公摄政直至其成年。嬴政 13 岁即秦王位，但也是直到 22 岁行冠礼后方才亲政。从天子至士庶，冠礼都是成人的标志。此时的宋真宗已经到了知天命的年纪，他坚持要给年仅 6 岁的皇太子加冠，实际上是想早点给予其监国的权力。

课前习题

一、选择题

1. "弄璋之喜"中"璋"在古代象征（　　　）。

A. 美貌　　　B. 权力　　　C. 力量　　　D. 善良

2. "师严然后道尊，道尊然后民知敬学"出自（　　　）。

A.《论语》　　B.《礼记》　　C.《论语》　　D.《师说》

二、判断题

1. "弄瓦之喜"指的是生了儿子。

2. 在古代婚礼是礼仪的起始。

三、简答题

为何多数古代皇帝亲政前要行冠礼？

课前任务评价

评价项目	评价内容	应得分	实得分
课前自学	访问学习	10分	
	互 动	10分	
	视频学习	10分	
	讨 论	10分	
知识点解读	知识点解读准确	30分	
习题检测	完成测试题	30分	
总　　　计		100分	

课中学习

[**案例导入**]

孔子故里曲阜推出"升级版"中华成人礼

甲午年春季祭孔之中华成人礼仪式（2014年4月）3日在孔子故里山东曲阜的孔庙大成殿前举行。据悉，当地将把这一传统礼制活动常态化、大众化。

大成殿广场上，身着汉服的学子们庄严肃立

"请受冠笄者向主宾行礼。俯揖，拜，起。"在当天的仪式上，60余名学子身穿汉服，按照传统礼仪程序举行成人礼。他们向孔庙大成殿内的先师孔子像行作揖礼，接受父母的加冠加笄，以传统的方式见证自己长大成人。

据介绍，为青年男女举行的跨入成年的仪式被称作"冠笄之礼"，又称"成人礼"。曲阜孔庙举办成人礼始于2006年，今年春季祭孔期间，曲阜市推出全新升级版的"中华成人礼"活动，这也成为甲午年春季祭孔大典的亮点之一。

"升级版的'中华成人礼'在尊重传统文明、汲取其合理内核的基础上，坚持遵古不复古，为传统冠礼注入新的时代精神。"曲阜市文物局负责人表示，与往年不同，今年的成人礼服饰是面向社会公开征集设计方案，采用的汉服以宋代服饰为基础，做了细节上的加工与改造，如在衣边加上浅色的祥云图案。

"感觉自己真是长大了，身上多了一份对社会和家庭的责任。"刚刚参加完成人礼仪式的曲阜师范学校学生孔令东难掩喜悦之情。

在这次活动中，曲阜市发出了"尊崇庙祀本真，弘扬传统文化"的倡议，倡导全国各地孔庙组织要充分发挥孔庙在弘扬中华优秀传统文化上的独特优势，广泛开展传统文化普及和教育实践活动，为学生、民众学习儒学，传承文明提供优良载体和平台。

[**实践任务**]

从诞生礼、尊师礼、冠笄礼、婚礼中，选择一项礼仪来设计行礼方案流程。

[**知识锦囊**]

人生礼仪仪式是指围绕着人的生命历程中的关键时刻或时段而形成的一些特定的仪式活动，其目的是标记或帮助人们成功或顺利地度过这些关键时刻，完成人生角色的转换。传统人生礼仪仪式是一种规范的生活秩序，它是靠人的内驱力以遵循礼节、仪式和规矩而获得稳定的秩序，使人依靠从仪式教化中养成的敬畏、虔诚与感恩意识，达到自律、自爱与自立。

按生命的过程，人生礼仪可以分为三个阶段。一是自出生到儿童期的育儿和家教阶段。在这个阶段，人们接受了形成日后人格的生理习惯和社会习惯。二是青春期走向成熟的各种角色准备和训练阶段。三是指成年后的学习阶段。与成年人的各种人生路程相应，人们继续学习、完善，它对职业角色来说尤其具有重要意义。可以说，人的一生从一个阶段进入另一个阶段都需要借助于特定的仪式来实现其在不同阶段应有的地位和角色，这些仪式就是平常我们所说的人生礼仪。

一、诞生礼

没有什么比生命的诞生更值得期待和祝福，诞生礼仪又被称作"摇篮边的礼仪"。世界各民族都有不同方式来迎接生命。汉民族传统的诞生礼具有连续性，它由几种礼仪仪式组成，婴儿诞生，有出生礼；三日后，有三朝礼；出生一月，为满月礼；出生百天，行百日礼；一周岁时，行周岁礼。这样，对一个新生命的迎接过程，才算完成了。

（一）祝福生命

举行仪式的目的是呼唤起在场人对生命的尊重和祝福。生命来之不易。生子前，古人有求子的习俗。民间多有崇拜送子观音或是旁人给其象征性地"送子"的习俗。洗三的含义是表示新生儿完全脱离了胎儿期,从此正式踏上了人生的旅途。古代,民间习俗认为,孩子出生三天以后,家人方可以去抱。

诞生礼

刺绣"麒麟送子"

西周生《醒世姻缘传》第二十一回描述了晁家隆重的满月剃发仪式:"正月十六日晁梁满月,又是个上好的吉日,晁家唤了一个平日常剃头的师傅来给他剃头。先赏了五百文铜钱,剃完了头,又招待酒饭。刚剃过胎发的晁梁头上顶着个瓢帽子,穿着浅月白袄,下边用蓝布棉褓子裹着。族里的女眷都来送了满月礼,其中有些银钱银铃。"《金瓶梅词话》第三十二回:"薛内相来庆贺西门庆之子官哥儿满月,送的两盒礼物里有衣料和佩饰:闪红官缎一匹、福寿康宁镀金银钱四个、贴金沥粉彩画寿星拨浪鼓一个、银八宝二两。"两篇小说中的"银钱""银铃"都是让孩子戴在身上避邪求吉的饰物。人们认为,小孩魂魄还没有长全,银是可以驱邪的。

(二)热爱生命

传统诞生礼仪仪式积淀着一个民族的古风遗俗,教育每一个人要珍爱生命,热爱生命。满月、百岁、周岁、生日、寿诞等仪式往往由家中有威望的长辈来筹办。在不同的仪式庆典中,聚餐都是必不可少的,这有助于营造家庭和睦、尊老爱幼的氛围。

"江南风俗,儿生一期,为制新衣,盥浴装饰,

抓周图

男则用弓矢纸笔，女则刀尺针缕，并加饮食之物，及珍宝服玩，置之儿前，观其发意所取，以验贪廉愚智，名之为试儿。亲表聚集，致宴享焉。" ——《颜氏家训·风操》

译文：江南的风俗，在孩子出生一周年的时候，要给他（她）缝制新衣，洗浴打扮。是男孩就用弓箭纸笔，是女孩就用刀尺针线，再加上食物，还有珍宝和衣服玩具，放在孩子面前，看他（她）动念头想拿什么，用来测试他（她）是贪还是廉，是愚还是智，这叫作试儿。亲属聚集，接受招待宴请。

▌【礼仪故事 5.2.3】

唐朝"千秋节"

唐代中期，才华横溢的唐玄宗一度开创了国富民强的大好局面，史称"开元盛世"。老百姓吃得饱穿得暖，朝廷府库充实，大臣们就考虑着是不是要选个好日子，全国人民一起庆祝庆祝。大家商量来商量去，请求将其生日八月初五设为"千秋节"。

千秋节这天是全国法定节假日，放假三天，而且上至朝廷官员，下至黎民百姓，都可以过节。《新唐书》记载了庆祝"千秋节"的盛况："每千秋节，舞于勤政楼下，后赐宴设酺，亦会勤政楼。其日未明，金吾引驾骑，北衙四军陈仗，列旗帜，被金甲……"

▌【礼用今朝 5.2.1】诞生礼仪

（1）**报喜**。宝宝出生当天，可通过短信、微信、QQ发布这一喜讯，告知亲朋好友母子（女）平安，此过程称为"报喜"，有些地方会在窗户外面挂旗帜来告知街坊邻居家中喜讯。

（2）**送米酒**。得知女儿生下孩子，母子（女）平安，这个时候，孩子的外婆就要开始准备鸡蛋、米酒等食物，待产后第三天前往看望"坐月子"的女儿，送去亲手酿制的营养物品。同时，还需要为孩子准备新衣裤、手推车、摇篮等婴儿用品，待孩子满月时送给他（她），这个习俗叫"送祝米"。

（3）**吃红**。满月请酒也可以称为"吃满月蛋"。与其他酒会宴席不同的是，主家会提前准备，将染成红色的鸡蛋作为礼物送给出席宴会的来宾。按常规，主家会给每位宾客发4个红蛋让其带回去食用。

（4）**出窝**。一般来说，女子是在婆家"坐月子"的。待宝宝满月后，嫁出门的女儿要抱着孩子回娘家串门即"出窝"。外婆会给宝宝肩膀上搭花线、脖颈上挂银制品（银坠子），寓意祝福外孙（女）长命百岁，享荣华富贵。

（5）**满月**。满月仪式通常要剃胎发，胎发要保留，不能乱扔，有的地区习惯将胎发挂在堂屋高处，有的挂在床头中间，有的做成胎毛笔等纪念品。现代一般选择在百天摆酒席，宝宝过了三个月，抵抗力会更好一些。

（6）**抓周**。宝宝一岁生日除了和家人在一起吃饭，也会进行抓周。抓周物品一般会有算盘（善于理财）、毛笔（文人）、包子（不缺吃）、元宝（不缺钱）、尺子（建筑师）、音乐盒（从事艺术），等等。不论抓到什么都是父母对子女的美好期望。

二、尊师礼

尊师重教是我们中华民族的传统美德之一，是中华优秀传统文化的重要组成部分。在古代中国，老师的地位极高，与"天、地、君、亲"并列。当孩子渐渐长大，启蒙教育就开始了，或是在家中私塾，或是送到国家设立的学馆中上学。在传统文化中，人们把对老师的尊敬融入称师、拜师、见师、事师的礼仪中，体现出尊师的悠久传统。

（一）见师以礼

古人拜师读书或学艺，有专门的拜师仪式，而拜师仪式最重要的是要表达出对老师的尊重和学习知识的真诚。学生拜师行束脩礼。束脩是肉干，或指代学费，这是一种象征，意味着学生正式拜入老师的门下，老师正式开始对其进行学业与人生的指导。

授徒图

【文化寻根 5.2.2】

"自行束脩以上，吾未尝无悔焉。"

——《论语·述而》

译文：只要自愿拿着十余干肉为礼来见我的人，我从来没有不给他教诲的。

解读：孔子收学生并非一定要收学费，而是注重拜师的仪式教育。

古人上至天子下至普通百姓，拜师的时候都要行束脩之礼。仪式的过程基本相似，只是礼物的轻重不同。下面我们通过古代皇太子的拜师仪式，来对束脩礼做一番了解。

（1）准备。在行束脩礼前，先要向拟拜的老师进呈拜师帖。然后准备好束脩礼的礼品，即束帛一筐（五匹）、酒一壶（二斗）、脩一案（五脡）。

（2）候召。皇太子身穿公服，带着上述三样东西到学校大门外。皇太子单独进入学校内自报姓名并谦恭地说："我刚刚受业于先生，不敢请求拜见您。"得到老师同意，皇太子方能拿上礼品进入门内。

（3）行礼。老师在学堂内站立，有人引导皇太子站在老师面前。皇太子拿着束帛，协助的人拿着酒和脩跟在后面。皇太子行跪拜礼，老师答谢，皇太子再拜，然后把束帛交给老师。老师接受后，皇太子再行跪拜礼，老师再一次行答谢礼。向老师进献酒和脩的仪式与前面相同。拜完以后，征得老师的应允，整个拜师仪式才算完成。

古时候，皇太子以至诚的跪拜仪式向老师行束脩拜师礼，为百姓尊重教做出了示范。

（二）称呼有礼

在非正式场合遇到老师，学生也要注意言行有礼，注意对老师的称谓。学生必须主动向老师打招呼问候，对老师最普遍的称呼是"夫子""函丈"或"业师"。古代学生听老师讲课时，离老师的座席相距一丈，故尊称老师为"函丈"；业师就是指教授学业的老师。学生则自称为守业，表示自己是接受学业教导的学生，以示谦逊。

【文化寻根 5.2.3】

"称尊长，勿呼名，对尊长，勿见能。路遇长，疾趋揖，长无言，退恭立。"

——《弟子规》

译文： 称呼长辈，不可以直呼姓名。在长辈面前，要谦虚有礼，不可以炫耀自己的才能。路上遇见长辈，应马上上前问好，长辈没有事时，即恭敬退后站立一旁，等待长辈离去。

【礼仪故事 5.2.4】

鲁迅与"广平兄"

鲁迅先生写给学生许广平的第一封信中称她为"广平兄"。许广平当时不解，回信中表示不敢与鲁迅兄弟相称。按照惯例，曾上过鲁迅先生课的许广平应当被称为"弟"。但是鲁迅先生对惯例做了一些改动，他说："旧日或近来所识的朋友、旧同学而至今还在来往的、直接听讲的学生，写信的时候我都称兄。"这体现出了鲁迅先生对学生的尊重。

（三）求学以诚

拜师求学，应当表现出诚意和真心。师门规矩，涉及人品修养、学艺规矩、职业道德和生活守则等方面，是在一个行业中能有所成就的重要的品质，弟子要严格遵守这些规矩，才能体现出拜师求学的决心与诚心。

尊师重道

【文化寻根 5.2.4】

"道之所存，师之所存也。"

——韩愈《师说》

解读： 道理存在的地方，就是老师存在的地方。

【礼仪故事 5.2.5】

圯（yí）上纳履

一天，张良闲步沂水桥头，遇到一位穿着粗布短袍的老翁。这个老翁走到张良的身边时，故意把鞋脱落桥下，然后，傲慢地差使张良道："小子，下去给我捡鞋！"张良愕然，但还是强忍心中的不满，违心地替他取了上来。随后，老人又跷起脚来，命张良给他穿上。

此时的张良心中极为愤怒，但因他已久历人间沧桑，饱经漂泊生活的种种磨难，因而强压怒火，膝跪于前，小心翼翼地帮老人穿好鞋。老人非但不谢，反而仰面长笑而去。

张良呆视良久，只见那老翁走出里许之地，又返回桥上，对张良赞叹道："孺子可教矣。"并约张良五日后的凌晨再到桥头相会。张良不知何意，但还是恭敬地跪地应诺。

五天后，鸡鸣时分，张良急匆匆地赶到桥上。谁知老人故意提前来到桥上，此刻已等在桥头，见张良来到，愤愤地斥责道："与老人约，为何误时？五日后再来！"说罢离去。

结果第二次张良再次晚老人一步。第三次，张良索性半夜就到桥上等候。他经受住了考验，其至诚和隐忍精神感动了老者，于是老者送给他一本书，说："读此书则可为

张良拜师

王者师，十年后天下大乱，你可用此书兴邦立国；十三年后济北谷城山下的黄石便是老夫。"说罢，扬长而去。这位老人就是传说中隐身岩穴的高士黄石公，亦称"圯上老人"。

张良惊喜异常，天亮时分，捧书一看，乃《太公兵法》。从此，张良日夜研习兵书，俯仰天下大事，终于成为一个深明韬略、文武兼备、足智多谋的"智囊"。

【礼用今朝 5.2.2】尊师礼仪

（1）见老师主动问好，分别时说"再见"。

（2）进出校及上下楼梯给老师让行。

（3）进办公室要喊"报告"，听到"请进"后方可进入；问老师要用"请问"，老师答后要道谢，说"再见"后再离开；不随便翻阅老师办公室的东西，不私自打开老师的电脑。

（4）对老师说实话，不欺骗老师。

（5）珍惜老师的劳动成果，按时完成老师布置的各项任务。

（6）在校外遇见老师主动停下，微微鞠躬问好。

（7）与老师交谈时，要起立并主动给老师让座。

（8）老师在办事或与别人在交谈时，不可随意打扰老师，要躬身站立一侧，等老师办完事或谈完话后再找老师。

（9）不对老师开玩笑或是说不雅的话，任何时候都不能直呼老师的姓名。

三、冠笄礼

中国传统的成人礼仪仪式——冠笄礼，属于"五礼"中的嘉礼，被称为"礼之始也"。男子二十行冠礼，女子十五行笄礼，旨在提示行冠笄礼者，从此将由家庭中无须承担责任的"孺子"转变为正式跨入社会的成年人。只有能践行孝、悌、忠、信的德行，能成功担任各种较为理想的社会角色，明德知行，并能确立人生志向，才能担当起成人的责任。

（一）脱稚正形

古代未成年人不戴冠。冠是成年男子身份的象征，所以用加冠的方式来作为成年礼的主体。通过占卜，郑重其事地挑选举行冠礼的日子，并由德高望重的长者担任冠礼主持人，同时还要邀请亲戚朋友届时来观礼。女子笄礼，则是将散乱的头发盘起，挽成发髻，并插上发笄，标志成为一个成熟的女性。

【文化寻根 5.2.5】

"古者冠礼筮日、筮宾，所以敬冠事。敬冠事所以重礼，重礼所以为国本也。故冠于阼，以著代也。醮于客位，三加弥尊，加有成也。已冠而字之，成人之道也。"

——《礼记·冠义》

译文：古人在举行冠礼时，要先通过占筮选定吉日、通过占筮选择一位可以为子弟加冠的宾，以此来表示对加冠之事的重视。对加冠之事的重视也就体现了对礼的重视，对礼的重视体现了礼是治国的根本。在阼阶上为嫡子加冠，这表示嫡子是未来的继承人。在客位对冠者行醮礼，这表示他（她）已受到了成人的尊重。

古人对衣冠搭配和场合很有讲究，冠礼仪式中最主要的"三加"礼，分三次将不同的冠戴到冠者的头上，冠者每次都要换上与之相应的衣服，以示穿戴之仪。衣服的形制随时代的变化而变化，不同时期，不同身份举行的冠礼使用的衣冠都是不同的。我们以《仪礼·士冠礼》记载的周代贵族冠礼为例。

由左及右依次为：童子服冠、朝服冠、皮弁、爵弁

在加冠以前，冠者身穿儿童服饰"采衣"等候行礼。第一次加冠加缁布冠，加完冠后，冠者回到房内换上玄端服，才算第一次礼成。玄端服形制端庄周正，是在一些普通场合所着的常服，如天子闲居、普通人拜见父母或非正式地拜见君主时都可以穿。缁布冠一般不常用，在日常生活中，人们穿玄端服时常配以玄冠。

第二次加冠，冠者身着缁布冠与玄端服，行礼时加皮弁（一种白鹿皮帽），然后换上皮弁服。皮弁与皮弁服都为白色，是周代的公服（朝服）。

第三次加冠，是为爵弁，爵弁与爵弁服相配，用于祭祀的场合，是周代士阶层最高的礼服。

（二）字以表德

"三加"之礼完成后，冠者要以成年人的身份去拜见母亲，感谢母亲的养育之恩，接着又向自己的兄弟姊妹、亲戚行礼。行礼完毕，冠者上堂，由嘉宾为其取"字"，这是冠笄礼中重要的环节，标志着行礼的男子或女子已经成为受尊敬的成年人。命字后，通常人们不再直呼行礼人的名，而是以字相称，表达尊重。字以表德，"命字"包含了嘉宾对加冠者德行的期许。

【文化寻根 5.2.6】

"礼仪既备，令月吉日，昭告尔字。爰字孔嘉，髦士攸宜。宜之于眅，永受保之。"

——《仪礼·士冠礼》

译文：各项仪式都已经完成，在这个美好的日子，宣告你的表字。表字十分美好。正与俊士相配。取字以适宜为大，禀受永远保有它。

【礼仪故事5.2.6】

孔融以字拜访

相传孔子曾向老子问礼，所以老子曾经做过孔子的老师。这一佳话被孔子的二十世孙孔融拿来成就了另一段佳话。

"孔文举年十岁，随父到洛。时李元礼有盛名，为司隶校尉。诣门者，皆俊才清称及中表亲戚乃通。文举至门，谓吏曰：'我是李府君亲。'既通，前坐。元礼问曰：'君与仆有何亲？'对曰：'昔先君仲尼与君先人伯阳有师资之尊，是仆与君奕世为通好也。'元礼及宾客莫不奇之。"

"仲尼"是孔子的字，"伯阳"则是老子的字，而老子姓李。因为老子与孔子有师生之谊，所以孔子的后人孔融就对老子的后人李元礼说他们是世交。李元礼被孔融视作老子的后人，自然会极其高兴。

（三）修身立志

在冠礼和笄礼上，少年通过庄严的仪式确立坚定的成人之志，明确自己将完成从幼稚到成熟的心理转变，成为一个有责任、有担当、有理想、有抱负的成人。

【文化寻根5.2.7】

"成人之者，将责成人礼焉也。责成人礼焉者，将责为人子、为人弟、为人臣、为人少者之礼行焉。将责四者之行于人，其礼可不重与？" ——《礼记·冠义》

译文：既然是成人的身份，那就要以成人的礼数来要求自己。所谓以成人的礼数来要求自己，也就是将要要求自己做一个合格的儿子，做一个合格的弟弟，做一个合格的臣子，做一个合格的后辈。将要要求自己具备这四个方面的德行，冠礼能不重要吗！

【礼仪故事5.2.7】

周成王的成人礼

周公辅佐成王画像砖

西周时期，周武王之子周成王年幼即位，由他的叔叔周公姬旦摄政，周成王直到年满二十岁举行冠礼以后才亲政。在周成王的冠礼仪式上，周公作了一篇《无逸》以告诫周成王。他说，要效法古代贤明的君主，勤政、听谏、察言。今后继承王位，不能放纵自己，贪图享乐，这样才能长寿。

周公还举出商代三个短命君主的例子，说他们之所以短命，就是因为他们不听谏、胡作非为，没有承担起一个成年人的责任。

《诗经·周颂·敬之》还记载了群臣对周成王的告诫："敬之敬之，天维显思。命不易哉，无曰高高在上。陟降厥士，日监在兹。"意思是，要恭敬地对待你的职位。天不是高高在上的，它就在我们身边，它天天在看着我们。我们做得不好，天的惩罚马上就来了。听完告诫，在同一首诗的后半段中，周成王回答说："维予小子，不聪敬止。日就月将，学有缉熙于光明。佛时仔肩，示我显德行。"意思是，我非常努力要继承祖先的事业，你们大家要辅弼我来承担重任，使我按照正确的道路前进。"示我显德行"，就是周成王恭谦地说自己作为一个天子，要承担起治理国家的职责，这需要大臣们的帮助和教导。

四、婚礼

成克巩家迎亲图卷

古代非常重视婚姻关系，《周易》说，有天地，然后才会有万物，有万物然后才有男女，有男女然后才有夫妇，有了夫妇才有父子，有了父子才有君臣，有了君臣才有上下。也就是说，所有的人伦关系，都是从男女夫妇开始的。古人认为，婚姻是"人伦之基"，是伦理关系的基础，是万事之始，是理之根本。

（一）结两姓之好

婚礼是"五礼"中的嘉礼。据《礼记·昏义》记载，当时婚娶有所谓"六礼"，就是纳采、问名、纳吉、纳征、请期和亲迎。"六礼"中的前五个仪节都比较简单，核心内容是议定婚姻。只有经过这六道程序，婚姻关系才能正式成立。

纳采："六礼"中的第一礼。男方欲与女方结亲，男方家遣媒人往女方家提亲，送礼求婚。得到应允后，再请媒人正式向女方家纳"采择之礼"。初议后，若女方家有意，则男方家派媒人正式向女方家求婚，并携带礼物。纳采礼的礼物必须有大雁。纳采是全部婚姻程序的开始。

问名：男方家行纳采礼后，再托媒人询问女方的名字和出生年月及时辰，以便男方家卜问，决定成婚与否，吉凶如何。问名也须携带礼物，一般用雁。我国广东海南等地，也有用槟榔作为问名礼物的。把女方庚帖与男方生辰做了占卜，确定可以成婚之后再行纳吉礼。

纳吉：“六礼”之第三礼。是男方问名、合八字后，将卜婚的吉兆通知女方，并送礼表示要订婚的礼仪。

纳征：即男方向女方送聘礼。至于聘礼的多少，取决于女方家的贫富与身份。

请期：俗称送日头或称提日，即由男家择定结婚佳期，用红笺书写男女生庚（请期礼书），由媒人携往女家，和女家主人商量迎娶的日期。

亲迎：“六礼”中最核心的内容。它起源于周代。迎亲迎娶，通常是由新郎亲自到女方家迎娶新娘。迎亲前一天，男方设酒席谢媒，并以甜汤果分赠邻里。迎亲之日，入夜时分，“望娘盘”先行。“望娘盘”必有一只鹅，用鹅缘出古时以雁向女方正式求婚，因雁的配偶终身专一，象征婚姻坚贞和谐。后世以鹅代雁。

【文化寻根 5.2.8】

"昏礼者，将合二姓之好，上以事宗庙，而下以继后世也。故君子重之。是以昏礼纳采、问名、纳吉、纳征、请期，皆主人筵几于庙，而拜迎于门外，入揖让而升，听命于庙，所以敬慎重正昏礼也。"

——《礼记·昏义》

译文：婚礼，这是一种将要结合两性之好、对上关系到祭祀宗庙、对下关系到传宗接代的礼仪，所以君子很重视它。在婚礼的纳采、问名、纳吉、纳征、请期这五个步骤中，每逢男方的媒人到来时，女方家长都是在庙里铺设筵几，然后拜迎媒人于门外。进入庙门，宾主揖让升阶登堂，在庙堂上听媒人传达男方家长的意见。之所以这样做，就是为了表示对婚礼的敬慎和郑重其事。

（二）夫妇齐家

家庭是在婚姻关系、血缘关系或收养关系基础上产生的，亲属之间所构成的社会生活的最小单位。齐家就是整顿管理家事，儒家的齐家之道就是整治家庭、管理家族之道。具体讲就是说一个主持家政的人要在自己修身的基础上以德行影响、感化和转化自己的家庭，使整个家庭的成员都以自己为榜样，上行下效，修道立德，共同建设道德人家、诗礼之家。古人认为天地合而后万物兴，夫妇关系原本是合二姓之好，上以嗣宗庙，下以继后世。夫妇之伦关键是一个"情"字，如果没有特别的感情维系其间，轻则争吵，重则离婚，造成父母孝道不能尽，子女教养不能行的后果，直接影响到父子一伦，间接影响到君臣、朋友之伦。

【文化寻根 5.2.9】

"男以女为室，女以男为家，故人生偶以夫妇。阴阳和而后雨泽降，夫妇和而后家道成。"

——《幼学琼林·夫妇》

解读：夫妻和睦相处，才能使家庭生活井然有序。

【礼仪故事 5.2.8】

汉光武帝的爱情故事

在历史上，阴丽华是一个具有传奇色彩的女子，是汉光武帝刘秀的原配妻，是他的第二任皇后。她在他最落魄潦倒、无甚作为之时选择嫁给他，成为他的妻子，不离不弃，与他同甘共苦、荣辱与共。刘秀虽然生活清贫朴素，但是他懂得待人处事之道，和乡邻相处和睦。夫妻两人琴瑟和谐。因处于一个战乱四起的年代，不久之后刘秀便选择出征。阴丽华留在了家乡，几经波折。自那以后，她多年没有听闻半丝丈夫的音讯，早已做好了离丧的准备。令人未曾想到的是，刘秀登基之后派人接回阴丽华。

她未曾改变自己的本心，始终默默陪在他的身边，矢志不渝。真正做到了妻子与国母的责任，行事有大家之风，贤良淑德，以大局为重，成为历史上的一代贤后。后来她以皇后的身份与刘秀合葬。他们的故事感人至深，成为流传后世的一段佳话。

［任务方案设计］

1. 请根据学习任务要求，讨论工作任务。从诞生礼、尊师礼、冠笄礼、婚礼，选择一种来设计行礼方案流程，包括仪式环节、仪式物品、仪式人员的礼仪要求及注意事项。

2. 小组内讨论，辅以图片，做成 PPT，确定礼仪流程方案。

［任务展示］

1. 小组模拟发言。

2. 抽签排序，分组进行展示。一组模拟时，其他组观看并记录问题。

评 价 与 分 析

设计任务方案讲解评价表

评价项目	评价内容	应得分	实得分
人生礼仪知识	1. 诞生礼、尊师礼、冠礼、婚礼的知识点准确	20 分	
	2. 诞生礼、尊师礼、冠礼、婚礼用词恰当	20 分	
	3. 知识点运用符合现实	20 分	
有声语言和表情	1. 讲解者声音响亮、表达清晰	10 分	
	2. 态势语自然，与听众有互动	10 分	
创意设计	所用方法浅显易懂，形式新颖、活泼	10 分	
整体效果	充分发挥组内人员优势，分工合作，整体效果好	10 分	
总　　计		100 分	

任务展示评价表

评价项目	评价内容	应得分	实得分
准备工作	1. 图文并茂	5 分	
	2. 实训过程全组协调良好	5 分	
基本知识掌握	人生礼仪知识点	10 分	
PPT 内容	1. 正确解读古今礼仪对比	15 分	
	2. 人生礼仪知识点编排运用合理	15 分	
	3. 环节设计符合现实生活	20 分	
观看讨论	1. 观看认真	5 分	
	2. 讨论积极	5 分	
任务总结	1. 按规定时间上交	5 分	
	2. 填写规范，内容详尽完整	5 分	
	3. 任务分析总结正确	5 分	
	4. 能提出合理化建议和创新性见解	5 分	
总　　计		100 分	

课后学习

传统人生礼仪仪式的现代价值

传统人生礼仪仪式不是人类的自然天性和生物本能，而是一种文化行为，是人类文化意识和内在精神的外在行为符号。是人创造了人生礼仪仪式，人生礼仪仪式也成全了人。

一、人生礼仪是中华民族的优秀传统

仪式渗透在文化、制度和道德之中，对中国社会历史的发展产生了极其深刻的影响。从人生礼仪仪式与传统文化的关系看，它是传统社会文化之精华；从人生礼仪仪式与传统制度的关系看，它是传统社会制度之维系；从人生礼仪仪式与传统道德的关系看，它是传统社会道德之核心；从人生礼仪仪式与自我修养的关系看，它是个体品德的重要标志。

二、人生礼仪有促进价值引导的功能

人生礼仪的主要功能是使个体实现在社会中的角色转换。人生礼仪的每一个步骤都蕴含着特殊的意义。伴随仪式的举行，受礼者和观礼者逐渐理解礼的寓意，从而实现了解并掌握道德规范的目的。仪式的神圣性使得人生礼仪的价值引导功能超越了单纯的道德说教，为受礼个体乃至所有参与者所接受。

三、人生礼仪有促进自我建构的功能

人生礼仪有助于道德主体的自我建构，这与人生礼仪的标记功能和心理建设功能有关。人生礼仪具有标记功能。人生礼仪中的很多活动是为了标记人生进入某一个新的阶段。它使受礼者开始产生一种自我概念的认同感并由此激发责任感与使命感。通过人生礼仪，个体将自己定位在一个新角色上。这时个体会自觉地意识到新旧角色意义的不同，从而调整自己的价值观念和自我形象，使自己的外在和内在更符合新角色的要求。

课后训练

一、单项选择题

1. "三加弥尊，加有成也"出自（　　　）。

A.《论语》　　B.《礼记》　　C.《大学》　　D.《孟子》

2. 传统文化中，举行人生礼仪仪式的终极目的是（　　　）。

A. 成为君子淑女　　　B. 修身齐家　　　C. 和合不同　　　D. 天下大同

二、思考题

为什么生活需要仪式感？

评 价 与 分 析

课后任务评价表

评价项目	评价内容	应得分	实得分
课后拓展	访问学习	10分	
	互　动	10分	
	视频学习	10分	
	讨　论	10分	
课后反思	撰写线上课后反思	20分	
课后辩论	完成"当代是否有必要复原古代人生礼仪"为题的辩论	20分	
习题检测	完成课后测试题	20分	
总　　　计		100分	

综合评价表

阶段	项目	自我评价	组内评价	组间评价	教师评价	出勤	互动	访问	讨论	视频
课前（20%）	知识点解读				6%		2%	2%	2%	2%
	习题检测	6%								
课中（60%）	小组PPT	5%	5%	5%	5%	4%	4%	4%	4%	4%
	演讲	5%	5%	5%	5%					
课后（20%）	辩论				6%		2%	2%	2%	2%
	课后检测	6%								

任务三

庆佳节　不忘慎终追远

［**学习目标**］

知识目标：

了解春节、端午节、清明节、中秋节和重阳节的起源和民俗。

能力目标：

探索并发现不同地域春节、清明节、端午节、中秋节和重阳节的民俗。

素质目标：

培养民族自豪感和文化自信。

课前学习

年的传说

［**知识链接**］

一、春节

春节作为中国传统节日中最重要、最热闹的节日，有着丰富的文化和精神内涵。春节是中国人辞旧迎新、阖家团圆的节日，是民族历史与传统文化积淀的展现，也是民族智慧与思想精华的浓缩。春节自农历正月初一的子时开始，是新的一年的开端。

元　日

（宋）王安石

爆竹声中一岁除，春风送暖入屠苏。

千门万户曈曈日，总把新桃换旧符。

思考：请同学们想一下还有哪些描述春节的古诗词。

【传说故事 5.3.1】

相传古时候有一种叫"年"的怪兽，凶猛异常。"年"长年深居海底，每到除夕才爬上岸，吞食牲畜、伤人性命。除夕这天，村村寨寨的人们扶老携幼逃往深山，以躲避"年"的伤害。

这年除夕，人们正扶老携幼上山避难，从村外来了个乞讨的老人，他手拄拐杖，目若朗星。与老人的淡定相比，村寨是一片恐慌的景象。这时，无人关照这位乞讨的老人，只有村东头一位老婆婆给了老人一些食物，并劝他快上山躲避"年"。那老人捋髯笑道："婆婆若让我在您家待一夜，我一定把'年'撵走。"老婆婆定睛细看，见他鹤发童颜、精神矍铄、器宇不凡。可她仍然继续劝说乞讨老人，而老人却笑而不语。婆婆无奈，只好撇下家，逃到山上避难去了。半夜时分，"年"闯进村，它发现村里气氛与往年不同，村东头老婆婆家，门上贴大红纸，屋内烛火通明。"年"浑身一抖，吼叫了一声。"年"朝婆婆家怒视片刻，随即狂叫着扑过去。靠近门口时，院内突然传来"噼里啪啦"的巨响，"年"吓得浑身发抖，再不敢前进了。原来，"年"最怕红色、火光和炸响。这时，婆婆的家门打开了，只见院内一位身披红袍的老人在哈哈大笑。"年"大惊失色，狼狈逃窜了。

第二天便是正月初一，村里避难回来的人们见村中安然无恙，十分惊讶。这时，老婆婆才恍然大悟，赶忙向乡亲们讲述了乞讨老人的事情。乡亲们一齐拥向老婆婆家，只见婆婆家门上贴着红纸，院里一堆未燃尽的竹子在"啪啪"炸响，屋内几根红蜡烛还发着余光……喜出望外的乡亲们为庆贺这一喜事，纷纷换新衣戴新帽，到亲友家道喜问好。

从此每年除夕，家家贴红对联、燃放爆竹；户户烛火通明、守更待岁；初一大早，还要走亲串友道喜问好。这成了中国民间最隆重的传统节日。

二、清明节

我们现在所说的清明节是由上巳节、寒食节和"清明节气"融合而成的，有丰富多彩的民俗活动，这些活动分为祭奠先祖和踏青嬉游两大类。因清明节有着特殊的社会功能与内涵，在现代社会中仍被人们重视。在传统社会时期，清明节持续的时间一般是五到十天，人们在这几天中一方面扫墓祭奠、怀念离世亲人，另一方面踏青嬉游、亲近大自然。直到今天，清明节仍然是中华民族包括海外华人的重要节日之一。

郊行即事

（宋）程颢

芳原绿野恣行事，春入遥山碧四围。

兴逐乱红穿柳巷，困临流水坐苔矶。

莫辞盏酒十分劝，只恐风花一片飞。

况是清明好天气，不妨游衍莫忘归。

思考：请同学们想一下还有哪些描述清明节的古诗词。

三、端午节

端午节作为我国重要的传统节日之一，拥有悠久的传承历史，形成了浓厚而独特的文化意蕴。2009 年，端午节正式成为世界非物质文化遗产。

端午日赐衣

（唐）杜甫

宫衣亦有名，端午被恩荣。

细葛含风软，香罗叠雪轻。

自天题处湿，当暑著来清。

意内称长短，终身荷圣情。

思考：请同学们想一下还有哪些描述端午节的古诗词。

四、中秋节

中秋节作为中国传统节日之一，自明清以来，是仅次于春节的重要节日。中秋节虽然出现比较晚，但发展到明清时期已经成为民俗大节。"一年月色最明夜，千里人心共赏时"，中秋之夜便成了国人心目中最美的月夜。中秋节作为亲朋好友团圆的重要日子，承载着国人盼望团圆的期望，也承载着厚重的思乡思亲之情。

望月怀远

（唐）张九龄

海上生明月，天涯共此时。

情人怨遥夜，竟夕起相思。

灭烛怜光满，披衣觉露滋。

不堪盈手赠，还寝梦佳期。

思考：请同学们想一下还有哪些描述花好月圆的古诗词。

【传说故事 5.3.2】

嫦娥的丈夫叫后羿，是一名英雄。传说天上曾有十个太阳，晒得地面上一片枯焦，老百姓叫苦连天。后羿拿着弓箭去射太阳，射下了九个太阳，只剩下一个，所以地面上日子就好过了一点。因为他一天到晚在外面忙，除了射太阳，还要射一些危害老百姓的野兽，就把嫦娥给冷落了。嫦娥不开心，她知道后羿手里有一样很好的东西，叫不死药，是西王母给的。嫦娥趁后羿不在家的时候偷吃了不死药，结果她越来越轻，一飘就飘到月亮上边去了。嫦娥在月亮上边很后悔，因为月亮上也只有她一个人，还有一只自己带去的兔子。所以民间传说，月亮里边住着嫦娥和一只兔子。

五、重阳节

重阳节是中国重要的传统节日，有着很深的文化积淀。历代文人对重阳民俗内涵的吟诵，体现了人们对健康、祥和的期盼。

九日登巴台

（唐）白居易

黍香酒初熟，菊暖花未开。

闲听竹枝曲，浅酌茱萸杯。

去年重阳日，漂泊湓城隈。

今岁重阳日，萧条巴子台。

旅鬓寻已白，乡书久不来。

临觞一搔首，座客亦裴回。

思考： 请同学们想一下还有哪些描述重阳节的古诗词。

课前练习

一、填空题

1. 春节，即农历新年，俗称过年，一般指 _____ 和 _____。

2. 因 _____ 与清明时间相近，后人便将寒食的风俗视为清明风俗之一。

3. 古人流行端午日饮雄黄酒的主要意义是 _____。

4. 踏青的风俗不仅仅是端午节的风俗习惯，也是 _____ 节的风俗。

5. 中秋节又称为 _____。

6. 重阳节又叫 _____ 节。

二、选择题

1. 春节有一种传统食品，"义取年胜年，藉以祈岁稔"，寓意万事如意年年高。这种食品是（　　　）。

  A. 饺子   B. 春卷   C. 年糕

2. 民间举行祭祖活动，最重要的节日是（　　　）。

  A. 春节   B. 清明节   C. 中秋节   D. 中元节

3. 清明节在（　　　）。

  A. 公历四月五日前后   B. 农历四月一日   C. 农历四月十五日

4.（　　　）不是清明节的风俗。

  A. 扫墓   B. 划龙舟   C. 踏青

5. 端午节有为小孩佩香囊的习惯，大人在香囊内放朱砂、雄黄、香药等代表的意义是（　　　）。

  A. 一种装饰   B. 避邪驱瘟   C. 治病防身   D. 吉祥如意

6. 以下不是中秋节传说的是（　　　）。

  A. 嫦娥奔月   B. 吴刚伐桂   C. 玉兔捣药   D. 迎涛神说

7. 中秋节为农历（　　　）。

  A. 正月十五   B. 正月初五   C. 五月初五   D. 八月十五

8. 重阳节正是（　　　）开花的季节。

A. 玫瑰 　　　　　　　　B. 菊花 　　　　　　　　C. 康乃馨

三、判断题

1. 春节历史悠久，起源于殷商时期年头岁尾的祭神祭祖活动。　　　　　　（　　）

2. 除夕，全家欢聚一堂，吃"团年饭"，长辈给孩子们分发"压岁钱"。　（　　）

3. 春节是中国最大的传统节日，古人又称元日、元正、新春等。　　　　（　　）

4. 清明是二十四节气之一。　　　　　　　　　　　　　　　　　　　　（　　）

5. 清明节又称"冷食节"。　　　　　　　　　　　　　　　　　　　　（　　）

6. 清明节的插柳风俗有"辟邪"功用。　　　　　　　　　　　　　　　（　　）

7. 屈原是我国春秋时期楚国人。　　　　　　　　　　　　　　　　　　（　　）

8. 端午节人们会采摘一些艾蒿并插在门上，插艾蒿是为了防病。　　　　（　　）

9. 中秋吃月饼的风俗，是明朝时期流传下来的。　　　　　　　　　　　（　　）

10. 重阳节有思念亲人的寓意。　　　　　　　　　　　　　　　　　　（　　）

评价与分析

课前任务评价

评价项目	评价内容	应得分	实得分
课前自学	访问学习	10分	
	互　动	10分	
	视频学习	10分	
	讨　论	10分	
知识点解读	知识点解读准确	30分	
习题检测	完成测试题	30分	
总　　计		100分	

课中学习

[案例导入]

端午节与纪念屈原

屈原是楚怀王的大臣。他倡导举贤授能，富国强兵，力主联齐抗秦，遭到贵族子兰等人的强烈反对。屈原惨遭去职，被赶出都城，流放到沅、湘流域。当楚国郢都陷落后，他写下了绝笔作《怀沙》，于五月五日，抱石投汨罗江而死。南朝梁·吴均的《续齐谐记》中记载："屈原五月五日投汨罗而死，楚人哀之，每至此日，竹筒贮米投水祭之。"

思考：这个案例给我们什么启发？屈原有着怎样的精神？

苏轼与《水调歌头·明月几时有》

"明月几时有？把酒问青天。不知天上宫阙，今夕是何年。"中秋之夜，被贬到杭州的苏轼与妻子在西湖泛舟赏月，虽然能和妻子团圆在一起，可举头望月，与自幼志同道合的胞弟苏辙分别之后，转眼已七年未得团聚了，不由心生惆怅，挥笔写下了这首名篇。向来旷达洒脱的苏轼，此时似乎只能用"人有悲欢离合，月有阴晴圆缺，此事古难全"这样的诗句聊以安慰。

思考：思念是温暖的家书。联系实际，这个案例给我们什么启发？

[**实践任务**]

请同学们从春节、清明节、端午节、中秋节、重阳节五个节日中，以小组为单位任选其中一个节日为主题，编排情景剧，展示所选节日的风俗特点。

要求：内容情节根据小组讨论自定；展示过程中有恰当的称呼、得体的问候；内容情节符合所选节日的风俗习惯。

[**知识锦囊**]

春节

"爆竹一声除旧，桃符万户更新"，在冬季与春季交接的季节里，人们迎来春节这一盛大的民族节日。春节是中国重要的传统节日，传承数千年之久，形成了丰富多彩的春节风俗。

一、春节的由来

春节是中华民族第一大传统节日，人们将岁末年初的过渡时节，称为过年。年的起点与终点，在民间有不同的算法，一般起点是从农历十二月初八开始，直到正月十五元宵节结束，有的地方还延续到了二月初二。

作为农历岁首的春节，还称为新岁、元日、正旦等，民间习惯称为年或大年。岁首的祭祀与庆贺，是中国古代很早就形成的民俗习惯。汉武帝时期颁布《太初历》，确定农历的正月初一为岁首。此后，中国两千多年沿袭了这一历法体制，正月新年成为举国上下共享的盛大节日。辛亥革命以后，为了在时间上与世界同步，人们推行西历，使用公元纪年。由于农历合乎农时、便于民生，因此，在中国农历与公历并行，并将公历1月1日定为元旦，农历的正月初一改名为春节。

春节原来并不仅仅指岁首，古代的春节是在立春之前。立春是二十四节气的首节，它是迎春的节日。立春在传统社会里是一个非常重要的节气，我国自古重视农业，因此春天对于传统社会的民众来说，是充满生机与希望的时节。一年之计在于春，古代帝王为了表示对天时的尊重，在立春到来之前的三天开始斋戒。古代帝王将节气对农业的影响也看得十分重要，用祭天的方式祈求风调雨顺。

"立春之日，天子亲率三公、九卿、诸侯、大夫，以迎春于东郊。"

——《礼记·月令》

译文：在农历正月春天到来的时候，天子率领三公、九卿、诸侯、大夫等官员，到都城以东的郊外迎接春天的到来。

二、春节的礼俗

（一）食俗

民以食为天。中国人历来十分讲究饮食，尤其是到了节庆就更为重视饮食，春节的食物都要精心准备，且丰富多样、寓意满满。吃年夜饭则是春节最重要的活动之一，在这一天，家家户户都会齐聚一堂，很早就开始准备年夜饭。到了晚上，端上丰盛的美味佳肴，大家相聚一起守岁酣饮，辞旧迎新。

1. 喝腊八粥

腊月是岁末之月，俗称"岁尾"，有腊冬、清祀、残冬等30多种称呼，也是最寒冷的时节。从腊八节开始就进入了传统意义上的年关。腊八节在向人们传递着准备过年的信号，春节的序幕也因此正式拉开。

腊八粥是腊八节特有的节日饮食。腊八粥能够在民间广泛流传，其根源在腊八粥流行之前，民间有冬至吃赤豆粥驱邪避疫的习惯。另外，人们还认为冬天喝粥可以保平安。当然，各个地方因为物产的差异，使用的材料也不完全一样。在腊月初七的晚上，人们将准备好的各种材料熬煮，直到初八凌晨才算真正做好。节日美食赋予了百姓对美好生活的愿望，腊八粥是春节的第一道饮食，俗称为"送信儿的腊八粥"。

当然，因为各地的风俗不同，腊八当天人们还会制作腊八蒜和腊肉。

传说喝腊八粥是为了纪念南宋著名将领岳飞。南宋抗金英雄岳飞被奸臣秦桧诬陷造反，不得不班师回朝，一路上粮食不足，众将士忍饥挨饿苦不堪言，附近的百姓闻言纷纷送去粥饭犒劳岳家军，这天刚好是腊月初八。岳飞被害后当地百姓为了纪念岳飞，在每年的腊月初八烧煮腊八粥来纪念他。

2. 吃年夜饭

每年农历除夕年夜饭作为一年中最重要的一餐，人们开心地张罗着每一道菜，亲朋好友围坐共食一顿团圆饭。年夜饭的饮食风俗因时代的更迭，民族性、地域性的不同，有着不同的特点。

北方地区多食饺子。饺子古时被称为"馄饨"，取其开初之意，后将馄饨的形状包成新月状，饺子便形成了。饺子始源于东汉，清朝才出现真正意义上的"饺子"。据文献记载，饺子的名称从"牢丸"到"娇耳"，一直在变化，最后定名"饺子"并一直流传至今。许多东南亚的国家，依然保留着春节吃饺子的风俗习惯。饺子也成为中国饮食文化的符号，深受外国友人的热爱。

至今很多人都认为饺子源自医圣张仲景。东汉时期，张仲景潜心钻研古代医书，广收有效方剂，著成《伤寒杂病论》，被历代医者奉为经典。他在长沙任太守，理政三年不忘大堂行医、诊病施药。他见白河两岸乡亲饥寒交迫，骨瘦如柴，不少人耳朵冻僵溃烂，心不能忍，辞官为民行医。冬天刚到，他让弟子在南阳东关搭棚支锅，把羊肉、辣椒和驱寒药材一锅同煮，熟后捞出切碎，用面皮包成耳朵状的"娇耳"，再煮制成"祛寒娇耳汤"。人们吃完后两耳发热，寒气顿消，冻耳很快被治好。一千多年来，人们每年冬至包食娇耳，以此来纪念张仲景。

南方地区多食汤圆、年糕等。汤圆寓意团圆的美好之意。起源于宋朝，因这种糯米球在锅里浮浮沉沉，最早被命名为"浮元子"。大部分南方人习惯春节早晨合家围坐共食汤圆。无论年夜饭的吃食与名称如何演变，吃年夜饭的习俗在中国人的心目中无可替代。

（二）民俗

1. 祭灶

过了腊八，过年的气息越来越浓，大年之前有小年，腊月二十三（北方）或二十四（南方）俗称小年。小年是进入岁末最后阶段的起点，灶神祭祀是小年的中心内容。到了小年，上至达官贵人，下至普通百姓，都要举行送灶神的仪式。传说灶神是玉皇大帝派到人间查善恶的神灵，每年腊月二十三或者二十四，灶神要上天，向玉帝汇报人间的情况。因此，人们特别重视，家家户户在这一天祭祀灶神，为灶神送行，谓之"祭灶"。民间还有另外一种说法就是"官三民四船家五"，也就是说，官宦家庭在腊月二十三日，普通百姓在腊月二十四日，打鱼的船家则在腊月二十五日，举行祭灶的活动。祭灶的民俗在我国影响很大，流传极广。

2. 扫尘

腊月二十四是扫尘日。俗话说"有钱没钱，洗洗过年"。在春节前扫尘，是我国人民素有的传统习惯。扫尘就是年终大扫除，北方称"扫房"，南方叫"掸尘"。每逢春节来临，家家户户都要打扫卫生。到那一天，全家上下男女老幼一起动手，洒扫庭院，掸尘去垢，疏浚明渠暗沟，清洗器具，拆洗被褥，干干净净过大年。虽说腊月二十四是扫房日，但实际上，从腊月二十四后到除夕前均为扫尘时间，这几天又称为"迎春日"。

3. 贴门神、年画、春联

门神是贴在门上的人物形象。门神形象在中国历史发展过程中有较大的变化，人们在门上贴挂许多避邪物，以保护家庭安全，这时已经有门神祭祀的风俗了。门神祭祀是传统的五祀之一，在年终祭祀门户之神，得到先人们的高度重视。最早的门神是桃木刻成的偶人，在先秦时期已出现。雕刻偶人并非易事，为求简便，人们便在桃木板上画人像，在年终岁首时挂在门的两边，用来驱鬼避邪。后期渐演变为两个人形图画，他们的名字分别是神荼与郁垒。传说神荼与郁垒是两兄弟，住在度朔山的大桃树上，专门负责捉拿祸害人间的恶鬼，拿去喂虎。人们相信虎能吃百鬼。因此汉代还有门上以虎御凶的风俗，这是门神与年画的起源。

贴春联是过年的重要风俗之一，每到大年三十，无论城乡家家户户都要张贴红纸春联。春联来源于古代驱鬼辟邪的桃木，后来演变为桃符悬挂在门上，到了宋代过年在桃符上题对联已成为一种比较普遍的风俗习惯。著名的文学家欧阳修、王安石、苏轼等都是写对联的高手，可说明当时题写春联的盛行。宋代以后，桃符的名字逐渐被春联所替

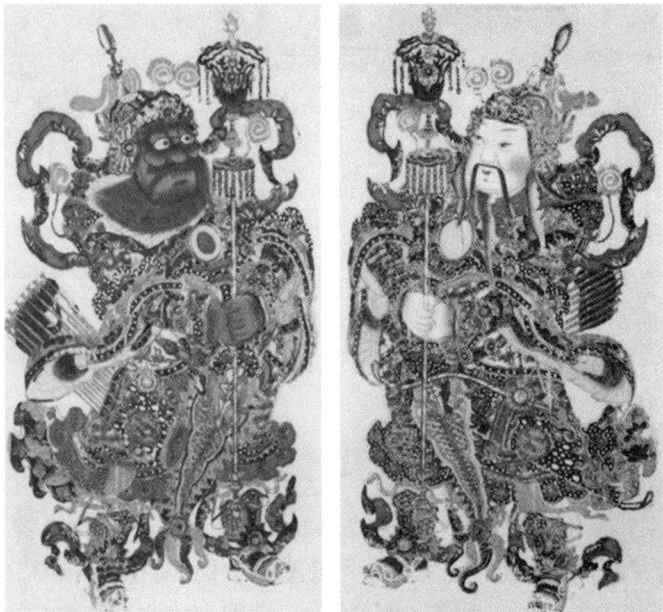

门神

代。在民众传统的信仰中，红色具有驱邪的功能。因此，人们开始用红纸书写春联。明代时，桃符正式改称为春联，这时春联已经普及全国。

春联

　　明代皇帝朱元璋不仅自己酷爱对联，而且也要求别人喜欢。有一次除夕，他在都城金陵微服私访，见大街小巷家家户户都贴上了红彤彤的春联，心中十分欢喜。走着走着，他发现有户人家未贴春联，进门一问才知道这户人家无人会写字，又请不到别人代写，正为这事发愁，朱元璋听后便给这户人家书写了一副春联。他根据户主屠户这个职业，写下了"双手劈开生死路，一刀割断是非根"。这副春联符合屠户的实际情况，贴切而幽默。

4. 守岁

除夕夜是中国人的不眠之夜，人们在家中聚在一起迎接新年。吃了年夜饭之后，全家老少围坐在一起，点灯熬夜，达旦不眠，称为守岁或熬年。俗语说"一夜连双岁，五更分二年"，守岁的风俗已经有很久的历史了。最早记载于西晋周处的《风土记》。除夕之夜，各相与赠送，称为"馈岁"；酒食相邀，称为"别岁"；长幼聚饮，祝颂完备，称为"分岁"；大家终夜不眠，以待天明，称曰"守岁"。古时守岁有两种含义：年长者守岁为"辞旧岁"，有珍爱光阴的意思；年轻人守岁，则是为延长父母寿命。

清明节

一、清明节的演变与发展

（一）上巳节

"上巳"一词最早出现在《后汉书·礼仪志》："郑国之俗，三月上巳，之溱洧两水之上，招魂续魄，秉兰草，祓除不祥。"汉代时，在上巳节时人们不仅仅有祓禊仪式，还举行宴会、谈论诗文，这时上巳节已经有娱乐性的色彩了。直到魏晋时期确定了上巳节的节日时间为三月三日，上巳节始成为人们开始重视的节日。在唐代，上巳节已经属于三节令之一。每逢三月三，皇帝要在曲江大宴群臣，作曲水流觞之会，形成最初的"曲江会"。民间的三月三，更是多姿多彩。上巳节盛游，成为唐人生活中的一件盛事。到宋代，上巳节已经具有与寒食节、清明节相似的活动内容——踏青。人们有时会把三个节连在一起进行，三节呈融合之势。

（二）寒食节

寒食节一般设在冬至后的第一百零五日，又称"百五节"，其风俗是禁火、冷食，所以又被称为"禁烟节""冷食节"。寒食节兴起于汉代，已经具备了节日的仪式和风俗，但尚未形成全民性的节日。到魏晋时期，寒食节发展成为晋中地区的民间节日，但其民俗活动仍十分单调。南北朝时，活动才丰富起来，出现了类似斗鸡这样的风俗。到唐代时明文规定寒食节为三天，为冬至后的第一百零四天至一百零六天，在唐宋时期，寒食节的第三天也是清明节，二者紧密相连。寒食节到宋代已经发展成为重要的节日之一。

（三）清明节

唐朝前的清明节气不能称为节日，只是作为一种季节时性的节气而存在，未形成全民遵从的礼俗。唐代时由于寒食节的最后一日为清明，加之唐代的政治开明，人们在珍惜生命的同时，伴随着明媚的春光，开始尽情游玩。到宋代，清明节的地位逐渐上升，已经成为单独的节日。此时的清明节已经融合了上巳节与寒食节的一些民俗活动，主要的活动就是踏青游玩、放风筝、荡秋千。中国人由于宗法观念比较重，所以一直没有忘记在清明节时祭奠先人，于是寒食节中的扫墓风俗被保留了下来，这便是我们现在所说的清明节。

二、清明节的礼俗

（一）食俗

清明节的食俗是根据各地的不同节令食物而形成的。为了纪念介子推，寒食节吃冷食的风俗在一些地域仍被保留着，晋中一带还保留着禁火一日的习惯。许多地方祭祀结束后，需将祭祀食品分吃，习惯性的吃食有：煮鸡蛋、夹心饼、寒食饼、寒食面等。上海清明时节有食青团的风俗；在闽西地区，沿袭了宋朝吃艾粿的风俗；晋北地区习惯食以黑豆芽作为馅的玉米饼；壮族地区喜食五色糯米饭等。

（二）民俗

1. 祭奠先人

清明祭祀按祭祀场所的不同可分为墓祭、祠堂祭，以墓祭最为普遍。清明祭祀被称为扫墓，常见的做法由两部分内容组成：一是整修坟墓，二是挂烧纸钱、供奉祭品。祭祀活动最终的表现形式是祭典。祭器需要是干净且专用的器具，祭品要求是新鲜且丰富的食品，祭服也要干净整洁，专服专用。

> **【文化寻根 5.3.2】**
>
> "君子生则敬养，死则敬享，思终身弗辱也。" ——《礼记·祭义》
>
> **译文：**君子双亲在世，要恭敬赡养，死后要恭敬祭祀，要想着终身都不可使双亲的名声受辱。

2. 清明插柳

古人相信柳树具有灵性，可以辟邪。俗话说："有心栽花花不开，无心插柳柳成荫。"古人为防止被魔怪侵扰，遂插柳戴柳，故柳树又称"鬼怖木"。清明节是杨柳发芽抽绿的时节，柳条随手可得，民间便有折柳、戴柳、插柳的风俗。也有因"柳"与"留"谐音，以表示挽留之意。

3. 放风筝

风筝最早作为军事上传递信息的工具，至今已经有两千多年的历史了。人们认为把风筝放得又高又远，让它飞至高空就把拉线剪断，疾病灾难便会随着风筝一起飞走，带走一年所积的霉气。风筝上布满了吉祥如意的图案、文字，反映了人们对美好生活的向往与追求。

4. 荡秋千

荡秋千是中国古代清明节风俗。秋千，意即揪着皮绳而迁移。它的历史很古老，最早叫"千秋"，后改为"秋千"。古时的秋千多用树杈为架，再拴上彩带做成。后来逐步

荡秋千

发展为用两根绳索加上踏板的秋千。秋千不仅可以增进健康，而且可以培养勇敢精神，至今为人们特别是儿童所喜爱。

端午节

端午节是一个深深扎根于中国的重要节日，自汉代后就盛行于大江南北，后又传播到韩国、日本、朝鲜等国。如今的端午节已不仅仅是中国节日的代表之一，更被看作是亚洲传统节日的典范。

一、端午节的起源

农历五月初五谓之端午节，"五"与"午"同音，所以端午节又称"端阳节""重午节""五月节"等。一些地方也将端午节叫作"诗人节"，这是为纪念伟大的爱国诗人屈原。

二、端午节的礼俗

（一）食俗

1. 吃粽子

粽子又称角黍，原是夏至时的祭祀食品，现在是端午节最有代表性的食品。《本草纲目·谷部四》："俗作粽，古人以菰芦叶裹黍米煮成，尖角，如棕榈叶心之形，故曰粽、曰角黍，近世多用糯米矣。今俗五月五日以为节物相馈送。或言为祭屈原，作此投江，以饲蛟龙也。"由于屈原故事的影响，来源于北方的角黍逐渐被粽子这一名称所取代，但现在北方部分地区做粽子，仍用黄黍米。

我国各地的粽子形状各异、种类繁多。"南大北小""北味甜淡、南味多样"，各有不同的特色。粽叶也分为三种：苇叶、竹叶和荷叶。苇叶有"除烦止渴、清热生津"的功效；竹叶有"利尿排毒、清热除烦"的功效；荷叶有"清热利湿、和胃宁神"的功效。可见，先人们在注重粽子味道的同时，也看重粽子的营养价值，注重保健。

2. 喝雄黄酒和菖蒲酒

喝雄黄酒和菖蒲酒，是人们在端午节祛毒祈福的一种积极措施。现在的端午节不再有饮雄黄酒的风俗。五月是菖蒲长成的时间，所以五月亦称为"蒲月"。据史料记载，菖蒲酒是我国较早的名酿美酒，已有两千多年的历史。菖蒲无毒，具有提神、通窍、杀菌的功能。人们选择在端午节配此酒饮用，既增添了节日的情趣，亦有祛病除邪的美好愿望，充分显示了先人们丰富的生活内容和健康的生活方式。

（二）民俗

1. 赛龙舟和射柳

南方的赛龙舟和北方的射柳是人们在端午节举行的重要活动。赛龙舟至今仍是端午节最有特色的活动之一，其最初的功能是祈求风调雨顺、农业丰收。由于地理条件环境的差异，形成了"南方竞渡、北方射柳"的不同风俗。射柳与赛龙舟不同的是，它具有练兵和娱乐双重功能。在现代，赛龙舟与体育赛事结合，彰显了节日的民俗性与观赏性，体现了端午节激扬的生命意识。

清院本十二月令图轴（局部·赛龙舟）

2. 放风筝

在中国南方一带，端午节放风筝也是一种风俗。虽说与清明节放风筝的风俗近似，但在端午时期，儿童放风筝被称为"放殃"。风筝，即纸鸢，是一种玩具。在竹篾等骨架上糊上纸或绢，拉着系在上面的长线，趁着风势可以将其放上天空。

3. 踏百草、斗百草

《荆楚岁时记》记载："五月五日，谓之浴兰节，四民并踏百草之戏……今人又有斗百草之戏。"端午时节正值春夏之交，是踏青郊游的美好时节，在踏青之际，人们嬉逐在百草之上，斗百草便产生了。斗百草分为文斗和武斗。文斗是互问百草的名称，答上者赢，答不上者输；武斗主要是比草的韧性，以不断者为胜。这样的活动在游戏性和娱乐性中，丰富了人们的知识，增加了节日的生活乐趣，同时也能达到放松身心的作用。

4. 佩戴香包和五彩丝

佩戴香包是后来才发展出来的端午佩饰风俗。根据多地的地方志记录，端午节之前，家家姑娘都会准备小块绸缎，精心制作香囊，形状如荷花、菱角、鸡心之类，十分精巧。到端午当日，便将香粉、雄黄等香料和药材装入其中，悬于胸前，用来辟邪。香包上一般会绣有蜘蛛、壁虎、蛇等毒虫纹样，寓意以毒攻毒、驱邪除病。

五彩丝是用五种颜色的线缕做成象征性的佩饰，系于腕臂处，又名"辟兵缯"。在人们心中，五彩丝不仅仅是驱病辟邪的吉祥佩饰，还有延寿的作用，又称"长命缕""长寿线"，是对心理有积极暗示作用的佩饰，满足了人们对追求身体健康的愿望。

采丝线

中秋节

一、中秋节的名称与起源

（一）中秋节的名称

中秋之名是以入秋第二个月的十五月圆为标志，正值三秋之中，因故得名。因此月色较平时更为明亮些，又谓之"月夕"。中秋节正值八月的秋季，又名"八月节""秋节"；又因祭月、拜月的民俗活动，称为"月亮节"等。各少数民族对中秋节也有不同的名称，如侗族称之为"南瓜节"。

（二）中秋节的起源

古时的历法，主要是依据太阳和月亮来制定的。古人认为，从月圆到月缺正好是一个月的时间，那时的人们依据太阳和月亮的运动规律，制定出《太阳历》和《太阴历》，而现在我们所用的阴历就是根据月亮的圆缺来决定的。月缺的时间长，与太阳历无法吻合，便多了一个闰月，所以就有了第十三个月。

正是因为这样的原因，先人们在关心月亮圆缺的同时发现了一个规律，八月十五的月亮最圆最亮，于是就把这一天定做一个特殊的节日——中秋节。

二、中秋节的礼俗

（一）食俗

月饼，无论在南方还是北方，无论在汉族还是在少数民族，都是中秋佳节必备食品。月饼制作的方法多种多样，但都有一个共同点，那就是外形是正圆或近似正圆的，

"天上月圆，人间饼圆"，以象征人间团圆之意，烘托共享团圆美好的气氛。食用月饼以及将月饼作为祭月贡品的风俗始于明朝，那时人们相互馈赠月饼已经成为重要的风俗。现代的月饼因地域的不同，在种类、形制、加工方法上也都有着不同的特色。

清院本十二月令图轴（局部·中秋节）

【传说故事5.3.6】

唐高宗时，有一年临近中秋节，来唐朝经商的吐鲁番人献上他们家乡的特产——一种很好吃的饼，表示祝贺。唐高祖看着漂亮的圆饼，觉着跟空中明月有点相似，就说"应将胡饼邀蟾蜍"，就把饼赏赐群臣，一起吃起来。群臣都说这饼非常好吃。从此以后，胡饼就在京城流传开了。每到八月十五，人们边吃胡饼边赏月。后来人们把胡饼改称月饼。

（二）民俗

1. 祭月、拜月

古代中国农业立国，农业生产与时令季节关系密切。由于人们对当时的自然现象无法正确认识，预防自然灾害的能力很差，便对天象产生了一定的依附心理，祭月与拜月便是古时中国的一项重要的活动。《礼记》中有记载"秋暮夕月"，意为拜祭月神，逢此时则要举行迎寒和祭月，设香案，到西汉时期已有正式的拜月仪式。

2. 赏月

中国人赏月之举，始于魏晋之际，古人们已经认识到中秋之日云稀月明，月光散发着柔和、皎洁的光芒，洒满大地。此后，咏月与赏月笔酣墨饱的诗词歌赋不计其数。到了唐代，赏月、咏月、拜月已经开始盛行，但还没有"中秋节"这个名称，直至宋代才正式有这三个字的记载。

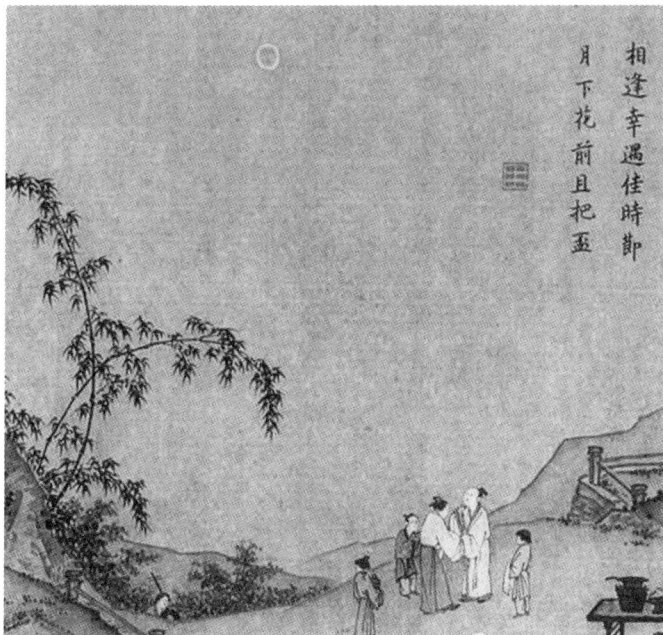

相逢幸遇佳時節
月下花前且把盃

赏月

从祭月、拜月到赏月、咏月，从庆祝丰收到阖家团圆，从斑驳陆离的传说再到吃月饼食俗活动的盛行，中秋节所有的民俗活动都与月亮有着密不可分的关系。"团圆"是中华民族特有的人文价值观，祈求团圆，"花好、月圆、人长寿"是中秋节亘古不变的节日主题。

重阳节

一、重阳节的起源与名称

（一）重阳节的起源

重阳节起源很早，又名"重九""九日"等。重阳一词，最早见于屈原的《远游》篇中："集重阳入帝宫兮，造旬始而观清都。"但此时的重阳，还不是节日。汉魏之际，重阳节才作为节日名称出现。两千多年以来人们对生命归宿的追求，一直是古人对重阳节深层内涵的文化认同，重阳节的民俗高度概括了这一节日中所蕴含的丰富的时空观和生命感。重阳节由最初的祈祀大礼，发展过程中逐渐融入了敬老爱老与养生贵生的理念，成为一个全民的传统节日。

（二）重阳节的名称

《易经》中有记载，两九相重即为"重九"，两阳相重即为"重阳"，因此人们称九月九日为重阳节。重阳节的名称也很多，广为流传的有如下几个。

老人节：这是现代人赋予重阳节的温暖别称，因"九"与"久"谐音，有长久之意，象征长寿健康。古老的重阳节被赋予了新的生命，体现了新的社会道德风尚。

茱萸节：人人插佩茱萸是重阳节人们用以驱寒祛邪的重要方式。自魏晋时，插茱萸的风俗就已经基本形成，可见茱萸在人们的心中的地位。

菊花节：重阳日正值菊花盛开之时，因故得名"菊花节"。人们把菊花视为重阳节的辟邪之物，尤其是在萧瑟的秋天，菊花的盛开给这个季节增添了一种盎然的生机，是重阳节不可缺少的角色。

登高节：在重阳节这天，人们有外出登高的风俗。登高野宴是重阳节的中心内容。暮秋之时节，人们将重阳视作寒气季节到来的第一个节点。秋高气爽、晴空万里，在此时登高攀山，有利于身心健康。

二、重阳节的礼俗

（一）食俗

1. 吃重阳糕

重阳糕在南朝时期已有，在宋代时盛行，但因时代不同和地域食材的局限与制作方法不同，品种名目繁多。以明代北京为例，据刘侗、于奕正的《帝京景物略》记载："九月九日……面饼种枣栗，其面星星然，曰花糕。糕肆标纸彩旗，曰花糕旗。父母家必迎女来食花糕。"明代的花糕制作已与之前的制作方法不同，且差异较大。

2. 喝菊花酒

菊花盛放于秋天，幽香芬芳，诗意无限，因此赏菊饮酒成为重阳节一项重要的室外活动。有关菊花酒的起源传说有很多，一种说法是由杜康创造的，另一种说法是源于汉初的宫廷。使菊花酒被人们广为熟知的是晋代诗人陶渊明，他在《九日闲居》诗序中写道："余闲居，爱重九之名，秋菊盈园，而持醪靡由，空服九华，寄怀于言。"陶渊明将菊花与酒赋予新的文化内涵，同时体现了他酷爱菊花之情。菊花酒的盛行不仅仅是因为士大夫对菊花的人文风格推崇，也与菊花酒的健身功效有关。

（二）民俗

1. 登高宴饮

登高是一项古老的活动，"登高"不仅有"高升"的寓意，还有"高寿"的意思。早期是与先民的采集、狩猎等活动相关，后来慢慢与人类祭祀、登高避祸的活动联系在一起，秋季也是山里野果成熟的季节，是农民上山采摘的好时机，民间称为"小秋收"。随着社会的发展，才逐步演变成为一项民俗娱乐活动。宋代以后，登高不再局限于登山，凡是高势之地或高层建筑物，均为登高的场所。饮酒设宴是重阳节的一个传统，自汉代以来，人们都喜欢在九月九日欢歌宴饮。后来古人将群聚宴饮与登高二者结合，无论是驱邪还是祈寿，都体现了人们与自然很好的契合。

2. 佩插茱萸

同菊花一样，茱萸是过重阳节必备的一种植物。为什么茱萸如此重要呢？一是其花开艳丽，给人强烈的视觉美感；二是其香味浓郁，是很好的提神植物；三是其药用价值高，因此才会受到人们长久的推崇。"折茱萸以插头"，人们认为成熟的茱萸有驱邪的作用，所以将采摘的茱萸插于鬓发上，用来驱邪求吉。佩插茱萸与登高最早是结合在一起的。宋元以后，插茱萸的风俗虽然逐渐减少，但一直被流传了下来。

清院本十二月令图轴（局部·重阳节）

3. 尊老敬长

2006 年，重阳节被国务院列入首批国家级非物质文化遗产名录。2012 年第一次修正的《老年人权益保障法》，明确规定每年农历九月初九为老年节。

▌【文化寻根 5.3.3】

"恒言不称老。" ——《礼记·曲礼》

译文：在老年人面前不要总是把"老"字摆在嘴上，你那么年轻就说自己老了，老年人会觉得很伤感。

"从长者而上丘陵，则必乡长者所视。" ——《礼记·曲礼》

译文：陪同长者上丘陵，要处处以长者为中心。长者看哪里，你的目光也要赶快看哪里，以备长者有所提问。

"侍坐于先生，先生问焉，终则对。" ——《礼记·曲礼》

译文：在老师跟前陪坐，老师提问，要等老师把话说完了，再回答。

[**任务方案设计**]

1. 根据学习任务的要求，全组讨论所选主题，编写详细的脚本方案。

2. 进行脚本修改，确定脚本方案。

3. 请对编写的脚本进行讲解，表演时间在五分钟之内。

[**任务展示**]

1. 根据脚本情景进行模拟角色分工，道具自备。

2. 模拟训练，组内成员角色互换练习。

3. 抽签排序实践任务，一组模拟时，其他组观看并记录问题。

4. 进行任务总结。

设计任务方案讲解评价表

评价项目	评 价 内 容	应得分	实得分
风俗知识	1. 运用知识点准确	20分	
	2. 物品道具使用得当	20分	
	3. 知识点运用符合现实	20分	
有声语言和表情	1. 讲解者声音响亮、表达清晰	10分	
	2. 态势语自然，整体表达与听众有交流	10分	
创意设计	所用方法浅显易懂，形式新颖、活泼	10分	
整体效果	充分发挥组内人员优势，分工合作，整体效果好	10分	
总　　　计		100分	

任务展示评价表

评价项目	评 价 内 容	应得分	实得分
准备工作	1. 角色定位准确，模拟出场顺序	5分	
	2. 实训过程全组协调良好	5分	
基本知识掌握	节日风俗知识点运用准确	10分	
情景剧内容	1. 正确使用礼仪中恭敬的语言和行为	15分	
	2. 知识点运用合理，编排恰当	15分	
	3. 表演内容符合现实生活	20分	
观看讨论	1. 观看认真	5分	
	2. 讨论积极	5分	
任务总结	1. 按规定时间上交	5分	
	2. 填写规范，内容详尽完整	5分	
	3. 任务分析总结正确	5分	
	4. 能提出合理化建议和创新性见解	5分	
总　　　计		100分	

课后学习

[知识拓展]

苏子容入乡随俗

宋朝时期，苏子容奉命出使辽国，在辽国正巧赶上冬至。因宋朝的历法比辽国冬至早一天，辽国人就问他哪一种历法正确，苏子容从容地回答："每个国家的历法家计算时间所采取的方法是不一样的，所以会有早有晚。比如亥时是今天晚上，而过几个时辰就是子时了，那就要算明天了。是前还是后，各自根据本国的历法决定就可以了。"辽国人认为他讲得很有道理，于是就以自己的历法来庆祝冬至。苏子容回国后将此事禀报给皇上，皇上高兴地说："你讲得十分正确！"

解读：苏子容正是对辽国的风俗有所研究，回答巧妙，因此对两个国家的历法都做了肯定，既表达了对辽国的尊敬，也无损于自己国家的形象。

【文化寻根5.3.4】

"入竟而问禁，入国而问俗，入门而问讳。" ——《礼记·曲礼》

译文：到了一个国家，就要先了解该国法令所不允许做的事情；进入一个都城，就要先弄清当地的风俗习惯；到了某人家中，就要先问清其家中是否有什么忌讳的事情。

尊俗随俗

中国地域广阔，民族众多，各民族因地域条件、自然气候、历史文化和生活习惯等方面的较大差异，形成了具有地方和民族特色的风俗习惯。我们要尊重各地方和民族的风俗传统，做到尊俗随俗。

一、入乡问俗

到一个地方之前，要向当地的人进行咨询，查阅相关的地方志与史料，做好充分的准备。在询问的过程中，一定要注意谦虚有礼，不要表现出惊讶或是好奇的态度，不要深入追究，使对方感到不悦。

二、入乡随俗

在了解尊重各地、各民族不同风俗的基础上，能真正做到言有所讳、行有所避。不能表现出心存偏见的态度或是格格不入的行为。也要尊重当地人的宗教信仰，不可做出过激的行为。

课后练习

一、填空题

1. 春节贴春联是我们中华民族的传统风俗。请你在下面的横线上写出自己喜爱的春联。

上联：_____

下联：_____

2. 春节时放鞭炮是为了 _____。

3. 写出与寒食节或清明节有关的人物_____。

4. _____ 和 _____ 是清明节的别称。

5. 端午节的风俗有（列举三种）_____。

6. 每年农历 _____ 为端午节。

7. 中秋节名称的由来是 _____。

8. 重阳节的风俗有（列举三种）_____。

二、选择题

1. 旧俗春节期间大小店铺从大年初一起关门，而在（　　　）开市。

A. 大年初三　　　　B. 大年初六　　　　C. 大年初五　　　　D. 大年初三

2. 春节时人们经常（　　　）。

A. 燃鞭炮　　　　B. 赛龙舟　　　　C. 贴春联　　　　D. 耍龙灯

3. 清明节又称（　　　）。

A. 寒食节　　　　B. 鬼节　　　　C. 冥节

4. 与清明节有关的人物是（　　　）。

A. 介子推　　　　B. 屈原　　　　C. 晋文公

5. 屈原忠而被黜，投水自尽，于是人们（　　　）以来悼念他。

A. 吃粽子　　　　B. 喝菊花酒　　　　C. 郊游　　　　D. 赛龙舟

6. 中秋节的别称为（　　　）。

A. 月夕　　　　B. 秋节　　　　C. 仲秋节　　　　D. 团圆节

7. 下列为中秋节风俗的是（　　　）。

A. 赏月　　　　B. 吃月饼　　　　C. 赏桂花　　　　D. 饮菊花酒

8. 重阳节的别称有（　　　）。

A. 老人节　　　　B. 登高节　　　　C. 赏菊节

三、判断题

1. 春节时期人们经常挂年画、耍龙灯、舞狮子。　　　　　　　　　　（　　　）

2. 新旧年交替的时刻一般为正午时分，除夕守岁是重要的年俗活动之一。　（　　　）

3. 举行祭祖活动的最重要的节日是春节、清明节、端午节。　　　　　（　　　）

4. 古代人们在寒食节那天不能灭掉灶火。　　　　　　　　　　　　　（　　　）

5. 踏青是清明节的风俗。（　　　）

6. 喝雄黄酒、挂艾草、佩香袋、吃粽子是端午节的风俗。　　　　　　（　　　）

7. 端午节又叫五月节。　　　　　　　　　　　　　　　　　　　　　（　　　）

8. 一般认为，端午节是为了纪念屈原，屈原投河和晋文公无关。　　　（　　　）

9. 端午节喝菊花酒，重阳节喝雄黄酒。　　　　　　　　　　　　　　（　　　）

10. 2012 年第一次修正的《老年人权益保障法》明确规定每年农历九月初九为老年节。

（　　　）

◆ 评 价 与 分 析 ◆

课后任务评价表

评价项目	评价内容	应得分	实得分
课后拓展	访问学习	20 分	
	互 动	20 分	
	视频学习	20 分	
	讨 论	10 分	
习题检测	完成测试题	30 分	
总　　　计		100 分	

综合评价表

	项目	自我评价	组内评价	组间评价	教师评价	出勤	互动	访问	讨论	视频
课前（20%）	知识点解读				6%		2%	2%	2%	2%
	习题检测	6%								
课中（60%）	设计任务方案	5%	5%	5%	5%	4%	4%	4%	4%	4%
	任务展示	5%	5%	5%	5%					
课后（20%）	绘制安排图				6%		2%	2%	2%	2%
	课后检测	6%								

主要参考文献

［1］彭林.彭林说礼［M］.北京：清华大学出版社，2018.

［2］彭林.中华传统礼仪概要［M］.北京：商务印书馆，2017.

［3］彭林.中国古代礼仪文明［M］.北京：中华书局，2012.

［4］钟敬文.中国礼仪全书［M］.合肥：安徽科学技术出版社，2000.

［5］葛晨虹.中国礼仪文化［M］.北京：经济科学出版社，2001.

［6］常建华.古代社会生活图记：岁时节日里的中国［M］.北京：中华书局，2006.

［7］杨中碧，马丽娜.礼仪与文化［M］.2 版.北京：清华大学出版社，2016.

［8］陈济.中华文明礼仪［M］.北京：高等教育出版社，2017.

［9］沈从文.中国古代服饰研究［M］.北京：商务印书馆，2017.

［10］徐醒民.常礼举要讲记［M］.北京：团结出版社，2013.

［11］丁广惠.中国传统礼仪考［M］.哈尔滨：黑龙江教育出版社，2016.

［12］袁树森，侯闽.老礼儿［M］.北京：团结出版社，2016

［13］王炜民.中国古代礼俗［M］.北京：商务印书馆，1997.

［14］程莉娜.大学生职业礼仪教育探究［J］.陕西教育（高教版），2013（6）：78-79.

［15］陈晓萍.浅谈当代大学生礼仪教育的缺失和对策［J］.教育教学论坛，2014（37）：265-266.

［16］于君.基于儒学的高校体育礼仪文化意蕴研究［J］.教育教学论坛，2020（2）：71-72.

［17］郑竹沁.社会主义核心价值观视域下礼仪文化的当代价值及其实现［J］.今日财富，2017（20）：123-124.

后　记

推动中华文明礼仪的传承与创新，是一种荣幸，一种挑战，更是一种责任。

为了编好这本教材，我们从烟台工程职业技术学院、烟台文化旅游职业学院、济宁职业技术学院中遴选从事多年中华文明礼仪教科研的一线教师组成了编写团队。本书由张春霞、赵仁平、巩华荣担任主编，张春霞负责教材总体结构设计、编审和统稿工作，赵仁平负责教材编审和统稿工作，巩华荣负责教材编审工作。本书的副主编由解爱华、李健、丛艺菲担任。教材共分五个模块，编写分工如下：项目一"知礼明仪"由张春霞、林泽慧、刘琳编写；项目二"端身正仪"由郭萌、丛艺菲、汤玮编写；项目三"雅言雅行"由赵仁平编写；项目四"爱国爱家"由解爱华、赵守红编写；项目五"尊礼随俗"由李健、王旭、于靓编写；刘凤仪、朱秀艳负责文字校对和数字资源整理。

教材历经三年的探索建设，在策划和编写过程中，得到国内多位领导专家的指导和帮助，教材中凝聚着他们的教育智慧、教育创意和教育情怀。编写工作恰在疫情期间进行，编写团队经历重重困难、线上线下反复交流讨论，终于打磨出了这本教材。值得欣喜的是烟台工程职业技术学院、济宁职业技术学院、烟台文化旅游职业学院、无锡科技职业学院、贵州盛华职业学院相继开设"中华文明礼仪"课程，使得教材的使用效果能得到进一步的实践和检验。感谢山东文旅集团有限公司，对丰富教材形式内容、提升实践活动的可操作性，以及案例素材的获得方面提供了诸多帮助，确保了"纸数一体""理实一体"教材的有序推进。

由于水平有限，书中存在不足之处在所难免，敬请各位专家和学习者批评指正！

编委会

2022 年 6 月

郑重声明

高等教育出版社依法对本书享有专有出版权。任何未经许可的复制、销售行为均违反《中华人民共和国著作权法》，其行为人将承担相应的民事责任和行政责任；构成犯罪的，将被依法追究刑事责任。为了维护市场秩序，保护读者的合法权益，避免读者误用盗版书造成不良后果，我社将配合行政执法部门和司法机关对违法犯罪的单位和个人进行严厉打击。社会各界人士如发现上述侵权行为，希望及时举报，本社将奖励举报有功人员。

反盗版举报电话　（010）58581999　58582371　58582488
反盗版举报传真　（010）82086060
反盗版举报邮箱　dd@hep.com.cn
通信地址　北京市西城区德外大街 4 号　高等教育出版社法律事务与版权管理部
邮政编码　100120

高等教育出版社

教学资源索取单

仅限教师索取

尊敬的老师：

您好！

感谢您使用**张春霞**等编写的**《中华文明礼仪实践教程》**。为了便于教学，本书另配有课程相关教学资源。如贵校已选用了本书，您只要加入高职人文素质 QQ 群，或者关注微信公众号"高职素质教育教学研究"，或者把下表中的相关信息以电子邮件发至我社即可免费获得。

我们的联系方式：

高教社高职人文素质教师交流 QQ 群：167361230

微信公众号：高职素质教育教学研究

服务 QQ：800078148（教学资源）　　　　　　　电子邮箱：800078148@b.qq.com

联系电话：(021)56961310/56718921　　地址：上海市虹口区宝山路 848 号　　邮编：200081

姓　　名		性别		出生年月		专　　业	
学　　校				学院、系		教 研 室	
学校地址						邮　　编	
职　　务				职　　称		办公电话	
E-mail						手　　机	
通信地址						邮　　编	
本书使用情况	用于_____学时教学，每学年使用_____册。						

您对本书有什么意见和建议？

您还希望从我社获得哪些服务？

☐ 教师培训　　　　　　　　　　　　　　☐ 教学研讨活动

☐ 寄送样书　　　　　　　　　　　　　　☐ 相关图书出版信息

☐ 其他_____